Nikolaus Krasser
Kritisch-rationales Management

Nikolaus Krasser

Kritisch-rationales Management

Gestaltungserfordernisse fehlerarmer Entscheidungsprozesse

DUV Springer Fachmedien Wiesbaden GmbH

Die Deutsche Bibliothek — CIP-Einheitsaufnahme

Krasser, Nikolaus:
Kritisch-rationales Management : Gestaltungserfordernisse
fehlerarmer Entscheidungsprozesse / Nikolaus Krasser. —
Wiesbaden : DUV, Dt. Univ.-Verl., 1995
    (DUV: Wirtschaftswissenschaft)
Zugl.: Graz, Univ., Diss., 1994
ISBN 978-3-8244-0240-3

Gedruckt mit freundlicher Unterstützung des Bundesministeriums für Wissenschaft und
Forschung, Wien.

© Springer Fachmedien Wiesbaden 1995

Ursprünglich erschienen bei Deutscher Universitäts-Verlag GmbH, Wiesbaden 1995

Gedruckt auf chlorarm gebleichtem und säurefreiem Papier

ISBN 978-3-8244-0240-3   ISBN 978-3-663-12201-2 (eBook)
DOI 10.1007/978-3-663-12201-2

Geleitwort

'Management - Kunst oder Wissenschaft?' Diese Frage stellte sich vor einigen Jahren Peter Drucker. Und genau in diesem Spannungsfeld bewegt sich die Betriebswirtschaftslehre. Einerseits treffen wir auf die Dichotomie von klassischer, stark an der Mikroökonomie orientierter, Betriebswirtschaftslehre und verhaltensorientierter Managementlehre. Anderseits zeigt sich oftmals eine Kluft zwischen Managern, welche reale Aufgaben des Managements wahrnehmen - Drucker würde sie wohl eher der 'Kunst' zuordnen -, und der Wissenschaft. Übertragen wir diese Dichotomie auf die Auflagenzahl des Schrifttums, sehen wir oftmals eine Auflage in Millionenhöhe bei Managementbestsellern, während sich jene von wissenschaftlichen Werken meist unter tausend Stück bewegt. Während erstere vorgeben, den sehnlichen Wunsch nach der *endgültigen* Lösung für die komplexe Aufgabe des Managements erfüllen zu können - etwa Hammer und Champy mit der Aussage 'Forget what you know about how business should work - most of it is wrong!' -, gelingt letzteren nur selten die Transformation ihrer Ergebnisse in reale Probleme des Management.

Nikolaus Krasser untersucht in seiner Arbeit, ob es einen *optimalen* und somit endgültigen Ansatz für ein erfolgreiches Management gibt. Hierbei trifft er eine Unterscheidung zwischen den Ergebnissen von Managemententscheidungen, etwa unterschiedliche Formen der Strukturorganisation, und dem eigentlichen Entscheidungsprozeß. Er kommt zu dem Ergebnis, daß es aus der Sicht der Gestaltungsergebnisse keine *endgültige* Lösung gibt und stellt sich somit in Opposition zu Managementbestsellern. Vielmehr konzentriert sich der Autor auf die Frage, welche Kriterien ein Entscheidungsprozeß im Rahmen des Management erfüllen muß, um zu - zumindest - sehr guten Entscheidungen zu führen. Durch diese prozeßorientierte Betrachtungsweise verringert sich die Gefahr, situationsbedingte - auch oftmals an Modeerscheinungen orientierte - Gestaltungsempfehlungen auszusprechen, welche durch geänderte Rahmenbedingungen zum Zeitpunkt des Erscheinens der Schrift bereits wieder obsolet sind.

Das besondere Verdienst der vorliegenden Arbeit, welche auf einer Dissertationsschrift an der Karl-Franzens-Universität Graz basiert, liegt insbesondere in zwei Bereichen begründet: *a) Sie trägt bei, das eingangs erwähnte Spannungsfeld von 'Kunst und Wissenschaft' zu verringern.* Die Arbeit beginnt mit einer umfassenden theoretischen Diskussion der Problemstellung und wendet einen fundierten theoretischen Ansatz zur Entwicklung konkreter Gestaltungsempfehlungen für die Unternehmenspraxis an. Gleichzeitig stellt der Autor seine Forschungsergebnisse Entscheidungsträgern aus der Wirtschaft zur Diskussion und überarbeitet seine Ausführung auf Basis dieser Kritik. *b) Sie trägt bei, das Spannungsfeld von 'endgültigen' Lösungen und inhaltsarmen oder realitätsfernen Arbeiten zu verringern.* Dies erreicht der Autor durch seinen am Entscheidungsprozeß orientierten Begriff der Rationalität. Während die Anforderungen an den Entscheidungsprozeß auf einem festen theoretischen Fundament stehen, sind die Ergebnisse des Entscheidungsprozesses nur eine situationsabhängige Funktion von diesem.

Univ.-Doz. Dr. Otto Petrovic

Vorwort

„The Economist" brachte im Jahr 1994 eine Serie von „Management Briefs", in denen die Taktik und Strategie besonders erfolgreicher Unternehmen beleuchtet wurden. Am Ende dieser Serie wurde u.a. die Frage gestellt, warum es keinen Nobelpreis für Betriebswirtschaftslehre gebe. Wenig später hat ein Leserbriefschreiber geantwortet, daß der Erfolg dieser Unternehmen wohl mehr von Zufälligkeiten und Glück abhinge als von irgend etwas anderem. Vielleicht stimmen viele Menschen mit ihm überein, und das ist der Grund dafür, daß sich die meisten Wissenschafter in den Sozial- und Wirtschaftswissenschaften auf quantitative Modelle zurückziehen. Diese Modelle sind zwar oft intellektuell sehr anspruchsvoll, beanspruchen aber nur beschränkte Aussagekraft über die Realität.

Auf der anderen Seite werden einfache „Kochrezepte" von diversen Managementgurus verkauft. Die Befolgung der Rezepte ist Voraussetzung für erfolgreiche Unternehmen, wie uns die Autoren glauben machen wollen.

In dieser Arbeit versuche ich einen „dritten Weg" zu gehen. Im Mittelpunkt steht die Frage, wie Entscheidungsprozesse optimal zu gestalten sind, damit fehlerarme Entscheidungen getroffen werden können. Die Antwort wurde dabei weder in der Sicherheit mathematischer Modelle noch in den Modeerscheinungen einschlägiger Managementliteratur gesucht. Aufbauend auf einem wissenschaftstheoretischen Fundament wird vielmehr der Versuch unternommen, diese Frage unter realistischen Bedingungen so einfach wie möglich zu beantworten. Ich bitte um Nachsicht und Kritik, wenn mir das nicht immer gelungen sein sollte.

Ich möchte schon jetzt Ihr Augenmerk auf die zusammenfassende These dieser Arbeit richten: Das kritisch-rationale Management ist - prozessual gesehen - eine sehr gute Antwort auf die gestellte Frage. Mit dieser These möchte ich keinen dogmatischen Herrschaftsanspruch geltend machen, sondern Sie im Gegenteil zur Kritik aufrufen. Diskussionen, Kritik und Gegenkritik sind probate Mittel und ihre Nutzung erlaubt die Hoffnung, bei der Suche nach den Gestaltungserfordernissen fehlerarmer Entscheidungsprozesse voranzukommen. Schicken Sie daher bitte Ihre Bemerkungen und Kritik an den Verlag. Er wird sie an mich weiterleiten und ich werde mich bemühen, Ihre Kritik zu beantworten und in weiteren Arbeiten zu berücksichtigen.

Obwohl Karl Popper mit einigen Problemstellungen und Lösungsversuchen wahrscheinlich nicht ohne weiteres einverstanden gewesen wäre, stehen seine Schriften für das geistige Fundament, auf das sich die Arbeit stützt. Ich hoffe,

ein „popperianisches" Buch geschrieben zu haben. Friedrich August von Hayek
hat mich mit seiner Kritik an repräsentativen Strukturen und seinem Infragestellen der Planbarkeit komplexer Prozesse beeindruckt. Konrad Lorenz hat mir in
seinen Schriften die Fähigkeiten und Beschränkungen der Spezies Mensch vor
Augen geführt.

Meinem Dissertationsbetreuer, Herrn Univ.-Doz. Dr. Otto Petrovic, möchte ich
für die umfassenden, kritischen Diskussionen und die vielen Tips und Hinweise,
die ich von ihm bekommen habe, herzlich danken. Sein Infragestellen und Hinterfragen zahlreicher Punkte hat mich oft zu besonderen Anstrengungen heraus-
gefordert und zusammen mit seinen Anregungen wesentlich zum Gelingen der
Arbeit beigetragen.

Auch meinem zweiten Dissertationsbetreuer, Herrn Univ. Prof. Dr. Wolf Rauch
und Frau Univ. Prof. Dr. Ursula Schneider, möchte ich für ihre Anregungen und
Denkanstöße meinen Dank aussprechen.

Neben wertvollen Verbesserungsvorschlägen und Anregungen von vielen Seiten
bedanke ich mich bei meiner Mutter für die redaktionelle Betreuung meiner Arbeit. Daß diese wahrscheinlich dennoch nicht ganz "fehlerfrei" sein kann, liegt
nicht an ihr, sondern am Autor, der in letzter Sekunde noch die eine oder andere
Änderung vorgenommen hat.

Weiters möchte ich meinen Freunden und all den Menschen danken, die bereit
waren, die eine oder andere kritische Diskussion mit mir zu führen.

Dieses Buch widme ich meiner Familie, insbesondere meinen Eltern, die mich
stets uneingeschränkt unterstützt haben.

Nikolaus Krasser

Inhaltsverzeichnis

1. Fragestellung: *Führt rationales oder irrationales Verhalten zu optimalen Entscheidungen?*

2. Fragestellung: *Spiegeln bestehende Managementkonzepte die Kriterien des
rationalen Verhaltens wider? Sind Problemfelder übertragbar und welche Lösungen ergeben sich aus der Sicht des kritisch-rationalen Managements?*

Tabellenverzeichnis

Abbildungsverzeichnis

"Rich - world companies are being urged to move away from mass production and become "high performance workplaces". Unfortunately, nobody can agree on what these things are, or how you create them." ["The Economist", April 9th 1994, S. 80]

1.1   Ausgangsproblematik

Für den einzelnen ist es schwierig, optimale[1] (gute) Entscheidungen zu treffen und es hat den Anschein, daß es immer schwieriger wird [vgl. 3.1]. Das spiegelt sich auch in den Institutionen wider, die wir geschaffen haben, um bestimmte Entscheidungen zu fällen; sie sind relativ fehleranfällig. F.A. von Hayek macht über die Institution Parlament folgende Bemerkung:

"Es scheint, daß wir unbewußt eine Maschinerie kreiert haben, die es möglich macht, daß angebliche Mehrheiten Entscheidungen sanktionieren, die in Wirklichkeit nicht von der Mehrheit gewünscht werden, ja sogar von einer Mehrheit der Menschen abge-lehnt werden; und diese Maschinerie erzeugt eine Summe von Entscheidungen und Maßnahmen, die nicht nur von niemandem gewollt, sondern die in ihrer Gesamtheit von keinem vernünftigen Menschen Zustimmung erhalten würden, weil sie sich wider-sprechen." [F.A. von Hayek, 1982, S. 6, Übersetzung durch den Autor]

Viele Unternehmen können sich dem negativen Einfluß solcher (un)bewußt ge-schaffenen Maschinerien nicht oder nur unzureichend erwehren bzw. stellen selbst solche Maschinerien dar. Trotzdem scheint sich nur wenig zu verändern. R. Semler schildert:

"Ich kenne ein Textilunternehmen, in dem feine englische Wollwaren gewebt wurden. Die 200 Mitarbeiter arbeiteten in einer Fabrik voller Maschinen, die sich in einer Art Industriepark auf der grünen Wiese befand. Der Generaldirektor war ganz entschie-den leistungsorientiert, und das begann bei ihm selbst: Er kam früh, ging spät und traf dazwischen alle wichtigen Entscheidungen. Die Fabrik war in spezialisierte Produkti-onsbereiche eingeteilt, und jeder hatte einen eigenen Boß. Jedem Boß wiederum un-terstand eine Gruppe von Vorarbeitern, die ihrerseits die Arbeiter beaufsichtigten. Die Leute von der Buchhaltung und vom Vertrieb waren im Zwischengeschoß unterge-bracht und ihren jeweiligen Abteilungsleitern unterstellt. Hier ging es streng hierar-chisch zu - die klassische Pyramide." [R. Semler, 1993, S. 341]

---

[1]Optimal entspricht kostenminimal; zum Kostenbegriff vgl. 2.1.4.

Diese Textilfabrik gab es bereits im Jahre 1633.

Es scheint nur relativ wenige fundierte Arbeiten zu geben, die sich mit alternativen Lösungen des Problems beschäftigen. Drucker konstatiert beispielsweise, daß sich der Großteil der wirtschaftswissenschaftlichen Arbeiten mit der Verbesserung bestehender Werkzeuge und Verfahren in Unternehmen beschäftigt: mit technischen Einzelheiten, mit der Lagerbestandshaltung, der Optimierung von Transporten, des Bestellwesens etc. Es gibt seiner Meinung nach (Malik und Probst stimmen zu) aber kaum Arbeiten, die sich mit der Frage beschäftigen, wie man ein komplexes Unternehmen führen soll, damit es gut funktioniert [vgl. P. Drucker, Technology, Management and Society, New York, 1977, zitiert nach F. Malik und G. Probst, 1984, S. 116].

Dabei mangelt es nicht an (mitunter diffusen) Ideen. Aktuelle Managementkonzepte empfehlen verschiedenste Handlungsstrategien, um zu besseren, kostenminimalen Entscheidungen zu gelangen. Die Vielfalt ist bedauerlicherweise so groß, daß jeder Unterstützung für seine Ideen finden kann. Alles und nichts wird empfohlen:[2] Zentralisation und Dezentralisation, autoritäre Führung und partizipative Führung und Selbstorganisation, die Imitation (fern)östlicher Managementkonzepte und traditionelle westliche Konzepte, Lean Management, Workflow Management oder Business Redesign, Orientierung am Prinzip Qualität oder an der Kundenzufriedenheit, starke oder schwache Lieferantenbindung etc. Da die Auswahl einer bestimmten Strategie nur mangelhaft begründet und kritisiert werden kann, können die Fragen was, wo, wann, wie, warum gemacht werden soll nur sehr schwer theoretisch oder praktisch befriedigend beantwortet werden. Verstärkend und unsicherheitserhöhend wirken dabei relativierende, subjektivistische Strömungen. Seit Beginn dieses Jahrhunderts ist das Bewußtsein, daß Managementprinzipien nicht weltweit Geltung haben, stark gewachsen. Was in den USA funktioniert, ist vielleicht in Japan zum Scheitern verurteilt und umgekehrt [vgl. E. Frank, 1990, S. 14; K. Bleicher, 1989; G. Hofstede, 1980]. Teilweise scheint bereits Resignation vorzuherrschen. E. Frese schreibt:

"Wie soll man zielorientiert handeln, wenn der Weg zum Ziel nicht bekannt ist? Die Lösung kann nur im Rückgriff auf eine Philosophie der Gestaltung liegen, die letztlich subjektiv begründet ist und sich einer objektiven Beurteilung weitgehend entzieht." [E. Frese, 1991, S. 76 f]

---

[2] Vgl. "The Economist", April 9th 1994, S. 80.

Ein Kennzeichen für diese Resignation und die doch immer wieder erwachende Hoffnung, etwas besseres zu finden, ist, daß sich eine Fülle von rasch abwechselnden Managementkonzepten [vgl. "The Economist", July 2nd 1994, S. 64] einen lukrativen Markt teilt. Vieles wird probiert, verworfen und taucht dann wieder in neuer Gestalt auf - fast alles findet Käufer.

Fehlerhafte Entscheidungen, eigendynamische Entscheidungsmaschinerien, Unsicherheit und Komplexität, widersprüchliche Handlungsempfehlungen und mangelnde Übertragbarkeit bewährter Prinzipien - daraus ergibt sich die zentrale Frage:[3]

Gibt es *eine* Theorie oder *ein* (Management)Konzept und wenn ja, wie lautet es, das klären kann,

"wie die (Über)Lebensfähigkeit und Lenkbarkeit heutiger Unternehmen unter wechselnden Zielen, sich ständig ändernden Umständen und bei notwendigerweise unvollkommenen Informationen hergestellt, erhalten und sichergestellt werden (kann)?" [H. Rieckmann und P. Weissengruber, 1990, S. 31]

Die Überlebensfähigkeit eines Unternehmens hängt ganz wesentlich von der Qualität der Entscheidungen ab, die darin getroffen werden. **Die zentrale These dieser Arbeit ist daher: Bessere, fehlerärmere Entscheidungen sind *der* Schlüssel zur Beantwortung der Frage, wie die Überlebensfähigkeit von Unternehmen sichergestellt werden kann.** Aber was sind fehlerarme Entscheidungen? Welche Erfordernisse ergeben sich für den Entscheidungsprozeß? Gibt es allgemeine Verhaltens- oder Verfahrensregeln, die man in jedem Fall berücksichtigen muß, um optimale Entscheidungen treffen zu können?

Die Fragestellung, die damit im Mittelpunkt steht, lautet:

Was sind die bestmöglichen Voraussetzungen, damit Entscheidungsprozesse auf individueller und kollektiver Ebene so gestaltet werden, daß optimale (fehlerarme, möglichst gute) Entscheidungen getroffen werden können?

E. Frese gibt eine Leitlinie vor, der die Antwort entsprechen muß:

"Um zu einem langfristig effektiven Handeln zu kommen, müssen die Individuen lernen, offen über Motive und handlungsleitende Regeln zu reden, diese auch zu hinter-

---

[3]Entsprechendes gilt für Individuen.

fragen bzw. von anderen hinterfragen zu lassen und gemeinsam mit anderen neue Formen des Handelns zu entwickeln." [vgl. E. Frese, 1991, S.67]

Wie soll das funktionieren?

Es gibt zwei Denkrichtungen, die beide die (richtige) Antwort für sich reklamieren. Einerseits versucht man das Problem mittels der **Rationalität** zu lösen [vgl. 2.1]. Wer sich rational verhält, ist demnach in der Lage, optimale Entscheidungen zu treffen.[4] Die Antwort auf diese Fragen wird aber andererseits auch im **Irrationalen** [vgl. 2.2] gesucht. Irrationale Elemente finden sich in vielen Entscheidungsprozessen. New Age, Kult und Mythos machen auch vor der Staatsführung nicht halt. (Beispiel: Der frühere Präsident der Vereinigten Staaten von Amerika pflegte vor wichtigen Entscheidungen den Astrologen zu konsultieren.)

Die Arbeit setzt sich das Ziel, die aufgeworfenen Fragen fundamental, konsequent und so realitätsnahe wie möglich zu beantworten. Es ergeben sich folgende Hauptfragen.

1.2 Aufgabenstellung

1. Führt rationales oder irrationales Verhalten (die Erfüllung der Kriterien des rationalen oder des irrationalen Verhaltens) zu optimalen Entscheidungen?

2. Spiegeln bestehende Managementkonzepte die Kriterien des rationalen Verhaltens wider? Sind Problemfelder übertragbar und welche Lösungen ergeben sich aus der Sicht des kritisch-rationalen Managements?

3. Läßt sich kritisch-rationales Management mit individueller Nutzenmaximierung vereinbaren?

---

[4]Die (von Homann) weiterentwickelte wissenschaftstheoretisch orientierte Rationalitätsnorm gibt an, welcher von zwei oder mehreren rivalisierenden Theorien der Vorzug gegeben werden soll. **Es geht dabei primär um die rationale Gestaltung des Entscheidungsprozesses und nicht um ein "rationales" Ergebnis.** Rational wird nämlich oft als "wissenschaftlich beweisbar" verstanden, ein solches Ergebnis wird aber nur in den seltensten Fällen erzielbar sein. Rationalität wird daher in dieser Arbeit immer in Zusammenhang mit dem Entscheidungs**prozeß** verwendet [vgl. 2.1.1].

4. Welche Probleme sind zu erwarten, wenn man versucht, kritisch-rationales Management in einem Unternehmen einzuführen? Welche Lösungen bieten sich an?

1.3 Der Aufbau der Arbeit

1. Kapitel Darstellung der Problematik. Die Aufgabenstellung wird formuliert, eine allgemeine Einführung in den Aufbau der Arbeit findet statt und einige zentrale Begriffe werden erläutert.

1. Fragestellung: *Führt rationales oder irrationales Verhalten zu optimalen Entscheidungen?*

2. Kapitel Das neue *Rationalitätskonzept* ist prozeßorientiert. Es fundiert auf dem kritischen Rationalismus K. Poppers, wurde von K. Homann weiterentwickelt und für die Zwecke dieser Arbeit leicht modifiziert. Um die Chancen zu erhöhen, zu optimalen Entscheidungen kommen zu können, müssen absolute Wahrheitsansprüche abgelehnt werden; die Offenlegung aller Entscheidungsprozesse, die Kritik an den Entscheidungsgrundlagen und die Wahl der sich aus diesem Prozeß ergebenden, optimalen Alternative sind weitere Bedingungen (Kriterien) des Rationalitätskonzeptes. Die wesentlichen Elemente sind daher Unsicherheit, Diskussion und Kritik. Kennzeichnend für die *Irrationalität* ist die Annahme, mit Sicherheit wissen zu können, ob man eine optimale Entscheidung getroffen hat oder nicht. Gefühle, auf die sich der Irrationalist dabei verläßt, spielen dabei eine ausschlaggebende Bedeutung,

Kapitel 3 Allgemeine Rahmenbedingungen der Entscheidungsprozesse sind erkenntnistheoretische und wirtschaftliche Aspekte der Knappheit, die Komplexität der Umwelt, die damit verbundene Unsicherheit in der Entscheidungssituation und die Kompetenz der Mitmenschen. Zu den speziellen Rahmenbedingungen in Unternehmen gehören Zeitdruck, Geheimhaltung und ein durch die Unternehmensziele vorgegebener Falsifikationsrahmen. Um entscheiden zu können, ob rationales oder irrationales Verhalten, vor dem Hintergrund dieser Rahmenbedingungen, die Fehlerquellen im Entscheidungsprozeß besser entschärfen kann, werden die Fehlerquellen dargestellt.

Diese Fehlerquellen sind scheinbare und reale Willkür, Informationsdefizite und Inkompetenz.

Kapitel 4   Bei rationalem Verhalten sind die Voraussetzungen optimal, Fehler aufzudecken, sie zu eliminieren und damit zu bestmöglichen Entscheidungen zu kommen. Das irrationale Verhalten unterliegt im Vergleich dem rationalem Verhalten und wird daher in den folgenden Überlegungen nicht weiter berücksichtigt.

2. Fragestellung: *Spiegeln bestehende Managementkonzepte die Kriterien des rationalen Verhaltens wider? Sind Problemfelder übertragbar und welche Lösungen ergeben sich aus der Sicht des kritisch-rationalen Managements?*

Kapitel 5   Die "westlichen" Konzepte der Selbstorganisation, der Partizipation oder der Teamarbeit haben viele Elemente mit den Kriterien des rationalen Verhaltens gemein. Die "östliche" Managementphilosophie des Kaizen und das "westliche" Konzept der Selbstorganisation kommen zu weitgehend ähnlichen Handlungsempfehlungen wie das abendländische Konzept der Rationalität. Die damit tendenziell mögliche Übertragung von Problemlösungen legt die Vermutung nahe, daß eventuell auftretende Probleme gelöst werden können. Diese Vermutung wird insbesondere auch durch ein Beispiel aus der Unternehmenspraxis gestützt.

Kapitel 6   Eine explorative Befragung von Entscheidungsträgern aus der Unternehmenspraxis gibt zusätzliche Anhaltspunkte, welche Probleme beim Versuch, die Kriterien des rationalen Verhaltens zu erfüllen, zu erwarten sind.

Kapitel 7   Die Realisierungsmöglichkeiten der Kriterien des rationalen Verhaltens hängen vom Wollen, Wissen und Können der beteiligten Menschen ab. Diese Elemente werden durch die Motivation und die Rationalitätskompetenz erfaßt. Allgemeingültige Handlungsanweisungen zur Lenkung dieser Elemente sind problematisch. Die Analyse ergibt aber, daß der Versuch, die Kriterien des rationalen Verhaltens zu erfüllen, die beste Voraussetzung zur Steigerung der Rationalitätskompetenz und der Motivation der Mitarbeiter darstellt. Zwei Fallstudien belegen diese Schlußfolgerung.

3. Fragestellung: *Läßt sich kritisch-rationales Management mit individueller Nutzenmaximierung vereinbaren?*

Kapitel 8   Theoretische Überlegungen erklären, warum die Kriterien des rationalen Verhaltens zu optimalen Entscheidungen führen. In Systemen, in denen Individuen die Kriterien erfüllen, werden Bedingungen geschaffen, die dazu führen, daß eigennützige Individuen mit ihren Entscheidungen und Handlungen in der Regel das Allgemeinwohl mehren. Individuelle Motivationsfaktoren, die den Handlungen der Individuen zugrunde liegen können, werden dargestellt. Zwei Fallbeispiele illustrieren die Zusammenhänge.

4. Fragestellung: *Welche Probleme sind zu erwarten, wenn man versucht, kritisch-rationales Management in einem Unternehmen einzuführen? Welche Lösungen bieten sich an?*

Kapitel 9   Die den Erfordernissen entsprechende Organisation und Ausgestaltung der Entscheidungsprozesse ist weitgehend möglich. Einschränkungen ergeben sich bezüglich Zeitdruck, außerrationalen, repetitiven Entscheidungsprozessen und Geheimnissen. Das Beispiel der Athener Demokratie 500 v. Chr. (Exkurs 1) zeigt auf, daß ab einer bestimmten Anzahl von Beteiligten, gewisse Kommunikationsmöglichkeiten gegeben sein müssen, damit effektives kritisch-rationales Management möglich wird. Der 2. Exkurs zeigt auf, daß es möglich ist, mit Unterstützung der heute vorhandenen IuK-Technologie - speziell mit computergestützter Teamarbeit -, die Vorteile des rationalen Verhaltens intensiv zu nutzen, während gleichzeitig die Schwierigkeiten, die mit rationalem Verhalten verbunden sind, entschärft werden.

Kapitel 10   Ein Resümee wird gezogen und weitere Forschungsaufgaben werden vorgeschlagen. Es gibt gute Gründe für die Annahme, daß das kritisch-rationale Management, das sich um die Erfüllung der Kriterien des rationalen Verhaltens bemüht, in der Wirtschaft und der Politik allen anderen Managementkonzepten -prozessual gesehen - überlegen ist. Deshalb ist die Hoffnung, daß es sich durchsetzen wird, berechtigt.

1.4   Grundlegende Begriffsbestimmung

Die zentralen Begriffe wie Fehler, Problem, Entscheidung, Entscheidungsprozeß
und rationales Verhalten, die in der Arbeit von besonderer Bedeutung sind und
häufig verwendet werden, werden im folgenden erläutert.

Fehler im Entscheidungsprozeß treten immer dann auf, wenn nicht die optimale
Problemlösung gefunden wird. Aufgrund der Aufgabenstellung dieser Arbeit
wird das aus der Sicht des Gesamtwohls eines Unternehmens beurteilt. Die
Analyse könnte aber ebensogut am Wohl eines Individuums oder am gesellschaftlichen Gemeinwohl anknüpfen. Die Ergebnisse wären dieselben. Wichtig
ist nur, daß es einen objektiven Hintergrund gibt, der die Analyse von Fehlern
zuläßt.

Der verwendete *Problembegriff* ist sehr umfangreich: Relevant seien alle Probleme, die bei einer optimalen Lösung dazu beitragen können, daß ein Individuum oder ein Unternehmen sein Ziel effektiver erreicht. Die theoretische Abgrenzung kann leicht vorgenommen werden: Vermeidbar müssen Fehler dann
sein, wenn sie mit einem Aufwand entdeckt werden können, der geringer ist, als
der bei ihrer Nichtentdeckung entstehende.[5] Rechtzeitig bedeutet in aller Regel
so früh wie möglich, jedenfalls jedoch innerhalb des Zeitraumes, in dem der Lö-
sungsaufwand geringer ist als der mögliche Nutzen, den man aus der Problemlösung ziehen kann. Diese theoretische Abgrenzung ist - weil man die relevanten
Parameter nicht kennt - nicht befriedigend. Wie lange soll man nun nach Fehlern
suchen? K. Popper schildert den Sachverhalt anschaulicher und nachvollziehba-
rer:

"So ist die empirische Basis (des Wissens) *nichts Absolutes;* (das Wissen) *baut nicht
auf Felsengrund. Es ist eher ein Sumpfland, über dem sich die kühne Konstruktion*
(unseres Wissens) *erhebt; sie ist ein Pfeilerbau, dessen Pfeiler sich von oben her in
den Sumpf senken - aber nicht bis zu einem natürlichen „gegebenen Grund". Denn
nicht deshalb hört man auf, die Pfeiler tiefer hineinzutreiben, weil man auf eine feste
Schicht gestoßen ist: wenn man hofft, daß sie das Gebäude tragen werden, beschließt
man, sich vorläufig mit der Festigkeit der Pfeiler zu begnügen."* [vgl. K. Popper, 1984,
S.75f]

---

[5]Diese Unterscheidung ist aufgrund des fehlenden Wissens nur theoretisch aussagekräftig:
Die Grenzsuchkosten bzw. Grenzbehandlungskosten der Probleme dürfen den Grenznutzen,
den die gelösten Probleme mit sich bringen, nicht übersteigen. Das fehlende Wissen um die
relevanten Parameter zwingt aber zur Offenlegung prinzipiell aller Entscheidungsprozesse.

Unter Entscheidungen werden Denk- und Handlungsprozesse verstanden, die bei der Wahl zwischen alternativen, einander ausschließenden Möglichkeiten auftreten [vgl. R. Wunderer, W. Grunwald, 1980, S. 60].

Eine *optimale Entscheidung* im Sinne dieser Arbeit ist dann gegeben, wenn alle Tatsachen, die für die Entscheidung relevant sind und die irgendeinem Menschen bzw. irgendeinem Mitarbeiter einer Organisation bekannt sind, in der Entscheidung berücksichtigt werden und wenn zweitens diese Tatsachen anhand der Werte des Zielsystems der Organisation bewertet werden. Drittens muß die optimale Alternative gewählt werden. Ein absolutes Wissen über das Vorliegen einer optimalen Entscheidung kann es nie geben [vgl. 2.1.4].

Entscheidungsprozesse und *Problemlösungsprozesse* werden als bedeutungsgleich betrachtet, da in der Literatur beide alternierend als Oberbegriffe verwendet werden [vgl. W. Kirsch, 1971a, S. 70 f]. Unter Entscheidungsprozeß wird die Abwicklung sämtlicher Aktivitäten verstanden, die vom Entstehen eines Problems bis zu dessen Lösung durchgeführt werden.

Wie es zur Entscheidungsvorlage kommt, ob durch Intuition, Gruppenarbeit oder durch die Übertragung von bewährten Entscheidungen aus verwandten Gebieten, ist in diesem Zusammenhang irrelevant. Denn selbst wenn alle Organisationsmitglieder bei der Entstehung der Entscheidung mitgewirkt hätten, wären die Kriterien des rationalen Verhaltens zu berücksichtigen [vgl. 5.1.1.2]. Bis die Entscheidung in kraft tritt oder auch nach Inkraftsetzung könnten sich beispielsweise die Rahmenbedingungen ändern und so eine Entscheidungsrevision nahelegen.

Die Untersuchungen beruhen nicht auf der Annahme, daß sich die meisten oder alle Organisationsmitglieder rational verhalten, sondern im Gegenteil darauf, daß einige wenige, sich rational verhaltende Individuen die übrigen im allgemeinen durch die Konkurrenz dazu zwingen, sie nachzuahmen, um sich behaupten zu können [ähnlich: F.A. Hayek, 1986c, S. 108 und J. Schumpeter, 1980, S. 199].

Mit "*rationalem Verhalten*" wird ab Kapitel 2.1.4 die dort beschriebene Erfüllung der Kriterien des rationalen Verhaltens bezeichnet. Der Terminus **kritisch-rationales Management**[6] umfaßt alle Bemühungen, die Kriterien des rationalen

---

[6]Zu einer ausführlichen Diskussion des Begriffs Management vgl. W. Staehle, 1991, S. 40 ff.

Verhaltens in einem System (Unternehmen oder Organisation) so weit wie möglich zu erfüllen.

Teil 1: Führt rationales oder irrationales Verhalten zu optimalen Entscheidungen?

Das folgende Kapitel stellt den Ausgangspunkt dieser Arbeit dar. Es werden hier jene Ideen entwickelt, die für die ganze Arbeit von wesentlicher Bedeutung sind. Um feststellen zu können, wie man - zunächst - theoretisch zu optimalen Entscheidungen gelangen kann, werden die beiden miteinander konfligierenden Theorien, der Rationalismus und der Irrationalismus dargestellt und voneinander abgegrenzt. Im anschließenden 3. Kapitel werden die Kriterien entwickelt, an welchen die beiden Theorien im 4. Kapitel gemessen werden. Dort wird schließlich zu klären versucht, welche Theorie vorzuziehen ist.

"Nur Narren glauben, daß sie alles wissen, aber es gibt viele davon." [F.A. Hayek, 1986c, S. 179]

2.1   Der Kritische Rationalismus Poppers und eine Arbeit von Homann bilden den theoretischen Ausgangspunkt für den Rationalitätsbegriff, der in dieser Arbeit verwendet wird. Dieser Rationalitätsbegriff berücksichtigt die Kritik, die an seinen Vorgängern geübt wurde. Die Unsicherheit in der Entscheidungssituation und die Bedeutung der Kritik spielen dabei die zentrale Rolle. Die Erfüllung der Kriterien, die dieser Begriff mit sich bringt, soll zu optimalen Entscheidungen führen.

2.2   Der Irrationalismus stellt die Gegenposition zum Rationalismus dar. Er betont die Möglichkeit, durch nicht nachprüfbare Ereignisse, wie singuläre Erfahrungen, subjektive Gefühle etc. zu optimalen Entscheidungen kommen zu können.

2.3   Außerrationale Entscheidungsprozesse müssen von rational oder irrational ablaufenden Entscheidungsprozessen unterschieden werden. Außerrationale Entscheidungsprozesse repräsentieren den quantitativ größten Teil aller Entscheidungsprozesse, weil eine ausgiebige Diskussion der meisten Entscheidungen relativ zum möglichen oder wahrscheinlichen Nutzengewinn zu aufwendig wäre.

2.1   Die Entwicklung des Rationalitätsbegriffs

2.1.1   Das klassische homo oeconomicus Modell und die moderne Spieltheorie sind für die Beantwortung der Frage nach optimalen Entscheidungen unter realistischen Knappheitsbedingungen nicht geeignet, weil die Voraussetzungen der Modelle wirklichkeitsfremd sind.

2.1.2   Der Kritische Rationalismus K. Poppers bildet die Grundlage des Rationalitätsbegriffs von K. Homann. Seine Hauptmerkmale sind Fallibilismus, methodischer Rationalismus, Dualismus von Tatsachen und Normen und ein kritischer Realismus.

2.1.3   Die Kritik am Falsifikationismus von Popper und am klassischen Rationalitätsbegriff (homo oeconomicus) wird vom Rationalitätsbegriff nach Homann berücksichtigt.

2.1.4   Der Rationalitätsbegriff nach Homann beruht auf der Ablehnung aller absoluten Wahrheitsansprüche und auf den Forderungen nach Offenheit und Kritik.

2.1.5   Der Rationalitätsbegriff Homanns, der wissenschaftstheoretisch ausgerichtet
ist, muß leicht adaptiert werden, um auf die unternehmerische Entscheidungswelt anwendbar zu sein.

2.1.1 Homo Oeconomicus

Der ökonomische Rationalismus geht davon aus, daß der rationale Mensch,
homo oeconomicus, von den relevanten Aspekten seiner Umgebung, wenn nicht
alles, so immerhin doch beeindruckend viel in bezug auf Quantität und Qualität
weiß. Darüber hinaus wird angenommen, daß er über ein wohlorganisiertes und
stabiles Wertesystem und über Nutzenvorstellungen verfügt, die ihm, zusammen
mit weitreichenden mathematischen Fähigkeiten erlauben, für alle Entscheidungsmöglichkeiten den Nutzen zu berechnen und die nutzenmaximale Entscheidung zu wählen [vgl. H.A. Simon, 1982, S. 239].

Grundannahmen dieser klassischen, ökonomischen Theorie sind wie folgt: [vgl.
W. Staehle, 1991, S. 485]

• Die Ziele sind bekannt, klar und eindeutig formuliert. Es existiert ein vollstän-
  diges, konsistentes System von Entscheidungspräferenzen.
• Das Entscheidungsproblem ist bekannt und klar formuliert.
• Alle Entscheidungsmöglichkeiten und deren Konsequenzen sind dem Entscheider bekannt.
• Alle problemspezifischen Informationen können problemlos beschafft werden.
• Es bestehen keine Beschränkungen hinsichtlich der Komplexität der Berech-
  nung der nutzenmaximalen Entscheidung.
• Der Entscheider entscheidet allein, unbeeinflußt von persönlichen Werten
  oder Gruppennormen.

Es ist offensichtlich, daß diese Annahmen in der Realität nur sehr selten zutref-
fen werden. Daher sind die aus ihnen entwickelten Entscheidungsmodelle nur
beschränkt gültig [vgl. H.A. Simon, 1982, S. 239].

Es gibt im wesentlichen vier Einschränkungen hinsichtlich der Annahmen der
klassischen Rationalität, die in der Literatur diskutiert werden: [vgl. D. Organ und
Th. Bateman, 1986, S. 144]

- begrenzte Rationalität: [Siehe auch 3.1.1.1 Knappheit] Das Konzept der begrenzten Rationalität geht davon aus, daß der Mensch nur über eine beschränkte Informationsverarbeitungskapazität und Erkenntnisfähigkeit verfügt.
- kontextuelle Rationalität: Der Entscheidungsträger wird durch Umweltbedingungen in seinem Entscheidungsspielraum eingeschränkt. Er ist unter Umständen mit konfligierenden Zielen konfrontiert.
- prozedurale Rationalität: Es ist unmöglich, sicheres Wissen darüber erlangen zu können, ob eine Entscheidung optimal ist oder nicht. Dennoch können Verfahren und Techniken entwickelt werden, die schlechte Entscheidungen vermeiden helfen.
- retrospektive Rationalität: Viele Entscheidungen werden erst nachträglich rational begründet. Entscheidungen, die aufgrund von Gefühlen oder Inspirationen getroffen werden, sind irrational.

Eine ausführliche Behandlung der Einschränkungen der klassischen Rationalitätshypothese, wie auch der modernen Spieltheorie findet sich beispielsweise bei Höffe [vgl. O. Höffe, 1985 2. und 3. Kapitel]. Höffe legt besonderen Wert auf philosophisch - humanistische Aspekte und resümiert:

"Spieltheorie und strategisches Denken sind in Grenzfällen, nicht im Normalfall sinnvoll." [O. Höffe, 1985, S. 97]

Ein weiteres Problem der Rationalität im Sinne des ökonomischen Rationalismus liegt darin begründet, daß sie vorwiegend an den Ergebnissen gemessen wird. Im Vordergrund steht das Individuum, das seinen Nutzen maximiert [vgl. K. Acham, 1993, S. 148]. Rational ist daher, wer seinen Nutzen maximiert. Das Ergebnis zählt. Damit ergeben sich Unsicherheiten: [vgl. K. Acham, 1993, S. 150 ff]

- Ist das Ergebnis rational, wenn sich der Entscheidungsträger optimierend oder satisfizierend oder maximierend verhält?
- Was ergibt sich aus epikuräischer Selbstbeschränkung?
- Ist ein Ergebnis auch dann rational, wenn viele konfligierende, komplex miteinander verwobene Interessen im Entscheidungsprozeß aufeinanderprallen?

Die individuellen Präferenzstrukturen müßten offenbar sein, um objektiv klären zu können, ob in diesen Fällen rationales Verhalten vorliegt oder nicht. Da diese Voraussetzungen aber nicht gegeben sind (das Individuum als "black box"), treten Probleme auf. Das ist aber nur ein weiterer Ansatzpunkt der Kritik.

In dieser Arbeit wird daher der Ansatz über den "*homo oeconomicus*" nicht weiter verfolgt. Es muß ein neues, realitätsnäheres Rationalitätskonzept gefunden werden. Dieses Konzept sollte die Entscheidungsprozesse und die Möglichkeiten, Kritik zu üben in den Vordergrund stellen und sich nicht länger mit den Ergebnissen dieser Prozesse, die immer der subjektiven Beurteilung der Betroffenen unterliegen müssen, beschäftigen. Stellt man auf die prozessuale Betrachtung ab, wird dadurch eine Objektivierung und bessere Nachvollziehbarkeit ermöglicht. Prozeßrational gesehen kann in allen drei (oben genannten) Problemfällen rationales Verhalten vorliegen. Die Rationalität hängt primär von der Gestaltung der Entscheidungs**prozesse** ab. Damit wird auch klar, daß es Umstände geben kann, die rationale Entscheidungsprozesse unmöglich machen (Zeitmangel). Darüber hinaus gibt es sehr viele Entscheidungen, die rationales Vorgehen aufgrund der anfallenden Kosten nicht vertretbar erscheinen lassen [vgl. 2.3 Abgrenzung Rationalität - Irrationalität - Außerrationalität], die aber dennoch nicht in den Bereich von irrationalen Entscheidungen fallen. In den folgenden Kapiteln werden diese Gedanken näher erörtert.

2.1.2 Der kritische Rationalismus[7]

Der kritische Rationalismus Poppers bildet die Grundlage des Rationalitätsbegriffs von Homann. Im wesentlichen hat er vier Hauptmerkmale:

2.1.2.1   Fallibilismus: Es gibt kein Wissen um absolute Wahrheiten. Die Annäherung an die Wahrheit erfolgt durch das Aufzeigen und Eliminieren von Fehlern.

2.1.2.2   Methodische Rationalität: Nur durch Kritik können Fehler offenbart und in der Folge beseitigt werden.

2.1.2.3   Dualismus von Tatsachen und Normen: Entscheidungen lassen sich auf die Verknüpfung von zwei unabhängigen Komponenten reduzieren: Tatsachen und Normen.

2.1.2.4   Kritischer Realismus: Es gibt objektive Wahrheit.

2.1.2.1 Fallibilismus

Die grundlegende Idee des kritischen Rationalismus ist ein konsequenter **Fallibilismus**. Es wird davon ausgegangen, daß jede Entscheidung, jede Problemlö-

---

[7]Vgl. H. Raffée und B. Abel, 1979, S. 1 ff; K. Popper, 1992b, S. 460 ff; H. Albert, 1982, S. 9 ff.

sung, jeder Satz einer kritischen Prüfung zum Opfer fallen kann. Wir können uns immer irren, obgleich diese Möglichkeit im Falle einiger logischer oder mathematischer Beweise gering sein mag. Damit verbunden ist der Grundsatz, daß es niemals sicheres Wissen um eine "Wahrheit" geben kann. Es wird deshalb auch davon ausgegangen, daß es kein allgemeines Wahrheitskriterium gibt.

"Wer ein allgemeines Prinzip sicherer Begründung akzeptiert und damit eine Wahrheitsgarantie irgendwelcher Art anstrebt, gerät in ein Trilemma von infinitem Regreß, Zirkel oder Rekurs auf ein Dogma" [H. Albert, 1982, S. 9]

Das bedeutet aber nicht, daß damit die Wahl zwischen alternativen Theorien willkürlich ist, sondern nur, daß wir uns bei der Auswahl einer scheinbar überlegenen Theorie immer irren können. Jede Theorie kann widerlegt werden und muß dann einer verbesserten Theorie weichen. Als Beispiel dafür wird oft das Newtonsche Weltbild zitiert, das, obwohl es jahrhundertelang allen Widerlegungsversuchen trotzte, schließlich dem Weltbild von Einstein weichen mußte. Popper [vgl. K. Popper, 1992b, S. 467] beschreibt in diesem Zusammenhang auch die Entdeckung des schweren Wassers, des schweren Wasserstoffs und die Entdeckung von schwarzen Schwänen.

Das Streben nach Gewißheit ist nicht zielführend und muß vom Streben nach Wahrheit abgelöst werden. Hayek schreibt,

"daß wir uns immer nur bemühen können, uns der Wahrheit oder Gerechtigkeit anzunähern, indem wir beharrlich das Falsche oder Ungerechte eliminieren, aber (wir können) *niemals sicher sein, daß wir endgültige Wahrheit oder Gerechtigkeit erlangt haben."* [F.A. Hayek, 1986a, S. 67]

Je weniger Irrtümer ein Satz enthält, desto näher liegt er an der Wahrheit. Die Annäherung an die Wahrheit erfolgt durch die Kritik. Die Stellung der Kritik wird im folgenden im Zusammenhang mit der methodischen Rationalität beschrieben.

2.1.2.2 Methodische Rationalität

Die methodische Rationalität ist ein weiteres Kennzeichen des kritischen Rationalismus. Sie beinhaltet die Idee, daß durch bestimmte Problemlösungsverfahren Fortschritte erzielbar sind. Die Grundidee ist dabei der **systematische Kritizismus**. Er geht davon aus, daß nur durch die Kritik Fehler offenbart und beseitigt werden können. Alle Entscheidungskomponenten unterliegen der Kritik [vgl. 2.1.2.3].

Die Einsicht, daß es keine letztgültige Begründung für eine Basis der Kritik, die die Berechtigung der Kritik beweist, geben kann [vgl. 1.4 und 4.4.1], hat zur Idee der begründungsfreien Kritik geführt. Mit anderen Worten: Es gibt keine letztgültige Begründung, warum eine bestimmte Kritik berechtigt ist. Deshalb wird auch nicht nach einer positiven Basis für die Kritik gesucht, wie es im Konstruktivismus geschieht, sondern "nur" systematisch versucht, Fehler zu eliminieren.

"Jede Quelle (der Kritik) *ist willkommen, aber kein Satz ist immun gegenüber Kritik, was immer seine "Quelle" sein mag."* [K. Popper, 1992b, S. 471]

Auch die Kritik kann kritisiert werden, es gibt keine absolut gültige Kritikbasis. Die Berechtigung der Kritik besteht daher allein darin, daß sie, auch ohne absolute Gültigkeit, die Theorie oder den Satz, den sie kritisiert, berechtigterweise kritisiert, und damit dazu beiträgt, Fehler zu eliminieren und der Wahrheit näher zu kommen. Theorien sind also Vermutungen, die nur durch Kritik, die vermutlich berechtigt ist, verbessert werden können.

Insbesondere folgende Formen der Kritik sind vorstellbar:[8]

- Erstens Kritik, die sich Annahmen bedient, die auch Teil der Theorie sind, die sie kritisiert. In diesem Fall spricht man von sogenannter immanenter oder in sich selbst beruhender Kritik. Sie wäre beispielsweise dann gegeben, wenn gezeigt werden kann, daß eine Theorie von Prämisse X und Prämisse Y ausgeht, die aber inkompatibel sind.

- Zweitens kann es sich um sogenannte transzendente Kritik handeln. Dabei werden Annahmen vorgebracht, die den Charakter einer konkurrierenden Theorie haben und unabhängig kritisiert werden können. Die Kritik schlägt dabei vor, Überprüfungen vornehmen zu lassen, die die Entscheidung herbeiführen soll, welche Theorie oder Annahme zu verwerfen ist.

- Drittens kann die Kritik von Annahmen ausgehen, die ganz allgemein als akzeptabel angesehen werden, ohne daß sie Bestandteil der zu kritisierenden Theorie sein müssen. Die Kritik läuft dabei darauf hinaus, darzulegen, daß die

---

[8]Vgl. K. Popper, 1992b, S. 472 f.

kritisierte Theorie einer oder mehreren allgemein anerkannten Grundsätzen widerspricht. Diese Art der Kritik kann sehr wertvoll sein, weil sie zu einer Revision der Grundsätze führen kann.

Diese drei Kritikformen brauchen auf keinen Annahmen aufzubauen, die erst bewiesen werden müssen, um wertvolle Beiträge zur Theorieverbesserung liefern zu können. Popper führt darüber hinaus aus, daß auch ungültige Kritik wertvoll sein kann, indem sie zum Nachdenken anregen und neue Aspekte aufzeigen kann.

"Ganz allgemein können wir vielleicht sagen: gültige Kritik an einer Theorie besteht darin, darzulegen, daß es der Theorie nicht gelingt, die Probleme zu lösen, die sie zu lösen vorgibt." [K. Popper, 1992b, S. 473]

Als Konsequenz ergibt sich die Forderung, Theorien so zu formulieren, daß sie leicht falsifiziert, d.h. widerlegt, werden können. Wissenschaftliche Theorien müssen darüber hinaus Aussagen machen, die in der Realität überprüfbar sind. Immunisierungen mittels Vokabular, zu großer Komplexität etc., die die Möglichkeiten, Kritik an der Theorie zu üben, beeinträchtigen, sind ebenso zu vermeiden wie nichtssagende Theorien.

2.1.2.3 Dualismus von Tatsachen und Normen

Ein weiterer Eckpfeiler des kritischen Rationalismus ist der Dualismus von Sachaussagen oder Tatsachen und Normen. Da er für die späteren Ausführungen wichtig ist, wird er hier eingehend behandelt.

Entscheidungen ergeben sich nicht einfach aus bestimmten Tatsachen. Der Mensch beurteilt wertend die Tatsachen und entschließt sich erst aufgrund dieser bewerteten Tatsachen zu seiner Entscheidung.

Dafür folgendes Beispiel: Die Norm *"du sollst nicht stehlen"* ist keine Tatsache und obwohl sie von den meisten Menschen akzeptiert wird, ist es dennoch möglich, sich für ihre Annahme zu entscheiden oder nicht. Befindet man sich beispielsweise in der Situation, daß man eine fremde, bewegliche Sache vorfindet, kann man diese Sache einerseits mit Bereicherungsvorsatz an sich nehmen und damit einen Diebstahl begehen oder die Sache z.B. dem Eigentümer zurückgeben und damit der Norm *"du sollst nicht stehlen"* entsprechen. Aus der Tatsache, daß am Boden eine fremde Brieftasche liegt, folgt weder die Akzeptanz noch die Verwerfung dieser Norm. Popper faßt folgendermaßen zusammen:

"Aus der Feststellung einer Tatsache läßt sich niemals ein Satz herleiten, der eine Norm, eine Entscheidung oder einen Vorschlag für ein bestimmtes Vorgehen ausspricht." [K. Popper, 1992a, S. 100]

Diese Auffassung geht bis zu Sokrates und Protagoras zurück und ist heute weitgehend unumstritten. Es ist ein bekanntes Phänomen, daß verschiedene Gruppen ein und dieselbe Tatsache verwenden können, um diametrale Standpunkte zu untermauern. Tatsachen müssen erst bewertet werden, ehe Entscheidungen getroffen werden können. **Zwischen Tatsachen, dem Werturteil und der daraus folgenden Entscheidung besteht kein unmittelbarer Konnex** [vgl. K. Popper, 1992, S. 98 ff; J. Schumpeter, 1980, S. 211; V. Kraft, 1971, S. 56].

In dieser Arbeit geht es um die Frage, welche Bedingungen herrschen müssen, damit optimale Entscheidungen getroffen werden können. Schließt man aus dem obigen, daß Entscheidungen Geschmackssache sind, die weiter nicht kritisiert werden können, weil Werturteile notwendiger Bestandteil jeder Entscheidung sind, ist jede weitere Analyse in diesem Bereich sinnlos. Der Standpunkt, der in dieser Arbeit bezüglich der Möglichkeit, Kritik an Werten zu üben, vertreten wird und der auch von einem wesentlichen Teil der Literatur unterstützt wird, ist daher ein anderer. Er lautet: Es gibt auch im Gebiet der Werte und Maßstäbe bessere und schlechtere. Damit kann auch über Werturteile sinnvoll diskutiert werden [vgl. K. Acham, 1989, S. 22]. Auch wenn es keine absoluten Kriterien für die wahren Maßstäbe gäbe, kann man auf dem Gebiet der Maßstäbe ebensogut lernen wie auf dem Gebiet der Tatsachen [vgl. K. Popper, 1992b, S. 481 f; K. Acham, 1989, S. 23; W. Dubislav, 1971, S. 439-455]. Die Erkenntnis des Sokrates, daß es besser sei, Unrecht zu leiden als Unrecht zu tun oder die goldene Regel[9] scheinen solche Erkenntnisse auf dem Gebiet der Maßstäbe zu sein.

Werte sind beispielsweise in folgenden Zusammenhängen diskutierbar: [vgl K. Acham, 1989, S. 23] Man kann etwa diskutieren, ob ein Ziel ein Mittel zu einem anderen Zweck ist oder nicht, man kann Alternativen in Betracht zichen oder die Effizienz der Mittelbeziehung, weiters die Relevanz von Affekten und den Grad der Bewußtheit des Handelnden in der Situationsbewältigung, die Art der Stützung von Normen durch Werte und der Werte durch die Gesamtorientierung des Akteurs und die Geltung der Grundannahmen.

---

[9]Die goldene Regel ist eine volkstümliche Lebensweisheit, die in dem Spruch: *"Was ihr nicht wollt, daß man euch tu, das fügt auch keinem andren zu"* ihren Ausdruck findet. Die goldene Regel ist in Griechenland wie in China und Indien als Maxime bekannt und wird sowohl positiv (wie bei Matth. 7,12) als auch negativ überliefert. Sie findet in Kants kategorischem Imperativ ihre moderne Gestalt [vgl. F. Müller, 1979, Band 7, S. 151].

> Es gibt immer zwei Ansatzpunkte der Kritik: Tatsachen und Normen oder Werte.

2.1.2.4 Kritischer Realismus

Das letzte Hauptmerkmal des kritischen Rationalismus, das hier besprochen werden soll, ist der kritische Realismus. Er hängt mit der Idee der Wahrheit zusammen. Es wird davon ausgegangen, daß es objektive Wahrheit gibt. Die Idee der Annäherung an die Wahrheit - der Erkenntnisfortschritt - ist dabei entscheidend [vgl. K. Popper, 1992b, S. 469]. Kritisiert und falsifiziert wird, um einen Erkenntnisfortschritt zu erzielen. Der Erkenntnisfortschritt ist das wesentliche Charakteristikum, das die verbesserte Theorie oder Problemlösung auszeichnet. Wahrheit ist dabei kein metaphysischer Begriff, sondern wird einfach und direkt, in Anlehnung an Tarski, definiert [vgl. K. Popper, 1992b, S. 461 f]. Sätze, Überzeugungen oder Aussagen etc. sind genau dann wahr, wenn sie mit den Tatsachen übereinstimmen. Der Satz "*Ich habe einen Satz einer Dissertation gelesen*" stimmt genau dann mit den Tatsachen überein, wenn ich tatsächlich einen Satz einer Dissertation gelesen habe. Daraus folgt auch, daß ein Satz näher der Wahrheit sein kann als ein anderer. Dies ist dann der Fall, wenn er mit den Tatsachen besser übereinstimmt als der andere Satz. Auch falsche Sätze oder Theorien können eine Menge Wahrheit enthalten. Popper führt als Beispiel die Theorien Keplers und Newtons an, die beide falsifiziert wurden, aber eine "*überwältigende Menge an wahrer Information*" enthalten [K. Popper, 1992b, S. 470].

Durch die Falsifikation werden Räume für neue Theorien geschaffen, die die Fehler der alten Theorien nicht enthalten und zumindest dieselbe Erklärungskraft haben wie die verdrängten Theorien. Dieser Prozeß der Falsifikation und Verbesserung der Theorien bringt eine zunehmende Annäherung an die Wahrheit mit sich. Da letztlich aber auch der Falsifikationsvorgang selbst fehlerbehaftet sein kann, ist Gewißheit über das Vorliegen von Wahrheit nie erreichbar.

2.1.3 Kritik

Der Rationalismus hat in den vergangenen Jahrzehnten einige Krisen erlebt. Die Idee, daß Theorien durch Verifikation allgemeingültig werden könnten, hat sich als falsch herausgestellt. Popper hat darauf hingewiesen, daß eine einzige Beobachtung, die von einer Theorie nicht vorhergesagt wurde, obwohl sie den Anspruch erhebt, diese Beobachtung erklären zu können, unter Umständen ausreicht, um die Theorie zu falsifizieren. Die Kritik von Kuhn, Lakatos und anderen hat herausgestellt, daß auch das Poppersche Rationalitätsbild [vgl. 2.1.2 Die

Grundlage: der kritische Rationalismus] teilweise zu eng gesetzt sein könnte.[10] Homann [vgl. K. Homann, 1988, S. 26 ff] führt drei kritische Punkte an:

2.1.3.1 Tatsachen stellen keine theorieunabhängige Prüfungsinstanz dar.

2.1.3.2 Auch Werte können aus einer Theorie oder Axiomatik nicht abgeleitet werden.

2.1.3.3 Ausnahmslos jede Theorie kann fehlerhaft sein.

2.1.3.1 Das Problem der Datenbasis

Den Ausgangspunkt bildet die Frage, nach welchen Kriterien eine Theorie einer anderen Theorie vorgezogen werden soll. Stellt man auf Tatsachenbeobachtung ab, ist damit ein wesentliches Problem verbunden. Tatsachen stellen an sich keine theorieunabhängige Prüfungsinstanz dar. Wie vorhin festgestellt wurde [vgl. 2.1.2.3 Dualismus von Tatsachen und Normen] weist Popper explizit darauf hin, daß aus einer bestimmten Tatsachenkonstellation keine besondere Entscheidung notwendigerweise gefolgert werden kann. H. Poincaré stellt fest, daß Tatsachen Punkten ähneln, die durch unendlich viele Verbindungslinien verbunden werden können. Über identische Tatsachen lassen sich demnach eine Vielzahl von Theorien legen. Damit scheiden Tatsachenbeobachtungen als alleinige Prüfungsinstanz einer Theorie aus.

Da Tatsachen allein also nicht ausreichen, muß auf Instrumente, wie etwa Axiome, Konventionen, Werte etc. zurückgegriffen werden, die es erst ermöglichen, Tatsachen zu interpretieren, um dann erklären zu können, warum eine Theorie einer anderen vorgezogen wird. Das führt zum zweiten Kritikpunkt:

2.1.3.2 Die Bedeutung von Axiomen, Werten und Konventionen

Durch K. Gödel wurde der Beweis erbracht, daß sogar in der Mathematik jede deduktive Axiomatik zumindest einen Satz enthält, der innerhalb der Axiomatik nicht begründbar ist. Die Annahme solcher Festsetzungen erfolgt daher außerhalb der Empirie; erst sie ermöglichen die Empirie. Es kann daher nicht letztgültig begründet werden, warum man anhand der Festsetzung F1 eine Tatsache in-

---

[10]Die Berechtigung dieser Kritik ist **nicht unbestritten**. So resümiert Andersson beispielsweise, daß die Kritik von Kuhn und Feyerabend nicht berechtigt sei. Die mit dem Falsifikationismus konkurrierenden Lösungsversuche seien sowohl vom geschichtlichen als auch vom methodologischen Standpunkt her äußerst zweifelhaft [Zur umfangreichen Argumentation vgl. G. Andersson, 1988, S. 194].

terpretiert. Dennoch ist die Schlußfolgerung, daß diese Festsetzungen willkürlich sind, nicht richtig. Wären sie das tatsächlich, wäre es kaum zu der Wissensvermehrung[11] gekommen, die wir heute miterleben.

Es scheint so zu sein, daß, auch wenn die ersten Festsetzungen dieser Art eher willkürlicher Art sein mögen (wie etwa der Glaube an göttliche Intervention durch Zeus bei jedem Blitz und Donner), sich mit der Zeit dennoch die Festsetzungen durchsetzen, die zur Problemlösung am meisten beitragen können [vgl. auch 2.1.2.3: die Ausführungen über die Diskussionsmöglichkeiten über Werte]. Eine rationale Auswahl zwischen konkurrierenden Festsetzungen ist durchaus möglich, wenn auch die Entstehung der Festsetzungsidee, die Inspiration, nicht letztgültig erklärt werden kann und wenn es auch nicht möglich ist zu beweisen, warum manche Werte "besser" sind als andere [vgl. 2.1.2.1 und 4.4.1].

Der dritte Punkt, den Homann behandelt, ist:

2.1.3.3 Anomalien und Anomalieverarbeitung

Neue Theorien sind oft von vielfältigen Anomalien betroffen. In der Vergangenheit hat sich gezeigt, daß sie dennoch sehr erfolgreich waren. Wahrscheinlich sind fast alle Theorien anomaliebehaftet. Die strengste Fassung des Falsifikationsprinzips verlangt nun die Eliminierung aller anomaliebehafteten Theorien. Ein solches Vorgehen wäre aber offensichtlich nicht zielführend, da keine Theorie bestehen könnte. Eine weitere Möglichkeit besteht im Anbringen von Korrekturen. Die Frage, die ungeklärt ist, ist, inwieweit Theorien korrigiert werden dürfen, ehe sie verworfen werden müssen. (Weitgehend) immunisierte Theorien sind, ebenso wie gänzlich verworfene Theorien, unbrauchbar [vgl. H. Albert, 1982, S. 30 Fußnote 53]. Diese Kritik hat dazu geführt, daß nur mehr verlangt wird, sich bei der Wahl einer Theorie für die relativ anomalieärmste Alternative zu entscheiden.

G. Andersson stellt fest, daß trotz dieser Kritikpunkte, denen wiederum auch gute Argumente entgegengehalten werden können, die Theorie des kritischen Rationalismus die anomalieärmste der vorhandenen Theorien darstellt [Zu einer umfangreichen Analyse vgl. G. Andersson, 1988, S. 194, mit umfangreichem Literaturverweis].

---

[11]Zu einer Definition von Wissen in fallibilistischer Tradition vgl. A. Musgrave, 1993, S. 305 ff.

Die zweite Quelle, die die neue Rationalitätskonzeption, mit der sich diese Arbeit beschäftigt, wesentlich beeinflußt hat, ist die Kritik an der klassischen Rationalitätskonzeption (homo oeconomicus). Die vier Hauptpunkte der Kritik sind: [vgl. 2.1.1]

- begrenzte Rationalität
- kontextuelle Rationalität
- prozedurale Rationalität
- retrospektive Rationalität

Diese Einschränkungen der Rationalität werden in dieser Arbeit berücksichtigt. Unter 3.1.1.1 wird gezeigt, daß die beschränkte Informationsverarbeitungskapazität (begrenzte Rationalität) der Menschen eine der Voraussetzungen des hier entwickelten Rationalitätsbegriffs ist. Das Aufzeigen von Verfahren, die schlechte Entscheidungen vermeiden helfen (prozedurale Rationalität), ist ein Hauptanliegen dieser Arbeit. Darunter fällt auch die Entwicklung eines Verfahrens, das irrationale Entscheidungen (retrospektive Rationalität) verhindern kann und das auch geeignet ist, die Probleme der kontextuellen Rationalität in der Organisation zu verringern.

2.1.4 Die Kriterien des rationalen Verhaltens

Der neue Rationalitätsbegriff entstand als Antwort auf die Kritik am kritischen Rationalismus und an der klassischen Rationalitätskonzeption, bewegt sich aber nicht wesentlich vom Gedankengut des kritischen Rationalismus weg.

Unter Berücksichtigung der kritischen Einschränkungen [vgl. 2.1.2 und 2.1.3] entwickelt Homann einen neuen rationalistischen Ansatz. Er geht davon aus, daß Rationalität versucht, das **Kostenproblem** zu lösen [vgl. K. Homann, 1988, S. 52 ff].

Grundlegend für das neue Rationalitätskonzept ist, daß Homann den **ökonomischen Kostenbegriff** mit dem Rationalismus verbindet. Im Mittelpunkt steht dabei der Mensch, der unter Knappheitsbedingungen Entscheidungen zwischen einander ausschließenden Alternativen treffen muß. Beispielsweise kann ein Individuum nicht gleichzeitig in Wien und Graz sein, bergsteigen und schwimmen etc. Um den Ansatz auch auf nicht ausschließlich monetär quantifizierbare Entscheidungssituationen anwenden zu können, bedient sich Homann eines Kostenbegriffs der Logik einer Entscheidung, der am subjektivistischen Kostenbegriff anknüpft und von Buchanan, Coase et al. entwickelt wurde [vgl. J. Buchanan, 1969; R. Coase, 1960]. Im Mittelpunkt steht dabei, wie in der subjektiven Wertlehre, das

Individuum in einer Entscheidungssituation. Der Unterschied der subjektivistischen Konzeption von Buchanan zur subjektiven Wertlehre ist, daß die Alternativen in der Nutzendimension bewertet werden. **Bei der Entscheidung für eine Alternative geht dem Entscheider daher der erreichbare Nutzen der abgelehnten Alternative verloren.**

Die Idee der Annäherung an die Wahrheit wird durch die Idee der Annäherung an die kostenminimale Entscheidung abgelöst.[12] Das Individuum versucht nicht deshalb eine bessere Entscheidung zu treffen, weil es näher an der "Wahrheit" sein will (außer die Wahrheitsferne verursacht ihm Kosten), sondern weil es seinen Nutzen maximieren bzw. seine Kosten minimieren will. Beide Ideen verlangen nach der gleichen Vorgehensweise, der Elimination von Fehlern durch Kritik. Im Idealfall, wenn alle Fehler beseitigt wurden, erzielt man *dasselbe Ergebnis*, unabhängig davon, ob man von der Idee der Wahrheitsnähe oder der Kostenminimierung ausgeht. Die Annahme Homanns ist aber insofern plausibler, als die Alltagserfahrung den Eindruck erweckt, daß sich nur ganz wenige Menschen um die Wahrheit bemühen und die meisten von Kosten-Nutzen Überlegungen motiviert werden.

Um die richtige Entscheidung zu treffen, muß der Entscheidende jene Alternative wählen, bei der der entgangene Nutzen, der den Opportunitätskosten entspricht, minimal ist, sonst macht er einen Fehler, der Kosten verursacht. Kosten und Nutzen gehen dabei über die Marktpreise hinaus. Freude, Ärger und alle anderen Vor- und Nachteile werden von den Kosten- und Nutzenüberlegungen berücksichtigt. Kosten sind daher alle Nachteile - auch die nicht quantifizierbaren Nachteile - einer Entscheidung für das entscheidende Individuum.

Dieser Übergang ist auch von der Überlegung bestimmt, daß Zeit, Mittel und Fähigkeiten nur in unendlich langen Zeiträumen unbegrenzt zur Verfügung stehen. Die menschlichen Entscheidungen sind aber großteils auf viel kürzere Zeiträume ausgerichtet, in denen diese Ressourcen knapp sind und es nur relative Vorzüge von Theorien, Paradigmen oder Programmen geben kann. Entscheidungen verursachen daher meist (Opportunitäts)Kosten, die möglichst niedrig gehalten werden sollen.

---

[12]Um Mißverständnissen vorzubeugen, werden kostenminimale Entscheidungen in dieser Arbeit mit optimalen Entscheidungen gleichgesetzt. Der Ausdruck kostenminimale Entscheidung könnte so interpretiert werden, daß die direkten Kosten (ohne Opportunitätskosten) minimal sein müssen. Das ist natürlich nicht der Fall: Die **Opportunitätskosten, nicht nur die monetär quantifizierbaren Kosten, sind von wesentlicher Bedeutung und in diesem Kostenbegriff enthalten** (vgl. weiter unten).

Die Bedingungen für diesen Kostenbegriff lauten:

1. Die gleichzeitige Befriedigung aller Bedürfnisse ist nicht möglich.
2. Das Individuum kann wählen, welche Bedürfnisse es zuerst erfüllen will.

Hierbei entsteht jedoch ein Problem. Geht man davon aus, daß eine Entscheidung in allen Belangen besser ist als die Alternative, gibt es keine Kosten. In der Wissenschaft scheint es solche Situationen öfter zu geben. Die Entwicklung der Theorien von Babyloniern zu Griechen, Galilei, Kepler, Newton und schließlich Einstein war von ständigen Verbesserungen geprägt. Die jeweils neuere Theorie hat alle Aspekte der alten Theorie ebensogut erklärt und war darüber hinaus gültig. Bei der Ablöse entstanden daher keine Kosten. Ginge man von einem solchen Modell aus, wie es Homann Popper mit seiner Wahrheitsidee unterstellt [vgl. K. Homann, 1988, S. 101 f], entstünden bei der Entscheidungswahl keine Kosten.[13] Die Theorie oder Entscheidung, die man akzeptierte oder umsetzte, wäre der Wahrheit näher als alle Gegenvorschläge, daher hätten die Gegenvorschläge auch keine Existenzberechtigung. Durch die Ablehnung der Alternativen *entstünden keine Kosten*, weil auch *kein Nutzen entfiele*, der nicht auch von der optimalen Theorie oder Entscheidung geboten würde. Da man in der Realität allerdings nicht wissen kann, welche von zwei oder mehreren Möglichkeiten, wovon darüber hinaus viele wahrscheinlich unbekannt sind, die bessere ist, muß man immer davon ausgehen, daß man eine suboptimale Entscheidung trifft. Diese Entscheidung ist *nicht allen anderen*, möglichen Entscheidungen in allen Belangen *überlegen und verursacht auf jeden Fall Opportunitätskosten*.

Diese Sicht stimmt auch mit realistischen Entscheidungssituationen überein. Wenn man bis spät in die Nacht an seiner Dissertation schreibt, kann man nicht gleichzeitig schlafen. Der entgehende Nutzen (weil man nicht beides gleichzeitig tun kann) kann nicht vollständig kompensiert werden. Es ist deshalb aber nicht sinnvoll, von der Annahme abzugehen, daß man die optimale Entscheidung treffen könnte, wie es Homann tut [vgl. K. Homann, 1988, S. 102 f]. Er geht nämlich davon aus, daß man grundsätzlich nur die "zweitbeste" Lösung finden kann. Diese Annahme ist aber nicht notwendig, weil man eben nicht wissen kann, ob man nun die "beste" oder nur die "zweitbeste" Lösung gefunden hat. Daher muß man sich auf jeden Fall darum bemühen, die Fehler, die man entdeckt, zu beseitigen und zu einer "besseren", einer Lösung mit geringeren Kosten zu kommen.

---

[13]Subjektive Umstellungs- und Umlernkosten werden hier nicht berücksichtigt.

Eine besondere Bedeutung hat die Suche nach Alternativen. Homann stellt fest, daß die größten Kosten, langfristig gesehen, darin bestehen,

"daß die Chancen zur systematischen Entwicklung bzw. Entdeckung besserer Handlungsalternativen nicht bis in ihr Optimum, in dem der Grenzertrag der Suche und die Grenzsuchkosten gleich sind, vorangetrieben werden." [K. Homann, 1988, S. 59]

Die Einsicht, daß die größten Kosten meist mit verpaßten Gelegenheiten zusammenhängen, hat in weiterer Folge für diese Arbeit noch einige Bedeutung. Es wird später argumentiert, daß die Partizipation der Organisationsmitglieder im Entscheidungsprozeß von ausschlaggebender Bedeutung ist, um diese Kosten zu verringern [vgl. Kapitel 5].

Aufgrund der Einbeziehung der Kostenkomponente in den Rationalitätsbegriff ergibt sich folgende kurzgefaßte Definition der Rationalität:

"Rationalität ist die systematische Suche nach Kosteneinsparungen, vor allem Kosteneinsparungen durch Erkenntnisfortschritt." [K. Homann, 1988, S. 108]

Rationalität (im Sinne der in Kapitel 2.1.5 entwickelten Kriterien des rationalen Verhaltens) wird in dieser Arbeit darüber hinaus als normativer Begriff aufgefaßt, der vorgibt, wie man sich verhalten soll, damit Kosteneinsparungen erreicht werden können.

Homann charakterisiert rationales Verhalten durch fünf Punkte: [K. Homann, 1988, S. 128]

"Rational verhält sich, wer (1) im Bewußtsein, daß es einen Königsweg der Wahrheit nicht gibt, und (2) in einem System des Wettbewerbs unter alternativen Theorien sich und anderen darüber Rechenschaft gibt, (3) welche Theorie, welches Paradigma oder welches Forschungsprogramm er präferiert, (4) warum er dies tut und (5) zu welchen Kosten - angesichts welcher Alternativen - er dies tut."

Weiter unten schreibt er, zusammenfassend, daß es letztlich auf das Bemühen um Kostensenkungen ankomme. Das Bemühen darum ist allerdings nicht ausreichend. Der Entscheidende muß

(6) die kostenminimale Entscheidungsmöglichkeit wählen,

sonst handelt er irrational. Notwendigerweise muß es sich dabei um die subjektiv kostenminimale Alternative handeln, da ein Wissen um die objektiv kostenminimale Alternative nicht gegeben sein kann.

2.1.5 Anpassung wissenschaftstheoretischer Aussagen

Die wissenschaftstheoretischen Aussagen müssen prinzipiell für den organisatorischen oder unternehmerischen, betrieblichen Entscheidungsprozeß adaptiert werden. Da es in dieser Arbeit um die rationale Wahl zwischen Entscheidungsalternativen und nicht um wissenschaftliche Theorien geht, müssen die Forderungen nach rationalem Verhalten leicht modifiziert werden.

Rational verhält sich daher, wer

(1) im Bewußtsein, daß es einen Königsweg der Wahrheit nicht gibt, und (2) in einem System des Wettbewerbs unter alternativen *Entscheidungsmöglichkeiten* sich und anderen darüber Rechenschaft gibt, (3) welche *Entscheidung* er vorzieht, (4) warum er dies tut, (5) zu welchen Kosten - angesichts welcher Gegenvorschläge - er dies tut und (6) die sich aus diesem Prozeß ergebende, kostenminimale *Entscheidungsmöglichkeit* wählt [vgl. 2.1.4].

Die folgende Tabelle faßt diese Aussagen in vier Kriterien zusammen:

Die Kriterien des rationalen Verhaltens
(1) Sei dir bewußt, daß es absolute Wahrheitsansprüche nicht gibt. (Dies ist gleichbedeutend mit dem Wissen, daß niemand beanspruchen kann, die optimale Entscheidung gefunden zu haben.)
(2) Lege die Gründe für etwaige Entscheidungspräferenzen offen.
(3) Höre gut zu und versuche, die Kritik der anderen zu nützen.
(4) Wähle die sich aus diesem Prozeß ergebende optimale Entscheidungsmöglichkeit.

Tabelle 1: Die vier Kriterien des rationalen Verhaltens

Die Erfüllung dieser Kriterien führt insofern zu einer kostenminimalen Lösung, als alle entdeckbaren Fehler und die daraus gefolgerten Kostennachteile für die Verbesserung der Entscheidung genützt werden können. Wenn dieser Anspruch gerechtfertigt ist, gibt es keine Möglichkeit, mittels alternativer Vorgehensmodelle zu besseren Entscheidungen zu kommen. (Ob der Anspruch zurecht besteht, wird in Kapitel 4 untersucht.)

Hier ist auch festzuhalten, daß es nicht notwendigerweise durch rationale Entscheidungsprozesse zu absolut kostenminimalen Problemlösungen oder Entscheidungen kommt. Die Qualität der Entscheidung ist insbesondere auch von den Qualitäten der Entscheidungsträger und der Mitmenschen abhängig. Rationale Entscheidungen sind daher in der Regel nur relativ optimale Entscheidungen. Mit anderen Worten: Fähigkeiten, die die im Entscheidungsprozeß Involvierten nicht haben, werden auch nicht durch rationale Vorgehensweisen geschaffen. Es wird nur ermöglicht, daß die Fehler, die entdeckt werden können, auch wirklich entdeckt werden. Rationale Entscheidungsprozesse werden daher zu unterschiedlichen Ergebnissen führen je nachdem, welche Personen mit welchen Fähigkeiten darin involviert sind.

Ist in einem Kulturkreis beispielsweise nur das Wissen, wie Lehmhütten zu bauen sind, vorhanden, wird ein potentieller Hüttenbauer in diesem Kulturkreis durch rationales Vorgehen zumindest kurz- bis mittelfristig nur in die Lage versetzt, eine sehr gute Lehmhütte zu bauen. Es ist für ihn nicht möglich, sofort mit dem Bau einer Stahlbetonkonstruktion zu beginnen. Die erkennbare Annäherung (Fortschritt[14]) an fehlerärmere Lösungen oder an die "Wahrheit" kann nur durch langfristiges rationales Verhalten gelingen, wenn auch neue Ideen (Inspiration, Intuition) in diesen Prozeß einfließen können.

2.2   Die Gegenposition: Irrationalität

Der Irrationalismus ist eine zusammenfassende Bezeichnung für alle Lehren, die das Irrationale zu umgrenzen und zur Geltung zu bringen suchen. Der metaphysische Irrationalismus deutet die Wirklichkeit entweder nach Analogie des blinden Dranges, Triebes, der Kraft, Macht (Schelling, Schopenhauer, Bergson, Nietzsche), oder stellt sich in den Dienst der religiösen Begriffsbildung, des Mythos, der übervernünftigen Offenbarung [vgl. F. Müller, 1979, Bd. 9, S. 19].

---

[14]Es ist hier aber festzuhalten, daß es auch Fälle gibt, in denen eine Stahlbetonkonstruktion keinen Vorteil gegenüber einer Lehmhütte hat. Weiters ist im Fortschrittsbegriff die Annahme enthalten, daß das Wissen, wie Lehmhütten zu bauen sind bzw. das Wissen, unter welchen Bedingungen sie eine sehr gute Lösung darstellen, im Zuge der Innovationen nicht verlorengeht.

"Der Irrationalist behauptet, daß Gefühle und Leidenschaften, aber nicht die Vernunft, die wichtigsten Triebkräfte der menschlichen Handlungen sind. Die Antwort des Rationalisten, daß wir dennoch mit aller Kraft versuchen sollten, diese Situation zu verbessern, und daß wir versuchen sollten, dem Verstand eine möglichst große Rolle zuzuteilen, wird der Irrationalist (wenn er sich zu einer Diskussion herabläßt) entgegnen, daß eine solche Einstellung hoffnungslos unrealistisch ist." [vgl. K. Popper, 1992b, S. 273]

Versucht man die Kriterien der Rationalität, wie sie im vorigen Kapitel entwickelt wurden, auf die Kriterien der Irrationalität zu transformieren, ergibt sich folgendes:

(1) Es gibt absolute Wahrheitsansprüche. Wenn dir dein Gefühl sagt, wie du dich entscheiden mußt, kannst du dich darauf verlassen[15].

(2) Lege die Gründe für etwaige Entscheidungspräferenzen offen oder tue es nicht, wenn dein Gefühl für deine Entscheidung stark genug ist.

(3) Wenn du willst, höre gut zu und versuche, die Kritik der anderen zu nützen, um deine Theorie zu verbessern.

(4) Wähle die Entscheidung, die deiner Intuition oder deinem Gefühl am besten entspricht, du kannst aber auch die Kritik beherzigen und eine andere Entscheidung treffen. Da du aber nicht wissen kannst, ob die Kritik berechtigt ist, verlasse dich lieber auf dein Gefühl.

Der Irrationalist will sich der Vernunft zwar bedienen, aber er hält sich dabei nicht an nachvollziehbare Regeln:

"Er will sie verwenden oder verwerfen, wie es ihm gerade beliebt." [K. Popper, 1992b, S. 281]

Der **Rationalist** ist ebenfalls auf ein elementares, nicht weiter hinterfragbares Gefühl angewiesen: Das Gefühl, daß wir uns ausschließlich auf unsere Vernunft verlassen können, wenn es darum geht, schlechte Entscheidungen zu vermeiden

---

[15]Aus dieser Abgrenzung ergibt sich eine enge Verwandtschaft des Irrationalismus zum Dogmatismus und des Rationalismus zum Skeptizismus. Es muß nochmals betont werden, daß der Begriff (Ir)Rationalismus nichts mit dem traditionellen homo oeconomicus Modell zu tun hat. Teilweise entsteht sogar die Notwendigkeit, Etikettierungen zu überdenken bzw. zu revidieren. Die „irrationale" Studentenbewegung des Jahres 1969 beispielsweise, erfüllt zumindest eine Bedingung des Rationalitätsbegriffs, soweit sich die Bewegung auf das Infragestellen von etablierten Strukturen bezog. Die „Verteidiger" des alten Systems hingegen, die jede Diskussion ablehnten weil sie im Besitz der Wahrheit zu sein glaubten, handelten irrational.

[vgl. 4.4.1].[16] Das Ergebnis ist dabei immer mit **Unsicherheiten** behaftet. Erfüllt man die Kriterien des rationalen Verhaltens im Entscheidungsprozeß, ergeben sich daraus nicht mit Sicherheit absolut "beste" Entscheidungen. Kritik kann jederzeit herausstellen, daß die Entscheidung fehlerbehaftet ist und verbessert werden kann.

Der **Irrationalist** läßt sich von diesem Gefühl für die Vernunft als oberste Instanz nicht leiten und versucht, mit verschiedenen Methoden Gefühle zu erzeugen, die ihm schnell und unmittelbar absolute Wahrheiten und absolut richtige Entscheidungen vermitteln sollen. Beispielsweise erhebt ein Wahrsager üblicherweise den Anspruch, daß der von ihm "errechnete" Entscheidungszeitpunkt der absolut günstigste sei. Unsicherheiten gäbe es nicht. Dadurch entfällt die Notwendigkeit, den Entscheidungsprozeß den Kriterien des rationalen Verhaltens zu unterwerfen. Kritik wird dadurch unterbunden, daß behauptet wird, nur bestimmte Menschen mit speziellen Bewußtseinszuständen könnten das Zustandekommen der Entscheidung nachvollziehen. Der Irrationalist glaubt mit **Sicherheit** wissen zu können, welche Entscheidung er zu treffen hat. Damit entfällt aber auch die Entscheidungssituation [vgl. 1.4 Grundlegende Begriffsbestimmung].

Es gibt viele Beispiele für irrationale Entscheidungsprozesse [Zu einem Begründungsversuch vgl. 4.4.2]. Problematisch ist das dann, wenn auch "wichtige" Entscheidungsprozesse nicht rational sondern irrational ablaufen. Die New Age[17] Bewegung beispielsweise hat in den vergangenen Jahrzehnten an Bedeutung gewonnen und umfaßt Praktiken wie Runenmagie, Handlesen und Geisterbeschwörung, astrologische Praktiken und außersinnliche "Phänomene" wie "Hellsehen" und Telekinese. Diese Praktiken ersetzen rationale Erwägungen und werden als Entscheidungsgrundlagen herangezogen. Schließt man vom Absatz einschlägiger Bücher und von der Anzahl der Wahrsager auf den Einfluß dieser Bewegung, ist davon auszugehen, daß sie sehr viele Entscheidungen festlegt - auch im täglichen Wirtschaftsleben.

---

[16]Diese Ansicht Poppers ist umstritten [vgl. A. Musgrave, 1993, S. 302 ff]. Weil der Versuch, diese Frage zu klären, aber keinen wesentlichen Fortschritt für die Fragestellungen, die diese Arbeit behandelt, verspricht, wird diese Ansicht Poppers vorläufig übernommen.
[17]New Age hat zwei Komponenten, die bei verschiedenen Autoren unterschiedlich in ihrer Bedeutung dargestellt werden [vgl. E. Gruber, 1988; R. König, 1987]. Es sind dies der wissenschaftliche Systemansatz (vernetztes Denken) und die Esoterik-Astrologie. Hier wird nur der esoterische Ansatz kritisiert, weil nur er zum Irrationalismus zu zählen ist.

Ein Kennzeichen für die Anhänger der New Age Bewegung ist ihr Glaube, daß Entscheidungen und Handlungen von den Sternenkonstellationen abhängen. Um Christi Geburt trat unser Planet ins Sternzeichen der "Fische" ein. Dieses Zeitalter geht jedoch mit diesem Jahrhundert zu Ende und wird durch das "Zeitalter des Wassermanns" abgelöst (daher kommt der Name: New Age). Daraus wird gefolgert, daß sich umfangreiche Veränderungen in den Gesellschaftsstrukturen ergeben müssen.

"Der Gedanke vom nun anbrechenden Wassermannzeitalter wurde von der New Age Bewegung erneut belebt, um mit dem Hintergrund dieser astrologisch-astronomischen Ereignisse einen weitreichenden Wandel in der Menschheit einzuleiten. Das Wassermannzeitalter steht nach dieser Sicht für ein Zeitalter der Mystik und Spiritualität sowie der vollkommenen Harmonie der Menschen untereinander und mit dem Kosmos." [vgl. R. König, 1987, S. 16] *"Als Ziel der spirituellen Übungen wird die Vereinigung mit dem "Geist des Universums" angegeben, das sind "Wesen höherer Intelligenz", die es "nicht zulassen, daß die Erde in die Irre geht.""* [vgl. R. König, 1987, S. 28; G. Trevelyan, Eine Vision des Wassermannzeitalters, Freiburg, 1980, S. 113, zitiert nach R. König]

Vor diesem Hintergrund kann es natürlich keine Unsicherheiten geben. Wer mit Gott vereint ist (das ist gleichbedeutend mit: wer Gott ist), kann keine falschen Entscheidungen treffen. Irrationalismus spielt immer dann eine Rolle, wenn unkritisierbare Quellen als Begründung angegeben werden, warum eine bestimmte Entscheidung notwendig ist oder wenn überhaupt keine Begründung vorliegt. Argumente, Kritik und Vernunft werden ausgeschlossen.

Die relativ kürzere Schilderung des Irrationalismus, im Vergleich zum Rationalismus, hängt auch damit zusammen, daß es verhältnismäßig wenige aussagekräftige Arbeiten über den Irrationalismus gibt.

2.3   Abgrenzung: Rationalität - Irrationalität - Außerrationalität

Eine dichotomische Aufteilung der Entscheidungsprozesse in rationale und irrationale ist nicht zweckmäßig. Die irrationalen Entscheidungsprozesse hätten einen zu großen Anteil, der schwer erklärbar wäre [vgl. Kapitel 3 und 4]. Es gibt viele Entscheidungsprozesse, die nicht rational ablaufen, aber dennoch nicht als irrational bezeichnet werden können.

Im folgenden werden vier wichtige Gründe für solche **außerrationale Entscheidungsprozesse** genannt:

1. Zeitmangel: Rationales Verhalten ist mit einem gewissen zeitlichen Aufwand verbunden. Der Entscheidungsträger kann aber, trotz der ausbleibenden Rationalisierung des Entscheidungsprozesses, versuchen, mit Hilfe seiner Vernunft eine möglichst gute Entscheidung herbeizuführen. Dieses Vorgehen ist nicht als irrational zu bezeichnen.

2. Wiederholungen - Repetitive Entscheidungen: Ein Entscheidungsträger, der nur die erste Entscheidung den Kriterien des rationalen Verhaltens unterwirft und alle folgenden Entscheidungen, die der ersten Entscheidung fast vollständig entsprechen, nicht, kann auch nicht als irrational angesehen werden. Repetitive Aufgaben, Fließbandarbeiten, die Gestaltung von Geschäftsbriefen, das Essen mit Messer und Gabel etc., sind einige der unzähligen Entscheidungen, die unter diese Kategorie fallen.

3. "Kleine" Entscheidungen: "Kleine" Entscheidungen sind Entscheidungen, deren Rationalisierungskosten über den wahrscheinlichen Nutzengewinnen liegen. Wie "klein" diese Entscheidungen sein sollen, kann das Ergebnis eines rationalen Entscheidungsprozesses sein. Es wäre beispielsweise wenig sinnvoll, sich in einem Unternehmen, das sich nicht mit der Herstellung von Bleistiftminen beschäftigt, ausführlich über die Reduzierung des betrieblichen Verschleißes von Bleistiftminen zu diskutieren. Für die meisten Menschen ist es wahrscheinlich auch belanglos zu diskutieren, ob sie im Zweifelsfalle eine Banane oder einen Apfel essen sollen.

4. "Kleinste" Entscheidungen: "Kleinste" Entscheidungen werden in der Regel nicht bewußt reflektiert. Die Kosten, die bei den Überlegungen entstehen würden, ob eine solche Entscheidung den Kriterien des rationalen Verhaltens unterworfen werden sollte oder nicht, sind bereits höher als jeder mögliche Nutzengewinn.

Außerrationale Entscheidungen sind Entscheidungen, die aufgrund der Erfahrung oder Übung oder rationaler Entscheidungsprozesse für nicht rationalisierbar gehalten werden, weil die Kosten in keiner Relation zum möglichen Nutzen wären. Die jeweiligen Einschätzungen sind natürlich falsifizierbar, die Grenzen können sich verschieben, wenn sich die Umstände (Interessen, Technologie etc.) ändern und sie sind subjektiv variabel. Das Essen kann für Menschen, die sich einer Diät unterziehen, eine dominante Position einnehmen, für Rückenmarkgeschädigte kann jeder einzelne Schritt beim Gehen zu einer enormen Aufgabe werden, Unternehmensziele können sich ändern.

Man könnte die Abgrenzung rational - außerrational auch positiv vornehmen: Es sind nur jene Entscheidungen den Kriterien des rationalen Verhaltens zu unterwerfen, die wichtig sind. Unwichtige Entscheidungsprozesse laufen im Außerrationalen ab, sie sind es nicht wert, daß man sich über sie ausführlichere Gedanken macht. Über die Abgrenzung von wichtigen und unwichtigen Entscheidungen könnte ebenso wie oben diskutiert werden.

Zur Verdeutlichung der Abgrenzung Rationalität - Irrationalität - Außerrationalität sind noch folgende Gedankenexperimente anzustellen.

a) Sollte ein Mensch der Meinung sein, daß ihm rationales Vorgehen Unbehagen einflößt und er sich daher nicht rational verhalten will, weil ihm die Kosten auf jeden Fall zu hoch erscheinen, kann darauf erwidert werden:

1. Der Mensch kann sich irren. Vielleicht übersteigt der Nutzen der Rationalisierung die Kosten des Unbehagens. Verneint der Mensch dies kategorisch, verhält er sich irrational [vgl. 2.1.5 Das erste Kriterium der Rationalität].

2. Setzt der Mensch seine Rationalisierungskosten glaubhaft unendlich hoch an (etwa Selbstmord), gibt es für ihn keine bzw. nur einen einzigen rationalen Entscheidungsprozeß. Alle Entscheidungsprozesse vor dieser Diskussion (nach dieser Diskussion, die ja rational ist, gibt es natürlich keine Entscheidungsprozesse mehr für ihn) verliefen entweder irrational oder außerrational. Das hängt von seiner Bereitschaft ab, seine Vernunft oder seine Gefühle bei Entscheidungen zu berücksichtigen. Konnte er sich auch seiner Vernunft nicht bedienen, ist zweifelhaft, ob überhaupt noch Entscheidungen vorliegen konnten. Wenn ja, mußte er immer irrational handeln und auch die Diskussion hätte nie stattfinden können. Bei diesen Überlegungen treten allerdings eine Reihe von Widersprüchen auf.

b) Kann sich ein Mensch, der allein auf einer sonst unbewohnten Insel lebt und keine Möglichkeit hat, mit anderen zu kommunizieren, rational verhalten?

Er kann ja nicht absolut sicher wissen, ob er tatsächlich allein ist oder nicht. Es ist nicht die tatsächliche Kritik der anderen, die das Charakteristikum des rationalen Entscheidungsprozesses darstellt, sondern es ist die Möglichkeit, die den anderen eingeräumt wird, Kritik zu üben. Die Offenlegung, Begründung und die, wenn auch mitunter nur sehr vage, Hoffnung (mitunter Befürchtung), andere würden Kritik üben, tragen wesentlich zu besseren Entscheidungen bei. Die Frage ist deshalb zu bejahen.

Gegenüberstellung:	Rationalität - Irrationalität - Außerrationalität		
	Rationalität	Irrationalität	Außerrationalität
Zentrales Element:	Verstand	Gefühle und Leiden-schaften	Verstand, Tradition, Kultur
Nachvollziehbarkeit:	objektiv	subjektiv	objektiv
Kritik:	möglich und er-wünscht	unmöglich	möglich, aber uner-wünscht
Unsicherheit	konstitutives Merk-mal	selten	nie
Vorgangsweise	Mit Hilfe von Of-fenheit, Kritik und Diskussionen wird versucht, Fehler zu vermeiden	Praktiken, die der Erzeugung von Ge-fühlen oder Intuition dienen, stehen im Vordergrund	(Ir)Rationalität manifestiert sich in der (Nicht)-Bereit-schaft zu (Meta)-Diskussionen

Tabelle 2: Gegenüberstellung der Charakteristika von Rationalität, Irrationalität und Außerrationalität

3 Fehler im Entscheidungsprozeß

Wir haben festgestellt, daß Entscheidungsprozesse in drei Kategorien unterteilbar sind: rationale, irrationale und außerrationale. Welcher Typus führt nun zu fehlerminimalen Entscheidungen? Ehe diese Frage geklärt werden kann, müssen wir noch die Rahmenbedingungen untersuchen, die für die Beantwortung der Frage mitentscheidend sind. Danach werden anhand eines einfachen Modells des Entscheidungsprozesses (nach Staehle) Fehlerquellen analysiert, die zu schlechten Entscheidungen führen. Um die Richtigkeit der Analyse zu überprüfen, werden die Fehlerquellen auch aus einer Grundlage des kritischen Rationalismus, dem Dualismus von Tatsachen und Normen, abgeleitet. Wenn die Analysen stimmen, müssen beide Ansätze zum selben Ergebnis führen. Im vierten Kapitel wird dann die Frage beantwortet, ob rational oder irrational gestaltete Entscheidungsprozesse diese Fehlerquellen vermeiden und wirklich zu optimalen Entscheidungen führen können. Um all diese Überlegungen auch für einen Irrationalisten glaubhaft zu machen, wird versucht werden, Zweifel und Unsicherheiten so weit wie möglich auszuräumen. Auch ein Irrationalist weigert sich meist nicht absolut, vernünftige Argumente zu akzeptieren.

3.1   Es gibt einige wenige Rahmenbedingungen, die für alle Entscheidungsprozesse Gültigkeit haben. Darüber hinaus bilden diese Rahmenbedingungen die Voraussetzung für eine sinnvolle Rationalitätsnorm. Die universelle Knappheit der Ressourcen, die steigende Komplexität und die Dynamik in Entscheidungssituationen und die Kompetenz der Mitmenschen sind dabei von besonderer Bedeutung. Zusätzlich zu diesen allgemeineren Rahmenbedingungen der Entscheidungsprozesse gibt es spezielle Rahmenbedingungen in Organisationen und Unternehmen. Diese Bedingungen unterscheiden sich teilweise von den wissenschaftstheoretischen. Im wesentlichen gibt es drei Unterschiede:
1. Verschiedene zeitliche Bezugsrahmen
2. Organisationsgeheimnisse
3. Einen gegebenen Falsifikationsrahmen (Zielsystem)

3.2   Der Problemlösungsprozeß besteht im wesentlichen aus den Komponenten Problementdeckung und -bewertung, Problemlösungssuche und -bewertung und der Umsetzung der günstigsten Lösung. Mögliche Fehlerquellen im Entscheidungsprozeß lassen sich in reale und scheinbare Fehlerquellen unterteilen. Im Falle von realen Fehlerquellen liegt tatsächlich ein Willkürakt, ein Informationsdefizit oder Inkompetenz vor. Bei scheinbaren Fehlentscheidungen glauben die von der Entscheidung Betroffenen, daß ein solcher Fehler vorliege.

3.3   Die kritisch-rationale Analyse des Problemlösungsprozesses, die auf dem Dualismus der Tatsachen und Normen aufbaut, führt zu den gleichen Ergebnissen wie unter 3.2.

3.1   Rahmenbedingungen[18] von Entscheidungsprozessen

3.1.1 Allgemeine Rahmenbedingungen

3.1.1.1   Knappheit bildet eine Voraussetzung für Entscheidungen und für ein sinnvolles Rationalitätskonzept. Sie ist eine allgemeine Lebensbedingung.

3.1.1.2   Die Komplexität der Umwelt steigt. Mit der zunehmenden Anzahl von Handlungsmöglichkeiten steigt auch die Zahl der Entscheidungen und die Unsicherheiten.

3.1.1.3   Jeder Mensch hat eine angeborene Problemerkennungs- und Problemlösungsfähigkeit. Die Nutzung dieser Fähigkeiten in den Entscheidungsprozessen ist die Voraussetzung, um zu fehlerärmeren Entscheidungen zu gelangen.

3.1.1.1   Knappheit

3.1.1.1.1 Erkenntnistheoretische Aspekte

Der Mensch ist an sich ein "beschränktes Wesen". Die menschlichen Erkenntnisleistungen neigen zu Fehlleistungen.[19] Optische und akustische Täuschungen sind Indizien dafür.[20] Weitere Indizien für den eingeschränkten Erfahrungshorizont von menschlichen Individuen sieht K. Lorenz beispielsweise in dem in der Betriebswirtschaftslehre als "Betriebsblindheit" bekannten Phänomen. Er nennt Untersuchungen an Menschen, die ergaben, daß Individuen sich von einmal eingelerntem Verhalten nur sehr schwer losreißen konnten und Probleme, die nur geringfügig verändert wurden, nur mit einiger Verzögerung lösen konnten. Er

---

[18]Die folgenden Feststellungen sollen wie alle Aussagen in dieser Arbeit kein Ausdruck irgendeiner dogmatischen Herrschaftsideologie, sondern widerlegbare Hypothesen sein. Sie spiegeln das Bemühen wider, möglichst prägnant zu formulieren, um sie besser der Kritik zugänglich zu machen.
[19]Diese Einschränkungen der menschlichen Vernunft werden u.a. auch von P. Watzlawick et al. diskutiert [vgl. P. Watzlawick, 1974]. Da die Sinneswahrnehmung selbst vom Individuum gesteuert wird, **kann man nicht sehen, daß man nicht sieht, was man nicht sieht.**
[20]Konrad Lorenz sieht diese Fehlleistungen insbesondere bei den Vorgängen, die kulturelles Wissen erwerben und speichern [vgl. K. Lorenz, 1973, S. 302]. Vgl. dazu etwa auch H. von Foerster, 1984, S. 2 bis 24; R. Riedl, 1984, S. 49; F. Malik und G. Probst, 1984, S. 106.

gibt auch in der Wissenschaftsgeschichte Belege für "Betriebsblindheit". Nicht die Fachexperten, sondern fachfremde Wissenschafter tragen mitunter zu Problemlösungen wesentlich bei [vgl. K. Lorenz, 1973, S. 169 ff]. Auch R. Riedl betont die angebrachte Bescheidenheit angesichts der sich im Laufe der Evolution verändernden menschlichen Erkenntnisfähigkeit [vgl. R. Riedl, 1984, S. 106].

H.A. Simon geht ebenfalls von der beschränkten Informationsverarbeitungskapazität des Menschen aus [vgl. auch W. Kirsch, 1971a, S. 84 f; H.U. Kunz, 1991, S. 11, 28]. In seinem Konzept der "bounded Rationality" kommt zum Ausdruck, daß die wahren Informationsbedürfnisse des Menschen aufgrund seiner eingeschränkten Schulung und seiner Werte und Verhaltensmuster dem Menschen selbst verborgen bleiben können. Daraus resultiert Unsicherheit [vgl. H.A. Simon, 1982, S. 410; F.A. Hayek, 1986b, S. 27].

Die (ernstgemeinte [vgl. K. Popper, 1987, S. 103]) Erkenntnis des Sokrates:

"Ich weiß, daß ich nichts weiß"

faßt diese Überlegungen zusammen. Die sich daraus ergebende Unsicherheit ist das wesentliche Charakteristikum im Entscheidungsprozeß.

Komplexe Systeme verdeutlichen diesen Sachverhalt:

"Man stochert sozusagen bei komplexen Systemen prinzipiell im Nebel herum - zumindest wenn man alle Details kennen und bis ins kleinste kontrollieren will." [H. Rieckmann und P. Weissengruber, 1990, S. 30]

Die menschliche, intellektuelle Beschränktheit oder etwas weicher formuliert, die Endlichkeit der menschlichen Vernunft ist, wie Homann bemerkt [vgl. K. Homann, 1988, S. 65], eine *Voraussetzung für ein sinnvolles Rationalitätskonzept*. Ein allwissendes Wesen braucht keine Rationalität, es kann aber auch keine Entscheidungen treffen, da es keine Unsicherheiten gibt [vgl. 1.4].

3.1.1.1.2 Wirtschaftliche Aspekte

Die Knappheit muß sich zweitens auch auf andere Ressourcen wie Zeit, Kapital, Rohstoffe etc. erstrecken. Auch diese Bedingung wird in der Realität problemlos erfüllt. Die Endlichkeit der individuellen Lebensspanne oder die Erschöpfbarkeit der finanziellen Mittel und der natürlichen Rohstoffe scheint offensichtlich zu sein und bedarf keiner näheren Ausführung. Diese Gegebenheiten sind für den

Rationalitätsbegriff allerdings notwendig, da bei der Wahl einer Entscheidungsalternative keine (Opportunitäts-) Kosten entstünden, wenn alle Entscheidungsmöglichkeiten gleichzeitig realisiert werden könnten. In diesem Fall bestünde natürlich keine Notwendigkeit für rationales Vorgehen. Von einer besonderen Bedeutung ist die Zeitknappheit. Zeit stellt einen weitgehend unbeeinfluß-
baren Engpaß dar, der die Lösung von Problemen erschwert. Tendenziell wird
eine Entscheidung um so schlechter sein in bezug auf die objektiv bestmögliche
Entscheidung, je geringer die Zeitspanne ist, die zur rationalen Entscheidungsfindung zur Verfügung steht.

Aufgrund von Knappheit ist es in jedem Fall notwendig, Fehler so gut wie möglich zu vermeiden.

3.1.1.2 Die steigende Komplexität und die Dynamik der Umwelt

Die sich ständig unvorhersehbar ändernde Umwelt verlangt an sich schon fortwährend Anpassungen an geänderte Rahmenbedingungen [vgl. G. Wiendieck,
1990, S. 41]. Die Lebensfähigkeit von Organisationen hängt genauso wie die der
Pflanzen und Tiere von der Geschwindigkeit ab, mit der sie auf Umweltverände-
rungen, die für sie Probleme darstellen, mit Problemlösungen reagieren, die
zumindest keine gravierenden Fehler beinhalten. Je veränderlicher dabei der Le-
bensraum ist, desto größer muß die Ausrichtung auf Flexibilität und Veränder-
barkeit der Grundstrukturen sein [vgl. K. Lorenz, 1973, S. 246].

In den letzten Jahrzehnten hat sich das Wissen der Menschheit vervielfacht. Die
Komplexität, die Dynamik und damit auch die Unsicherheit sind stark gestiegen
[vgl. T. Peters, 1989, S. 27; J. Naisbitt, 1984, S. 22; O. Petrovic, 1993, S. 20 f]. Man kann
heute davon ausgehen, daß sich das Wissen in den einzelnen Wissenschaftsdis-
ziplinen alle 5 - 20 Jahre verdoppelt [vgl. E. Wilson, 1993]. Diese Wissensexplo-
sion führt auch zum Phänomen der immer komplexer werdenden Entscheidungssituationen. Entscheidungsalternativen, die aufgrund der "bounded rationality"
und der großen Zahl von Gegenvorschlägen nicht beachtet werden, können hohe
Kosten verursachen. Der Großteil dieser Kosten ist dabei auf nicht genutzte Gelegenheiten zurückzuführen [vgl. 2.1.4].

3.1.1.3 Die Kompetenz der Mitmenschen

Die Kompetenz der Mitmenschen ist ein wichtiger Punkt in dieser Arbeit. Sie ist
für die weiteren Ausführungen von entscheidender Bedeutung.

"Menschen sind fast ohne Ausnahme kreativ, leistungsbereit und fähig, hohe Erwartungen zu erfüllen." [H.U. Kunz, 1991, S. 13] *"Zwicky brachte die Erkenntnis ein, daß sorgfältiges Problemlösen nicht Privileg einiger weniger Genies ist, sondern jedermann mit gesundem Menschenverstand möglich ist."* [H.U. Kunz, 1991, S. 161]

Die Fähigkeit der Menschen, sich rational zu verhalten (**Rationalitätskompetenz**), kann in zwei Bereiche untergliedert werden [modifiziert nach Kißler et al., 1991, S. 23]. Es gibt auf der einen Seite sachbezogene Komponenten, die die Fähigkeiten der Mitmenschen ansprechen, Probleme oder Problemlösungen zu erkennen und auf der anderen Seite prozessuale, verhandlungstechnische Fähigkeiten. Der erste Bereich spricht die funktionale Kompetenz an. Sie umfaßt die Ausbildung, Berufs- und Arbeitserfahrung, die Fähigkeit zur Einordnung des Arbeitshandelns in den Arbeitsablauf, die Organisation und die Beherrschung technischer Prozesse und ihre Beurteilung. Der zweite Bereich bezieht sich auf die soziale Kompetenz. Sie umfaßt die Fähigkeit zur Kooperation und zum kommunikativen Handeln; die Fähigkeit zur Teilnahme an Prozessen betrieblicher Kommunikation in der vertikalen Betriebsorganisation und die Fähigkeit zur solidarischen Entwicklung, Artikulation und zur Abstimmung arbeitsorientierter Interessen.

Rationalitätskompetenz	
sachbezogene Komponenten	prozessuale Komponenten
• Ausbildung	• soziales Verständnis
• Berufs- und Arbeitserfahrung	• Kooperationsfähigkeit
• Verständnis des eigenen Tuns	• Artikulationsfähigkeit
• Beherrschung von technischen Prozessen und ihrer Bewertung	• Verhandlungsfähigkeit

Tabelle 3: Komponenten der Rationalitätskompetenz

Jeder Mensch kann durch Informationen und durch Kritik, die entweder Probleme von vorläufigen Entscheidungen enthüllt oder neue Problemlösungen vorschlägt, zu besseren Entscheidungen beitragen. Dabei erscheint die Unterscheidung zwischen dem Problemerkennungs- und dem Problemlösungspotential des einzelnen Menschen wesentlich zu sein. Da sie meist vernachlässigt wird, soll sie näher erläutert werden.

Unter Problemerkennung wird hier die Widerlegung oder das Aufzeigen von Anomalien einer Problemlösung, die vorläufig als optimal angesehen wurde, verstanden. Die Fähigkeit des Menschen, Fehler zu erkennen, wird im folgenden als Problemerkennungspotential bezeichnet. Die Nutzung dieses Potentials verspricht, Fehler vermehrt aufzudecken und letztendlich zu besseren Entscheidungen kommen zu können.

F.A. von Hayek nennt die menschliche Fähigkeit, Probleme zu erkennen, Vernunft:

"Vernunft ist (nur) *Disziplin, eine Einsicht in die Grenzen der Möglichkeiten erfolgreichen Handelns, die uns oft nur sagen wird, was wir nicht tun sollen."* Und er schreibt: "*... der Besitz der Vernunft* (ist) *allen Menschen eigen."* [F.A. Hayek, 1986a, S. 51,52]

Wichtig ist, daß prinzipiell jeder Mensch fähig ist, Probleme zu erkennen. Da allerdings nicht jeder Mensch auch eine Problemlösung zu jedem von ihm entdeckten Problem entwickeln kann, ist die Aufgliederung in Problemlösungs- und Problemerkennungspotential zweckmäßig. Die Probleme, die von einem Mitmenschen entdeckt werden, können von einem anderen gelöst werden. Daraus ergibt sich ein arbeitsteiliger Prozeß mit besonderen Problemen, die in Kapitel 3.2 behandelt werden. Das Problemlösungspotential geht über das Problemerkennungspotential hinaus. Es bezeichnet die Befähigung, für ein erkanntes Problem eine Problemlösung entwickeln zu können.

Dazu einige Beispiele:

a) Problemerkennungspotential:

Ein mächtiger Stapel von Wellblechen in der Fertigungshalle eines Unternehmens kann einen Mitarbeiter zu folgender Überlegung veranlassen: Dieser Stapel stellt eine Gefahr dar, er könnte nämlich umkippen, er nimmt andererseits Platz ein, den wir dringend benötigen würden und außerdem stellt er gebundenes Kapital dar. Solche und ähnliche Schwachstellen stellen Probleme dar, die die Mitarbeiter in der Regel sehr genau erkennen, wenn sie auch nicht immer genau wissen, was alles getan werden müßte, um sie zu lösen. Die kompetente Stelle kann mit solchen Informationen allerdings sehr viel bewegen: Es könnten unter Umständen Adaptierungen im Just-in-time Liefersystem vorgenommen werden bzw. solche Fälle könnten Anlaß zu Bemühungen sein, ein solches System einzuführen.

b) Problemerkennungs- und Problemlösungspotential:

Die mit Dünger gefüllten Plastiksäcke eines Unternehmens zerplatzten während des Transportes häufig. Ein Mitarbeiter erkannte das Problem und schlug vor, die Säcke mit Nadeln zu punktieren. Dadurch konnte die Luft entweichen, wenn der Sack gequetscht wurde, ohne den Plastiksack zu zerbersten. Hier wurde also Problem und Problemlösung in Personalunion entdeckt.

In Qualitätszirkeln können sich die Fähigkeiten der Mitarbeiter besonders gut entfalten:

"Sachiko Kamata aus der Firma Bridgestone Tire erzählt, daß sie mit vier anderen technischen Zeichnerinnen (die jüngste davon 19 Jahre alt) in der Konstruktionsabteilung einen "BienenköniginZirkel" gegründet habe, um den Ablauf beim Entwerfen von Vorrichtungen und Werkzeugen zur Reifenherstellung zu verbessern. Ihr Zirkel kam einmal pro Woche für zwei Stunden zusammen, um relevante Informationen zu sammeln und zu analysieren; man fand heraus, daß es eine große Redundanz beim Zeichnen von Entwürfen gäbe und daß man dem Problem mit einer speziellen Kopiermaschine beikommen könne. "Das von uns erarbeitete neue Verfahren hatte zur Folge", erzählte Sachiko, "daß wir die Zeit zum Entwerfen von Plänen um 60 Prozent reduzieren konnten. "" [vgl. M. Imai, 1992, S. 133]

"Die Qualitätszirkel der Sanwa-Bank arbeiten u.a. an folgenden Themen: Verringerung der Anzahl fehlerhafter Listen, Verbesserung des Postlaufs, Verbesserung des Gedächtnisses für Kundennamen, Senkung der Energiekosten, Senkung des Verbrauchs von Schreibwaren, Verminderung von Überstunden, Erhöhung der Frequenz von Kundenbesuchen, Gewinnung neuer Kunden, Vertrautwerden der Mitarbeiter mit den vielen Dienstleistungen der Bank. All diese Themen werden von einfachen Mitarbeitern behandelt, wie z.B. von Schalterangestellten und Buchhaltern." [vgl. M. Imai, 1992, S. 132]

Diese Fähigkeiten der Mitmenschen werden bei mehreren Autoren in der einen oder anderen Form dargestellt. Am besten kommen sie vielleicht im Toleranzprinzip zum Ausdruck: Audiatur et altera pars. Auch der andere möge gehört werden, da sich jeder irren kann und vielleicht ein anderer bessere Argumente hat. In der Managementliteratur werden verschiedene Konzepte mit partizipativen Elementen empfohlen, um dieses Potential nutzen zu können [vgl. Kapitel 5].

Wie sich die formelle Ausbildung (die ja einen Teil der Rationalitätskompetenz ausmacht, vgl. Tabelle 3) der Menschen in den vergangenen Jahrzehnten entwickelt hat, wird eindrucksvoll von der Zeitschrift "The Economist" für den asiatischen Bereich beschrieben [vgl. "The Economist", October 30th 1993, Asia Survey]. Analoges gilt für die westliche Welt und deren Entwicklung in den vergangenen 200 Jahren. Die "Ausbildungswelle" hat wesentlich zur Steigerung der Kompetenz der Menschen beigetragen. Die umfangreichen medialen Veränderungen, die die Verfügbarkeit von Informationen stark erhöhen, tragen ebenso zu dieser Kompetenzsteigerung bei.

Die Kompetenz der (Mit)Menschen erlaubt die Hoffnung, daß wir Fehler, die wir auf uns allein gestellt machen würden, in Zusammenarbeit mit anderen vermeiden können.

3.1.2 Spezielle Rahmenbedingungen

3.1.2.1   Zeitdruck verhindert langwierige Diskussionen und ist in Unternehmen weitverbreitet.

3.1.2.2   Organisationsgeheimnisse: Die Geheimhaltung bestimmter Informationen behindert rationales Verhalten.

3.1.2.3   In Unternehmen oder Organisationen gibt es ein Zielsystem, das den relevanten Falsifikationsrahmen mitbestimmt.

Diese Punkte haben bedeutsame Konsequenzen für die Erfüllung der Kriterien des rationalen Verhaltens in Unternehmen.

3.1.2.1   Zeitliche Rahmenbedingungen

Wissenschaftliche Theorien entwickeln sich in der Regel sehr langsam. Schon die Babylonier und Griechen haben sich mit denselben Problemen beschäftigt, die auch Galilei und Kepler, später Newton und Einstein, zu lösen versuchten. Es ist jederzeit denkbar, daß ein Fehler in einer Theorie entdeckt wird, worauf von neuem der Versuch begonnen wird, eine fehlerfreie Theorie zu konstruieren [vgl. 2.1.2.1]. Dieser Prozeß kann nie sicher als abgeschlossen bezeichnet werden und wird so lange fortwähren als sich denkende Wesen mit den Problemen befassen.

In einer Organisation oder einem Unternehmen stehen Probleme zur Entscheidung an, die innerhalb eines bestimmten zeitlichen Rahmens gelöst werden müssen. Die Probleme im Unternehmen sind meist viel kurzlebiger als die der Wissenschaft. Das führt dazu, daß sich nach der Lösung des Problems oft niemand mehr für das Problem interessiert. Das Problem ist nicht länger relevant. Im (gewinnorientierten) Unternehmen gilt es, die fehlerärmste Alternative unter Knappheitsbedingungen herauszufinden. Eine Entscheidung über den Ankauf von verderblichen Waren ist ein Beispiel dafür. Hat ein Konkurrent die Waren gekauft, ist das Entscheidungsproblem ebenso gelöst wie wenn die Waren, nach zu langem Zögern potentieller Kunden, verdorben sind. Der Zeitdruck, der hier zum Ausdruck kommt, wird für das Ausgestalten rationaler Strategien noch von großer Bedeutung sein [vgl. Kapitel 9].

3.1.2.2 Organisations- oder Betriebsgeheimnisse

Unabhängig von der Frage, ob Organisationsgeheimnisse (in der Forschung und Entwicklung, Marktstrategien ...) sinnvoll sind oder nicht, sind sie jedenfalls ein Bestandteil der meisten Organisationen. Organisationsgeheimnisse stellen damit eine Restriktion dar, die zu berücksichtigen ist.[21] R. Semler ist eine Ausnahme. Er praktiziert in seinem Unternehmen eine Politik der absoluten Offenheit [R. Semler, 1993, S. 169; vgl. auch Kapitel 5.2]. Prinzipielle Erwägungen, ob Organisationsgeheimnisse zweckmäßig sind oder nicht, werden hier nicht weiter diskutiert.

Jedes Geheimnis oder Tabu, speziell dann, wenn nicht einmal über die Zweckmäßigkeit eines Geheimnisses auf Metaebene diskutiert werden kann, verletzt allerdings die Kriterien des rationalen Verhaltens. Geheimnisse stehen den Bemühungen um Kostensenkungen entgegen. Einerseits besteht die Gefahr, daß sie als Teil einer Immunisierungsstrategie, die Kritik verhindern soll, eingesetzt werden, andererseits sind mit ihnen oftmals Doppelgleisigkeiten und andere Ineffizienzen verbunden. Sie dienen jedoch dem Schutz vor der Öffentlichkeit und können dazu beitragen, daß die Kosten der Konkurrenz steigen.

Da es viele Möglichkeiten gibt, Vorteile einzusetzen, statt sie vor anderen zu verbergen und weil sie den Kriterien des rationalen Verhaltens nicht entsprechen, wird in dieser Arbeit davon ausgegangen, daß Betriebs- oder Organisationsgeheimnisse so wenig wie möglich eingesetzt werden sollen. Jedenfalls muß auf Metaebene über ihre Sinnhaftigkeit diskutiert werden können [vgl. 9.1.3].

3.1.2.3 Falsifikation

"Die Wahrung des Gemeinwohls ist in der Tat die alleinige, allerdings auch umfassende Funktion und Aufgabe jeder Gemeinschaftsordnung, ..." [H. Arnim, 1977 S. 5]

---

[21]Vgl. etwa auch die Bestimmungen des Datenschutzgesetzes etc.

Der kritische Rationalismus geht von der Idee der begründungsfreien Kritik aus [vgl. 2.1.2.2]. Wissenschaftler können sich oft erlauben, lange Debatten zu führen. Anders verhält sich die Situation in einem Unternehmen. Der unter 3.1.2.1 angesprochene Zeitdruck erlaubt es in der Regel nicht, daß neben ausführlicher Diskussion über die zu treffende Entscheidung auch noch tiefgehende Debatten über die Berechtigungsgrundlagen der dabei verwendeten Kritik geführt werden. Daher ist es notwendig, zweckmäßige Richtlinien zu entwickeln, um ein Ausufern der Diskussionen hintanzuhalten. Ein Zielsystem, das das Interesse des Eigentümers (bei öffentlichen Unternehmen ist das der Staatsbürger) in Verbindung mit den Bedingungen des Allgemeinwohls formuliert, kann den relevanten Diskussionsrahmen (Falsifikationsrahmen) definieren. Die Entwicklung und Weiterentwicklung des Zielsystems des Unternehmens sei die (delegierbare) Aufgabe der Eigentümer. Die Eigentümer des Unternehmens, die für das Zielsystem verantwortlich sind, stellen somit die höchste Instanz im Entscheidungsprozeß dar [vgl. 4.1.1.3, 8.3 und 8.4].

Es ist für diese Arbeit notwendig, von einem formulierbaren Zielsystem auszugehen [vgl. 1.4]. Neben der tatsächlichen Existenz solcher Zielsysteme spricht besonders die Überlegung, daß es sonst keine rasche, objektiv nachvollziehbare Falsifikationsmöglichkeit von Entscheidungen gibt, für diese Prämisse.[22]

"Betriebe sind auf Verwirklichung eines offiziellen von einer Kerngruppe legitimierten Ziels ausgerichtet, das einen anzustrebenden Endzustand beschreibt." [E. Frese, 1991, S. 2]

Die Hypothese, die hinter jeder Entscheidung steht, ist, daß die Entscheidung das Problem, das sie zu lösen vorgibt, auch wirklich löst und daß die jeweilige Entscheidung dem Zielsystem optimal entspricht [vgl. 2.1.2.2]. **Entscheidungen können damit insbesondere dahingehend kritisiert werden, ob sie dem Zielsystem entsprechen oder nicht.**

---

[22]Das gilt auch für den §70 Aktiengesetz. Dort wird die Eigenverantwortung des Vorstandes festgelegt, die sich nicht unbedingt am Eigentümerinteresse orientieren muß. Soweit sie aber vom Eigentümerinteresse abweicht, treten andere Erfordernisse in den Vordergrund. Die Handlungen des Vorstandes müssen in diesem Fall durch das Allgemeininteresse gerechtfertigt werden können. Damit wird zwar das Primat des Eigentümerinteresses relativiert, es gibt aber dennoch ein Zielsystem, auch wenn es sehr allgemein gehalten ist.
§ 70 (1) HGB
"Der Vorstand hat unter eigener Verantwortung die Gesellschaft so zu leiten, wie das Wohl des Unternehmens unter Berücksichtigung der Interessen der Aktionäre und der Arbeitnehmer sowie des öffentlichen Interesses es erfordert."

Die Organisationsziele bzw. das Gemein- oder Allgemeinwohl des Unternehmens stellen den relevanten Falsifikationsrahmen aller Entscheidungen im Unternehmen dar [vgl. 1.4].

Verletzt eine Entscheidung das Zielsystem oder das Gemeinwohl, was relativ leicht erkenntlich ist, wenn die Entscheidungsprozesse rational ablaufen [vgl. Kapitel 4 und 7], können die angebrachten Konsequenzen (bspw. von den Vorgesetzten oder den Eigentümern) ergriffen werden. Ziele stellen somit auch Einschränkungen im Entscheidungsprozeß dar [vgl. W. Kirsch, 1971c, S. 111 f]. [23]

Das Zielsystem, das von den Eigentümern direkt oder indirekt konzipiert wurde, kann positiv oder auch nur negativ ("das wollen wir nicht"[24] [vgl. 3.1.2.3]), detailliert oder nur in groben Zügen formuliert sein. Das Zielsystem ist als Versuch zu verstehen, Handlungsbedingungen zu formulieren und zu *fordern*, die das Allgemeinwohl zumindest nicht verletzen bzw. Handlungsbedingungen zu formulieren und zu *verbieten*, die das Allgemeinwohl verletzen (in der Gesellschaft bspw. Verwaltungsrecht, Bürgerliches Recht, Verfassungsrecht, Menschenrecht, Strafrecht etc.; im Unternehmen zusätzlich das Zielsystem). Diese Arbeit geht aber nicht davon aus, daß das Zielsystem eine absolute Instanz darstellt oder darstellen soll. Es ist ein fallibler, d.h. kritisierbarer und verbesserungsfähiger Falsifikationsrahmen, der unter anderem von den gesellschaftlichen Rahmenbedingungen abhängt. Die Aufnahme des Umweltschutzgedankens etwa ist dafür ein Beispiel. Inkonsistenzen und Widersprüche können in Zielsystemen ebenso enthalten sein wie Formulierungen, deren Bedeutung einem Wandel im Zeitablauf unterworfen sind.

Die Genese und Weiterentwicklung des Zielsystems ist unproblematisch: es wird in einem Entscheidungsprozeß aus den Werten der Gesellschaft, der Religion oder der speziellen Kultur der Unternehmenseigentümer gebildet[25] [zur

---

[23]Damit verbunden ist auch die Idee, daß je größer die Organisation ist, desto weniger Ziele oder verbindliche, verpflichtende Normen darf sie für alle Mitglieder vorschreiben, soll es nicht zu ernsten Konflikten kommen [vgl. F.A. Hayek, 1986a, S. 126].
[24]Vgl. dazu: *"Die Bedeutung des negativen Charakters der Ungerechtigkeitsprüfung"* bei F.A. Hayek, 1986a, S. 66 f.
[25]Aus dem Dualismus der Tatsachen und Entscheidungen [vgl. Kapitel 2.1.2.3] folgt, daß die ersten vorläufigen Werte oder Festsetzungen notwendigerweise in dem Zeitpunkt entstanden sind, in dem die ersten bewußten Entscheidungen getroffen wurden. Die Gesellschaften, die Regeln befolgten, die sie gegenüber anderen Gesellschaften in einen Vorteil brachten, haben sich mit der Zeit durchgesetzt [vgl. F.A. Hayek, 1986, S. 138 f]. Zu Beispielen für den Wertewandel in der Gesellschaft in den letzten Jahrzehnten siehe H. Stachowiak, 1982. Zur Ge-

Entwicklung von Verhaltensregeln und Zielen vgl. auch F. Malik und G. Probst, 1984, S. 110; zum Wertewandel: H. Lück und R. Miller, 1990, S. 180 ff; zur Analyse von Organisationszielen vgl. W. Kirsch, 1971c, S. 115 ff, 151 ff].

Allgemeine und spezielle Rahmenbedingungen der Rationalität		
Allgemeine Rahmenbedingungen:	Knappheit der Ressourcen	Rohstoffe, Informationsverarbeitungskapazität, Zeit, Kapital etc.
	Komplexität und Dynamik	Rasches Anwachsen der entscheidungsrelevanten Parameter und deren Interdependenzen
	Kompetenz der Menschen	Vorhandenes und wachsendes Problemerkennungs- und Problemlösungspotential
Spezielle Rahmenbedingungen: *(Wichtig für die Transformation der Kriterien des rationalen Verhaltens auf die Unternehmensebene.)*	Zeitdruck	Erschwert ausführliche Diskussionen
	Organisationsgeheimnisse	verhindern die Offenlegung
	spezifische Zielsysteme	erleichtern die Kritik (Falsifikation)

Tabelle 4: Rahmenbedingungen der Rationalität

Im nächsten Abschnitt wird nun die Frage untersucht, ob rationales oder irrationales Verhalten - vor dem Hintergrund dieser Rahmenbedingungen - Fehler im Entscheidungsprozeß vermeiden hilft. Hauptsächlich interessiert dabei die Frage, ob die Rationalitätskompetenz ausreichen kann, um alle möglichen Fehlerquellen in Entscheidungsprozessen zu vermeiden oder ob doch irrationale Verhaltensweisen vorzuziehen sind. Geheimnisse finden wegen der sonst unvermeidlichen Komplexitätssteigerung der Überlegungen noch keine Berücksichtigung. Nachdem prinzipielle Fragen aber geklärt wurden, werden die Auswirkungen von Geheimnissen auf die konkrete Gestaltung von rationalen Entscheidungsprozessen in Unternehmen in Kapitel 9.1 behandelt.

---

nese von Normen und Werten siehe auch Peter Weise, "Werte als Alternativkosten" in H. Stachowiak, 1982, S. 166 ff.

3.2 Ein Modell des Entscheidungsprozesses

Staehle [vgl. W. Staehle, 1991, S. 270 f] faßt die Modelle des Entscheidungsprozesses, die von verschiedenen Autoren entwickelt wurden, präzise zusammen. Er unterscheidet zwischen Makro- und Mikroprozeß. Der Makroprozeß beginnt mit der Problemerkenntnis. Ein Mensch stellt dabei fest, daß ein Istzustand nicht mit dem Sollzustand übereinstimmt. Mit der Problemerkenntnis eng verbunden ist die Problemdefinition. Sie gibt Antwort auf die Fragen: Was? Wo? Wann? In welchem Umfang? Wie? Welche Kausalitäten bestehen? etc. Danach werden Alternativen entwickelt, die geeignet sind, das Problem zu lösen. Die beste Alternative wird nach der Bewertung aller Alternativen implementiert. Anschließend erfolgt die Kontrolle, ob das Problem gelöst wurde und ob keine anderen Probleme dadurch entstanden sind. Besteht weiterhin ein Problem, beginnt der Prozeß von neuem.

Der Problemlösungsprozeß	
Mikroprozesse	Makro-Prozeß
Tätigkeiten in allen Problemlösungsphasen:	Problemerkenntnis
	↓
• Sammeln und Auswerten von Informationen	Problemdefinition: was? wo? wann?
• Bewerten	Umfang, Ursachen und Wirkungen?
• Entscheiden über weitere Vorgehensweisen	Problemanlaß?
	Bildung von Alternativen
	↓
	Bewertung aller und Wahl einer Alternative
	↓
	Durchführung und Kontrolle
	a) Problem gelöst
	b) Problem nicht gelöst ⇒ Neubeginn bei Problemerkenntnis

Tabelle 5: Schematische Darstellung des Problemlösungsprozesses[26] [entnommen aus W. Staehle, 1991, S. 270]

---

[26]Besonders wichtig ist in diesem Modell die Rückkoppelungskomponente. Auch wenn eine

Viele Mikroprozesse umfassen die Tätigkeiten in allen Problemlösungsphasen: Informationen werden gesammelt und ausgewertet, Bewertungen werden vorgenommen und Entscheidungen über das weitere Vorgehen getroffen.

Entsprechend der Mannigfaltigkeit der Vorgänge im Problemlösungsprozeß gibt es verschiedene Schwachstellen, die zu suboptimalen Ergebnissen führen können. Diese Schwachstellen werden im folgenden eingehender untersucht.

3.2.1   Schwerpunkte im Problemlösungsprozeß sind die Problementdeckung und -bewertung, die Problemlösungsentwicklung und -bewertung und die Umsetzung der Problemlösung.

3.2.2   Die Analyse der daraus gefolgerten Problemlösungspfade und des Dualismus der Tatsachen und Normen ergibt folgende mögliche Fehlerquellen in Entscheidungsprozessen: scheinbare und reale Willkür, Informationsdefizite und Inkompetenz.

3.2.1 Schwerpunkte und Problemlösungspfade im Entscheidungsprozeß

Aus dem oben geschilderten Modell des Problemlösungsprozesses lassen sich folgende Schwerpunkte herauskristallisieren.

1. Entdeckung des Problems
2. Bewertung als Problem
3. Entwicklung von einer oder mehreren Problemlösungen
4. Bewertung der Problemlösung(en)
5. Umsetzung

Der Problemlösungsprozeß beginnt mit dem Entdecken eines Problems. Ein Individuum, z.B. ein Mitarbeiter einer Organisation, wird sich eines Problems bewußt. Es sind prinzipiell zwei Fälle denkbar: Entweder es handelt sich um ein relevantes Problem (Pr) oder um ein irrelevantes (Pi). Subjektiv gesehen gibt es ebenfalls zwei mögliche Einschätzungen. Da die subjektive Einschätzung mit der Realität nicht übereinstimmen muß, ergeben sich vier Möglichkeiten: Das Pr oder das Pi kann für ein Pr oder ein Pi gehalten werden. Daraus ergibt sich die Aufteilung in objektive und subjektive Sicht. Sie zeigt auf, wo es Unterschiede

---

vorläufige Lösung für ein Problem gefunden wurde, ist damit zu rechnen, daß sie weiter verbessert werden kann bzw. daß neue Probleme auftreten. Damit beginnt der Prozeß von neuem.

zwischen dem objektiven und dem subjektiv erlebten Istzustand gibt. Diese Unterschiede stellen in weiterer Folge Probleme dar.

Der nächste Schritt besteht darin, daß der Mitarbeiter beschließt, sich so zu verhalten wie es ihm seine Bewertung des Problems nahelegt oder eine andere Verhaltensweise zu wählen, die dieser Bewertung widerspricht. Um die Erörterungen auf dieser Ebene nicht zu komplex zu machen, wird davon ausgegangen, daß das Zielsystem der Organisation das optimale Bewertungssystem darstellt (aus kollektiver Sicht) und der Mitarbeiter daher Probleme nicht im Widerspruch zum Zielsystems bewerten soll oder darf. Diese einschränkende Annahme wird später allerdings fallengelassen [vgl. Kapitel 7]. Das individuelle Verhalten wird deshalb in das Modell inkludiert, weil es vorstellbar ist, daß ein Mitarbeiter A zwar ein relevantes Problem als relevant bewertet, aber sich aus persönlichen Gründen dazu entschließt, nicht die notwendigen Schritte zu unternehmen, die zur Problemlösung führen würden. Ein Beispiel für diesen Fall ist folgendes: Mitarbeiter A entdeckt ein Problem, das er für relevant hält, entscheidet sich aber, nichts weiter zu tun, da die Lösung des Problems zwar vielleicht für das "Wohlergehen" der Organisation vorteilhaft wäre, aber für seinen Arbeitsplatz einschneidende Konsequenzen hätte [vgl. 8.4].

Aus diesen Überlegungen ergibt sich folgende Struktur der ersten Phase des Problemlösungsprozesses: Ein "Ja" im untenstehenden Modell steht für die Einleitung der entsprechenden Schritte, die der Problembewertung und dem Organisationsziel entsprechen, ein "Nein" für deren Unterlassung. Die "Ja" unter der Rubrik "Fehler" markieren Konstellationen, die Fehler beinhalten. Diese Fehler machen den Problemlösungsprozeß ineffizient und sind daher, aus der Sicht der Gesamtorganisation, nachteilig.

objektive Situation	subjektive Bewertung	Individuelles Verhalten entspricht es dem Zielsystem des Unternehmens?	Fehler (Ja oder Nein)
P_i	P_r	*Ja*	Nein
P_r	P_r	Nein	Ja
P_r	P_i	Ja	Ja
P_r	P_i	Nein	Ja
P_i	P_r	Ja	Ja
P_i	P_r	Nein	Ja
P_i	P_i	*Ja*	Nein
P_i	P_i	Nein	Ja

Tabelle 6: Die erste Phase des Problemlösungsprozesses und seine Fehlerquellen

Wenn entschieden wird, das Problem weiter zu behandeln, wird trotz aller Fehlerquellen beim Problementdecker oder dessen Vorgesetzten eine Problemlösung für ein Pr oder ein Pi gesucht. Die vorhergehende subjektive Einschätzung des Problems durch den Problementdecker ist für die Problemlösung in diesem Stadium nicht mehr relevant.

Auf Basis des objektiven Inputs (Pr oder Pi) werden in der Folge Problemlösungen entwickelt. Objektiv gibt es wieder zwei Möglichkeiten: 1. Es wird die optimale Problemlösung (Plo) entdeckt, oder 2. es wird eine suboptimale Problemlösung (Plso) gefunden. Mit der subjektiven Bewertung des Problems und der Problemlösung verbunden ergeben sich 16 Kombinationen. Dazu kommt noch die Entscheidung des Problemlösers, ob er das Ergebnis seiner Problemlösungsversuche akzeptiert und weitergibt oder eine andere Lösung sucht. Dadurch werden 32 Konstellationen möglich:

Problem		Problemlösung		Individuelles Verhalten	Fehler
objektive Situation	subjektive Bewertung	objektive Situation	subjektive Bewertung	entspricht es dem Zielsys.d.Unternehmens?	(Ja oder Nein)
Pr	Pr	Plo	Plo	**Ja**	**Nein**
				Nein	Ja
			Plso	Ja	Ja
				Nein	Ja
		Plso	Plo	Ja	Ja
				Nein	Ja
			Plso	**Ja**	**Nein**
				Nein	Ja
Pr	Pi	Plo	**Plo** (Erkenntnis:Pi=Pr)	**Ja**	**Nein**
			Plo	Nein	Ja
			Plso	Ja	Ja
				Nein	Ja
		Plso	Plo	Ja	Ja
				Nein	Ja
			Plso	**Ja**	**Nein**
				Nein	Ja
Pi	Pr	Plo	**Plo** (Erkenntnis:Pr=Pi)	**Ja**	**Nein**
			Plo	Nein	Ja
			Plso	Ja	Ja
				Nein	Ja
		Plso	Plo	Ja	Ja
				Nein	Ja
			Plso	**Ja**	**Nein**
				Nein	Ja
Pi	Pi	Plo	Plo	**Ja**	**Nein**
				Nein	Ja
			Plso	Ja	Ja
				Nein	Ja
		Plso	Plo	Ja	Ja
				Nein	Ja
			Plso	**Ja**	**Nein**
				Nein	Ja

Tabelle 7: Vierstufige Analyse des Problemlösungsprozesses und seiner Fehlerquellen

Von den 32 Konstellationen bleiben nur 28 übrig. Das hat folgende Gründe:

- Der Weg zur optimalen Problemlösung eines relevanten Problems, das als irrelevant eingestuft wird, führt über die Erkenntnis, daß das irrelevante Problem ein relevantes Problem darstellt. Der Problemlösungsprozeß beginnt damit auf einer neuen Ebene.

• Ähnliches gilt für ein fälschlicherweise als relevant eingestuftes irrelevantes Problem. Der Weg zur optimalen Problemlösung eines irrelevanten Problems, das als relevant eingestuft wird, führt über die Erkenntnis, daß das scheinbar relevante Problem in Wirklichkeit irrelevant ist. Der Problemlösungsprozeß setzt damit ebenfalls auf einer anderen Stelle wieder ein.

Unter diesen 28 Konstellationen sind nur sechs, die zu keiner schlechten Lösung führen:

1. Die optimale Lösung eines relevanten Problems, der entsprechenden subjektiven, problem- und organisationszielbezogenen Bewertung und dem richtigen Verhalten.

2. Die optimale Lösung eines irrelevanten Problems, der entsprechenden subjektiven Bewertung und dem richtigen Verhalten (Plo(Pi)={ }).

Die Umsetzung der Problemlösung wird durch das subjektive Verhalten erfaßt. Entspricht das subjektive Verhalten der problemspezifischen Bewertung der Problemlösung (richtiges Verhalten), so wird einfachheitshalber[27] angenommen, daß diese Problemlösung dann auch entsprechend umgesetzt wird (Implementierung der Problemlösung von Pr bzw. Abbruch der Beschäftigung mit Pi).

3. -6. Wenn erkannt wird, daß es sich um eine suboptimale Lösung eines Problems handelt, diese Erkenntnis mit der Realität übereinstimmt und das Individuum sich dementsprechend verhält, wird ein neuer Entscheidungsprozeß begonnen. Dieser kann wieder mit einer schlechten oder guten Lösung enden.

In diesem Modell ist ein einzelner Mensch die Basis der Überlegungen. In der Realität wird allerdings eher nur bei routinemäßigen Problemen ein einzelner Mensch alle Stufen des Problemlösungsprozesses kontrollieren. Denkt man sich diesen Prozeß auf eine instanzenreiche Organisation übertragen, bleibt das Prinzip dennoch unverändert. Je nach Organisationstyp und der Art des Problems sind verschiedene Instanzenzüge von der Problemdeckung bis zur Problemlösung vorgesehen. Je mehr Menschen, die selbständig Entscheidungen treffen können, in diesem Prozeß involviert sind, desto mehr Fehlerquellen gibt es. Andererseits steigen durch die Beteiligung von mehreren Menschen am Problemlösungsprozeß die Möglichkeiten, Fehler rechtzeitig zu eliminieren.

---

[27]Natürlich stellt auch die Umsetzung der Problemlösung wieder ein Problem dar, das aber mit Hilfe desselben Schemas analysiert werden kann.

3.2.2 Ursachen für Schwachstellen im Entscheidungsprozeß

Auf allen oben geschilderten Stufen des Problemlösungsprozesses können Fehler gemacht werden. Es gibt folgende Fehlerquellen:

- Das Problem wird nicht erkannt oder die optimale Problemlösung wird nicht gefunden **(Informationsdefizite oder Inkompetenz)**.
- Das Problem wird erkannt oder die optimale Problemlösung wird gefunden, aber das Verhalten des entscheidenden Organisationsmitgliedes widerspricht dem Zielsystem des Unternehmens **(Willkür)**.
- Die von der Entscheidung[28] Betroffenen sind der Meinung, daß ein solcher Fehler (1. oder 2.) vorliegt **(*scheinbares* Informationsdefizit oder Inkompetenz oder Willkür)**.

Die Fehlerquellen im Entscheidungsprozeß lassen sich auf drei Kernbereiche reduzieren. Es gibt scheinbare und reale Willkür *(Wollen)*, Informationsdefizite *(Wissen)* und Inkompetenz *(Können)*.

Die Grenzen zwischen diesen Punkten sind fließend. Eine exakte Abgrenzung voneinander ist nicht notwendig, da diese Punkte nur der Illustration der Problematik dienen sollen. Einerseits können diese Probleme real für den Entscheidungsträger existieren, andererseits können sie als scheinbar reale Probleme für die von der Entscheidung Betroffenen auftreten. Sie können bspw. dann entstehen, wenn es Mißverständnisse zwischen den Entscheidungsträgern und den von der Entscheidung Betroffenen gibt. Betroffene halten in diesem Fall eine Entscheidung unter Umständen fälschlicherweise für willkürlich.

3.2.2.1 *Quellen realer Fehlentscheidungen*

3.2.2.1.1 Willkür

Willkür ist bei jeder Entscheidung denkbar. Sie besteht darin, daß ein Entscheidungsträger wissentlich eine Entscheidung fällt, die sachlich vor dem Hintergrund des Zielsystems nicht gerechtfertigt werden kann. Willkür kann in Organisationen unter anderem dazu führen, daß die von der Entscheidung Betroffenen die wahren Probleme nicht mehr sehen und ihre Entscheidungen so treffen, daß sie zwar mit den Entscheidungen des Vorgesetzten harmonieren, aber die Ziele der Gesamtorganisation verletzen.

---

[28]Auch die Entscheidung, keine Entscheidung zu treffen, ist eine Entscheidung.

Willkürliches Verhalten kann unterschiedlichst motiviert sein. Oft dient es dem Ausbau, dem Erhalt oder dem Abbau der Macht eines (anderen) Entscheidungsträgers. Unabhängig von der Motivation ist allen Formen der Willkür gemeinsam, daß sie die Gesamtorganisation negativ beeinträchtigen.

Teilweise fällt auch opportunistisches Verhalten unter diesen Willkürbegriff. Austauschmodelle beschreiben, warum ein Individuum überhaupt bereit ist, zum Erreichen eines Organisationszieles beizutragen [vgl. W. Staehle, 1991, S. 530 f]. Es wird dabei davon ausgegangen, daß einerseits die Organisation durch die Entlohnung des Mitarbeiters und andere Anreize wie Anerkennung etc. den Mitarbeiter bei der Erreichung seiner Ziele unterstützt. Dafür stellt der Mitarbeiter auf der anderen Seite seine Zeit und physische Energie der Organisation zur Verfügung und leistet einen Beitrag zur organisatorischen Zielerreichung.

Opportunistisches Verhalten besteht dann, wenn ein Mitarbeiter primär oder ausschließlich seinen eigenen Nutzen zu maximieren versucht. Es kann zwischen zwei unterschiedlichen Varianten von opportunistischem Verhalten unterschieden werden: [vgl. ähnlich: O. Williamson, 1990, S. 53 f]

1. Opportunistisches Verhalten im "Freiraum". In diesem Fall verfügt ein Mitarbeiter über genügend Spielraum, so daß er neben der Berücksichtigung des Nutzens der Organisation seinen eigenen Nutzen verfolgen kann, ohne in Konflikte zu geraten. In diesem Fall ist opportunistisches Verhalten wünschenswert und nicht problematisch, da es die Situation des Mitarbeiters verbessern kann, ohne die Organisation zu schädigen.

2. Opportunistisches Verhalten, das die Organisation schädigt. Auch hier gibt es vielfältige Formen dieses Verhaltens, das aus der Sorge um Macht, Einfluß und Status etc. resultieren kann. Beispiele dafür sind die mangelnde Bereitschaft, Informationen anderen Organisationsmitgliedern zugänglich zu machen, um die eigene Expertenrolle nicht zu verlieren, das Horten von Personal in bestimmten Bereichen, um die Wichtigkeit der dort beschäftigten Personen zu beweisen, fehlende Kooperationsbereitschaft, um es den anderen nicht zu einfach zu machen usw. In diesen Fällen handelt es sich aus der Sicht der "Organisation" um Willkür. Es werden hier Entscheidungen getroffen (keine Informationsweitergabe, mehr Personalbedarf, geringe Kooperationsbereitschaft), die den Grad der Zielerreichung der Organisation beeinträchtigen. Diese Entscheidungen sind vor dem Zielsystem der Organisation nicht zu rechtfertigen. Da die Entscheidungsträger sich der Konsequenzen der Entscheidungen bewußt sind, handelt es sich um Willkür.

Die 2. Art der Willkür ist eine wichtige Fehlerquelle im Entscheidungsprozeß.

3.2.2.1.2 Informationsdefizite

Informationsdefizite bestehen in einem Nichtwissen um Tatsachen oder Normen (Werte). Sie wirken sich auf alle Bereiche des Problemlösungsprozesses negativ aus und stellen wahrscheinlich die wichtigste Fehlerquelle dar. Sie bestehen nicht nur im Fehlen von Fakten, sondern beziehen sich hier auch beispielsweise auf das mangelnde Wissen um Problemlösungsverfahren.

Informationsdefizite können folgende Auswirkungen haben:

1. Direkte Auswirkungen:

a. Mitarbeiter erkennen dort, wo sie die Zusammenhänge von Tatsachen und Werten nicht kennen, die vorhandenen Probleme überhaupt nicht.
b. Mitarbeiter erkennen zwar das Problem, treffen aber eine falsche Entscheidung, weil sie mit dem Zielsystem der Organisation nicht vertraut sind.

2. Indirekte Auswirkungen:

Mitarbeiter, die Probleme finden, die sie aufgrund ihrer Sachkenntnis erkennen, sind sich nicht sicher, ob es sich wirklich um relevante Probleme handelt, weil sie wissen, daß sie viele Zusammenhänge in der Organisation nicht kennen. Sie zweifeln daher an ihrer Sachkenntnis und bringen das Problem nicht zur Sprache.

Im ersten Fall wird das Problem nicht behandelt, weil es entweder nicht entdeckt oder für irrelevant gehalten wird, was aber nicht notwendigerweise der Realität entsprechen muß. Im zweiten Fall fehlen die informationellen Grundlagen, die zu einer Problembehandlung führen würden, wenn sie vorhanden wären.

3.2.2.1.3 Inkompetenz

Neben einem mangelnden Wollen und einem mangelnden Wissen kann sich auch ein eingeschränktes Können negativ auf den Problemlösungsprozeß auswirken. Das Können bezieht sich sowohl auf handwerkliche Fähigkeiten wie auch auf intellektuelle Tätigkeiten, wie der Analyse oder Synthese von Fakten und deren Interpretation vor dem Hintergrund des Zielsystems. Trotz "vollständigem", problemspezifischem Wissen und ehrlichem Bemühen des Entscheidungsträgers wirkt sich Inkompetenz in der Regel negativ auf das Resultat des Problemlösungsprozesses aus. Selbst wenn der Entscheidungsträger um alle relevanten Tatsachen und Normen Bescheid weiß, kann er, wenn Inkompetenz vorliegt, diese Komponenten nicht vernünftig verbinden.

3.2.2.2 Quellen scheinbarer Fehlentscheidungen

Bei scheinbaren Fehlentscheidungen tritt eine völlig andere Situation auf. Der Entscheidungsträger muß von keiner der oben genannten Fehlerquellen betroffen sein, aber er trifft Entscheidungen, die er sachlich nicht rechtfertigt oder deren Rechtfertigung für viele nicht einsichtig ist. Für alle Organisationsmitglieder, die die sachliche Rechtfertigung nicht selbst nachvollziehen können und die sich mit der Entscheidung beschäftigen, wird die Entscheidung zur potentiellen Fehlentscheidung.

Hierbei handelt es sich eigentlich um **Informationsdefizite** bei den von der Entscheidung Betroffenen. Es fehlen die geeigneten Informationskanäle, die für die Verbreitung der Information notwendig wären. Für die Betroffenen handelt der Entscheidungsträger entweder (scheinbar) **willkürlich, uninformiert** oder **inkompetent**.

Scheinbare Fehlentscheidungen werden durch mangelnde Akzeptanz der Betroffenen zu realen Fehlentscheidungen und wirken sich ebenso wie sie negativ auf die Gesamtorganisation aus.

3.3   Kritisch-rationale Analyse des Entscheidungsprozesses

Zu den gleichen Ergebnissen bezüglich der Schwachstellen [vgl. 3.2] gelangt man, wenn man Entscheidungen anhand des Dualismus der Tatsachen und Normen analysiert:

Eine subjektiv wahrgenommene Soll-Ist Differenz und bewertete Tatsachen führen zu Entscheidungen. Der Dualismus von Tatsachen und Normen geht davon aus, daß es zwei voneinander unabhängige Faktoren gibt, die zu Entscheidungen führen. Einerseits sind das Tatsachen (Informationen, "Wissen"), andererseits Festsetzungen (Normen, Werte, "Wollen") [vgl. 2.1.2.3].

Daraus ergeben sich folgende Fehlerquellen:

1. und 2. Dem Entscheider sind alle relevanten Tatsachen und das Zielsystem der Organisation bekannt, aber sein ihn leitendes Wertesystem ist mit dem Zielsystem der Organisation nicht konsistent oder er kann nicht die richtigen Schlüsse daraus ziehen *(Wollen, Können)*.

3. Dem Entscheider sind nicht alle relevanten Tatsachen oder das Zielsystem der Organisation bekannt *(Wissen)*.

4. Dem Entscheider sind alle relevanten Tatsachen und das Zielsystem der Organisation bekannt, er trifft auch die richtige Entscheidung. Diese wird aber von den von der Entscheidung Betroffenen aufgrund von Informationsmängeln als unrichtig erachtet *(scheinbare Mängel)*.

Im ersten, zweiten und dritten Fall geht es um reale Fehlentscheidungen aufgrund von Willkür, Inkompetenz oder Informationsdefiziten, der vierte Fall handelt von scheinbaren Fehlentscheidungen.

Die Ursachen für diese Fehlerquellen sind mannigfaltig: bewußtes oder unbewußtes Macht- oder Geltungsstreben, erhöhte oder verminderte Risikoneigung, Gruppendruck, spezifische Persönlichkeitsmerkmale oder externe Einflüsse, die das Urteilsvermögen trüben können. Persönliche Werte und Gruppennormen sind in der Regel Interpretationsinstanzen, die Entscheidungen herbeiführen können, die von den für das Gesamtunternehmen optimalen Entscheidungen abweichen können.

Es ist nicht ausgeschlossen, daß der Entscheider, trotz mangelnder Kenntnis aller relevanten Tatsachen oder Werte oder trotz des mangelnden Willens diesen Kenntnissen entsprechend zu entscheiden, dennoch die optimale Entscheidung trifft. Das wird aber eher die Ausnahme sein.

Reale Fehler im Entscheidungsprozeß		
1. Wissen	T+N *Informationsdefizite*	$\underline{T}+\underline{N} \Rightarrow 2.$
(fett und unterstrichen=bekannt)	$\underline{T}+N$ $T+\underline{N}$	
2. Können	T+N *Inkompetenz*	$\underline{T}+\underline{N} \Rightarrow 3.$
(fett und unterstrichen=gekonnt)	$\underline{T}+N$ $T+\underline{N}$	
3. Wollen	T+N *Willkür*	$\underline{T}+\underline{N} \Rightarrow$
(fett und unterstrichen=gewollt)	$\underline{T}+N$ $T+\underline{N}$	
	Fehler im Entscheidungs-prozeß	Fehlerfreier Entscheidungsprozeß

Tabelle 8: Bedingungen fehlerfreier Entscheidungsprozesse und mögliche Fehlerquellen [T+N: Tatsachen und Normen]

4	Führen die Kriterien des rationalen oder des irrationalen Verhaltens zu kostenminimalen Entscheidungen?

Nachdem wir die Konzepte der Rationalität und der Irrationalität entwickelt haben und gesehen haben, welche Fehlerquellen in Entscheidungsprozessen eine Rolle spielen können, können wir nun den Versuch unternehmen zu entscheiden, welches der beiden Konzepte, in Hinblick auf die Vermeidung der Fehlerquellen, das geeignetere ist. Um die anfangs dieses Kapitels gestellte Frage (s.o.) beantworten zu können, ist eine Voraussetzung zu prüfen. Wenn jemand glaubt, daß ihm irrationale, esoterisch-astrologische Praktiken mit Sicherheit immer zur bestmöglichen Entscheidung verhelfen, braucht er sich mit den Forderungen nach rationalem Verhalten nicht weiter auseinanderzusetzen. Es ist ja nicht möglich, eine bessere Entscheidung als die "beste" zu treffen [vgl. 3.1.1.1 Knappheit]. Es liegt dann aber auch keine eigentliche Entscheidungssituation vor, weil es keine Entscheidungsalternative gibt [vgl. 1.4]. Ist ein Irrationalist aber der Ansicht, daß ihn sein Gefühl unerwünschterweise zumindest manchmal betrügen könnte und er deshalb unter Unsicherheit zwischen Entscheidungsalternativen wählen muß, sollte auch er sich mit der folgenden Analyse auseinandersetzen.

4.1   Die besten Voraussetzungen, die vorhandenen Fehler zu eliminieren und kostenminimale Entscheidungen zu treffen, sind in den Entscheidungsprozessen gegeben, in denen die Kriterien des rationalen Verhaltens erfüllt werden.

4.2   Die Erfüllung der Kriterien der Irrationalität ist nicht geeignet, systematisch zur Fehleraufdeckung beizutragen. Die Voraussetzungen, kostenminimale Entscheidungen treffen zu können, sind ungünstig.

4.3   Irrationale Elemente können keine unterstützende Funktion in rational gestalteten Entscheidungsprozessen ausüben.

4.4   Auch die Rationalität läßt sich nicht auf einen allerletzten rationalen Grund zurückführen. Sie wurzelt wie die Irrationalität im ir- oder außerrationalen Glauben an einen Wert. Es ist nicht fundamental entscheidbar, ob Rationalität oder Irrationalität prinzipiell die "überlegene" Form darstellt.

4.5   Schlußfolgerung: Die Irrationalität unterliegt in Entscheidungssituationen im Vergleich der Rationalität. Um genauere Angaben zur Effektivität der Kriterien des rationalen Verhaltens machen zu können, müssen die Gültigkeit der impliziten Annahmen und die Funktionsbedingungen der Kriterien untersucht werden [vgl. 2. und 3. Teil der Arbeit].

4.1   Auswirkungen von rational gestalteten Entscheidungsprozessen

4.1.1 Reale Fehlentscheidungen

4.1.1.1 Willkür

Entscheidungsträger E handelt in diesem Fall wider besseres Wissen. Er fällt absichtlich eine Entscheidung, die vor dem Hintergrund des relevanten Zielsystems im Unternehmen nicht die optimale ist.

Der Mitarbeiter K, der den Fehler aufdecken könnte (die Entscheidung ist nicht optimal), kann nicht wissen, ob dafür Willkür, Informationsdefizite oder Inkompetenz ausschlaggebend waren.

Neben der offensichtlichen Machtdemonstration des Entscheidungsträgers E (*"Ich entscheide so wie ich es will, auch wenn ich einen Fehler mache"*) ist auch denkbar, daß der Entscheidungsträger Unwissenheit vertuscht oder vortäuscht und nur die Entscheidungsgrundlagen offenlegt, die seine Entscheidung stützen. Als dritte Möglichkeit kommt in Betracht, daß E Inkompetenz vertuscht oder vorschützt.

Wenn die Entscheidung den Kriterien des rationalen Verhaltens entsprechend offengelegt wird, entsteht jedoch die Gefahr für E, daß es jemandem gelingen könnte darzulegen, daß er (E) von jenen nicht offengelegten Entscheidungsgrundlagen wußte und sie daher veröffentlichen und berücksichtigen hätte müssen (damit wäre ihm Willkür nachgewiesen) oder daß er von den Entscheidungsgrundlagen und ihren Auswirkungen auf die Entscheidung wissen hätte müssen (damit liegt der Verdacht nahe, daß er inkompetent sei).

Es besteht hier also die Möglichkeit der Kontrolle. Damit wird ein Abschrekkungseffekt erzielt, der willkürliches Verhalten verringern müßte. Das gilt auch für den Fall, daß sich der Entscheidungsträger überhaupt weigert, seine Entscheidung offenzulegen.

4.1.1.2 Informationsdefizite

Ausgangspunkt: Entscheidungsträger E ist guten Willens und prinzipiell kompetent, entscheidet sich aber aufgrund von mangelnder Tatsachenkenntnis oder mangelnder Bewandtheit mit den relevanten Werten (Zielsystem) nicht für die optimale Lösung.

Auch hier geht es wiederum nur um die relativ optimale Lösung. Tatsachen etwa, die niemandem bekannt sind, die aber dennoch relevant wären, kommen hier nicht in Betracht [vgl. 1.4]. Die Offenlegung der Entscheidungsgrundlagen und der vorläufigen Entscheidung ermöglicht aber auch in diesem Fall besser Informierten problemlos, Kritik zu üben und folglich zur Behebung des Mangels beizutragen.

4.1.1.3 Inkompetenz

Inkompetenz ist der zweite Fall, bei dem der Entscheidungsträger zwar guten Willens ist, aber dennoch nur eine suboptimale Entscheidung zustande kommt.

Beispiel: Entscheidungsträger E verfügt über alle relevanten Tatsachen und auch das Zielsystem ist ihm bekannt. Es gelingt ihm aber aufgrund intellektueller Mängel nicht, die daraus zu folgernde optimale Entscheidungsalternative zu finden. Die intellektuellen Mängel bestehen insbesondere relativ zu anderen Mitarbeitern. Sollten alle Mitarbeiter die gleichen Mängel aufweisen, wäre die Diskussion darüber in diesem Zusammenhang natürlich sinnlos.

E verletzt mit seiner inkompetenten Entscheidung den Grundsatz: Wähle die optimale Alternative. Da die Entscheidungen offenzulegen sind, kann dieser Fehler von anderen Mitarbeitern (K) entdeckt werden. Es gibt nun die Möglichkeit, daß E seinen Fehler einsieht und daraufhin die richtige Entscheidung fällt. Ist ihm das nicht möglich, kann der Sachverhalt bspw. seinem Vorgesetztem vorgelegt werden usw. Geht man von einer "Verschwörungstheorie" aus und nimmt an, daß alle Vorgesetzten entweder inkompetent oder willkürlich handeln, kann man sich diesen Prozeß als bis zum Eigentümer gehend vorstellen. K bringt die zu treffende Entscheidung vor den Eigentümer als letzte, oberste Instanz.

Nimmt man an, daß auch der Eigentümer inkompetent oder willkürlich entscheidet, ist davon auszugehen, daß die Organisation oder der Betrieb aufgrund komparativer Kostennachteile (relativ zu kompetenteren Mitbewerbern) aus dem Markt gedrängt wird.

Die andere, realitätsnähere Möglichkeit ist, daß der Fehler bald erkannt und berücksichtigt wird. Gelingt das erst dem Eigentümer, entsteht die Situation, daß ein einzelner, kompetent und rational vorgehender Mitarbeiter K die ganze Organisation oder den Betrieb durch seine Kritik positiv verändern kann.

Auch das Problem der (relativen) Inkompetenz ist daher rational zu lösen.

4.1.2 Scheinbare Fehlentscheidungen

Eine scheinbare Fehlentscheidung ist keine Fehlentscheidung an sich. Sie ist aber, aufgrund der Reaktionen, die sie bei den von der Entscheidung Betroffenen hervorrufen kann, eine wichtige Fehlerquelle.

Beispiel: Entscheidungsträger E fällt eine optimale Entscheidung. Diese Entscheidung wird von den Mitarbeitern als Fehlentscheidung empfunden. Das deshalb, da sie nicht über die Tatsachen oder die Werte, die zur Entscheidung geführt haben, informiert wurden.

Die Frage, die sich nun stellt, ist, ob diese scheinbare Fehlentscheidung auch dann gegeben wäre, wenn die Kriterien des rationalen Verhaltens erfüllt worden wären.

Es ist hier leicht plausibel zu machen, daß das nicht der Fall wäre. Wäre die Entscheidung nämlich offengelegt worden, wie es das zweite Kriterium des rationalen Verhaltens verlangt, hätte jeder Mitarbeiter die Möglichkeit gehabt, die Entscheidungsgrundlagen einzusehen [vgl. Kapitel 2.1.5 und 9]. Da auch die Kompetenz der Mitarbeiter, die ihnen im allgemeinen die Fähigkeiten verleiht, Kritik zu üben und Zusammenhänge zu begreifen, eine Voraussetzung der Rationalitätsnorm ist [vgl. Kapitel 3.1], gibt es keinen Grund anzunehmen, daß scheinbare Fehlentscheidungen unter diesen Voraussetzungen nicht vermieden werden könnten. Ein realistisches Ziel der Offenlegung ist somit die Vermeidung von scheinbaren Fehlentscheidungen.

4.2   Auswirkungen von irrational gestalteten Entscheidungsprozessen

In einem Unternehmen, in dem die Kriterien des rationalen Verhaltens nicht erfüllt werden, werden die Entscheidungen nicht offengelegt. Es kann daher von den Organisationsmitgliedern nicht beurteilt werden, ob eine Entscheidung willkürlich getroffen wurde, ob Informationsmangel oder Inkompetenz vorliegt. Sie müssen sich auf ihr Gefühl verlassen. Der Anschuldigung, eine Entscheidung sei willkürlich getroffen worden, kann der Entscheidungsträger dadurch begegnen, daß er seine Intuition oder Erfahrung als absolute Begründung für seine Entscheidung anführt. Das muß aber natürlich nicht der Wahrheit entsprechen oder kann dennoch eine falsche Entscheidung verursachen, wenn die Erfahrung eben nicht ausreichte. Die Fehler, die vermieden werden könnten, bleiben unberücksichtigt.

Keiner der Fehlerquellen in den Entscheidungsprozessen, die in Kapitel 3 analysiert wurden, wird durch die Befolgung irrationaler Strategien vermieden werden können. Denkbar wäre allenfalls, daß die Mitarbeiter ihrem Führer immer "blind" vertrauen und daher scheinbare Fehlentscheidungen als Fehlerquelle ausscheiden. Wie die Vergangenheit gezeigt hat, sind aber gerade solche Konstellationen in allen anderen Bereichen überaus fehleranfällig und gefährlich.

Die Befragung der Sterne, das Gefühl, die Erfahrung oder die Intuition des Entscheidungsträgers sind keine tauglichen Methoden, die Fehler, die auf Inkompetenz oder Informationsdefizite zurückzuführen sind, aufzudecken. Es ist von besonderer Wichtigkeit, die Annahmen, die hinter "intuitiven" Entscheidungen stehen, kritisch zu prüfen [vgl. W. Juechter, 1982, S. 48].

Man könnte einwenden, daß bereits die obigen Schilderungen der Problemsituationen "rational" sind, da die Gründe für Fehler oder Mißverständnisse angegeben werden können. Um die Absurdität irrationalen Verhaltens zu illustrieren, wird im folgenden die Problemsituation aus irrationaler Sicht geschildert:

Der Entscheidungsträger trifft eine Entscheidung. Die von der Entscheidung Betroffenen sind damit nicht einverstanden.

Sobald ein Irrationalist gefühlsmäßig mit einer Entscheidung nicht einverstanden ist, kann er sich einerseits, wie oben beschrieben, bemühen, die Entscheidung den Kriterien des rationalen Verhaltens zu unterwerfen und so sein Gefühl korrigieren, sobald er die relevanten Informationen erhält. Andererseits kann er sich auf sein Gefühl verlassen. Dadurch wird das Problem aber nicht gelöst und es besteht die Möglichkeit, daß zwischen den Antagonisten stärkere Gefühle resultieren (Haß etc.), die zu weiteren Problemen führen können (Gewalt, Streik etc.).

Wie soll dieser Konflikt je irrational gelöst werden können? Es besteht hier eindeutig die Gefahr, daß es zu einer unnachgiebigen Intoleranz gegenüber Andersdenkenden, den "Nichterleuchteten" kommt, da jeder auf seinem "absolut richtigen" Standpunkt verharren kann [vgl. R. König, 1987, S. 100]. Selbst wenn beide

Konfliktpartner das jeweils Beste für den anderen wollen, werden sie auf irrationalem Wege kaum eine Lösung des Konfliktes erreichen können. Dazu ein Beispiel: [K. Popper, 1992b, S. 277]

"Tom liebt das Theater, und Dick liebt den Tanz. Tom besteht voll Sympathie darauf, zu einem Tanz zu gehen, während Dick um Toms willen das Theater besuchen will. Dieser Konflikt läßt sich durch Liebe nicht lösen; Im Gegenteil: Je stärker die Liebe desto stärker wird der Konflikt sein."

Reale Fehler im Entscheidungsprozeß			
1. Wissen	T+N	*Informationsdefizite*	T̲+N̲ ⇒ 2.
(fett und unterstrichen=bekannt)	T+N	T+N̲	
2. Können	T+N	*Inkompetenz*	T+N̲ ⇒ 3.
(fett und unterstrichen=gekonnt)	T̲+N	T+N̲	
3. Wollen	T+N	*Willkür*	T̲+N̲ ⇒
(fett und unterstrichen=gewollt)	T̲+N	T+N̲	
	Fehler im Entscheidungsprozeß		Fehlerfreier Entscheidungsprozeß
	Irrationalität		Rationalität
Zentrale Elemente:	Geschlossenheit Gefühl Sicherheit keine Kritik		Offenheit Verstand Unsicherheit Kritik
	Aufdecken der Fehler geschieht *zufällig*		Aufdecken der Fehler ist *systematisch möglich*

Tabelle 9: Zusammenfassung der Entwicklungsmöglichkeiten von Entscheidungsprozessen und ihrer Verbindung mit rationalem bzw. irrationalem Verhalten
[T+N:= Tatsachen und Normen]

Zur Erläuterung der Tabelle: Sowohl Tatsachen als auch Normen müssen dem Entscheidungsträger bekannt sein [vgl. 2.1.2.3], er muß sie vor dem Hintergrund des relevanten Zielsystems der Organisation miteinander verknüpfen können [vgl. 3.2.1 und 3.1.2.3] und muß die daraus zu folgernde Entscheidung auch tatsächlich treffen (wollen) [vgl. 3.2.1, Kapitel 7 und 8]. Der schattierte Teil der Tabelle gibt an, welche Fehler dabei auftreten können [vgl. Kapitel 3.2.2.1 und 3.3]. Anschließend werden die Unterschiede der zwei Konzepte dargestellt [vgl. 2.3], welche für sich beanspruchen, zu fehlerarmen Entscheidungen zu führen. Die Schlußfolgerung aus 4.2 bildet den Abschluß der Tabelle.

4.3 Kritik

Drei Einwände sind hier noch zu behandeln:

a)   Können irrationale Verhaltensweisen (etwa die Akzeptanz von "wahrgesagten" Ereignissen) nicht eine hilfreiche Ergänzung zu rationalen sein?

Diese Frage ist eindeutig negativ zu beantworten. Eine Entscheidung, die aufgrund einer "Wahrsagerei" getroffen werden soll und die sich von der Entscheidung unterscheidet, die sich aufgrund der Kriterien des rationalen Verhaltens ergibt, hat keine Existenzberechtigung. Würde sie absolut akzeptiert, weil Wahrsagerei als Entscheidungsquelle anerkannt wird, könnte die Entscheidung nicht kritisiert werden. Damit wäre es unmöglich, die Fehler, die darin enthalten sein könnten, zu entdecken. Ergäbe sich aus der Voraussage die gleiche Entscheidung wie aus der rationalen Heuristik [vgl. Kapitel 9], wäre die Wahrsagerei überflüssig. Der oft gehörte Satz "*Nutzt's nix, schadt's nix*", ist daher nicht angebracht.

Wahrsagerei wäre nur dann nützlich, wenn mit ihrer Hilfe Fehler in Entscheidungsprozessen aufgedeckt werden könnten, die vorher nicht gesehen wurden und daraus bessere Entscheidungen resultieren würden oder wenn sie als "Kreativitätstechnik" angewandt würde, um zu einer größeren Vielfalt von Ideen zu kommen. Der heutige Stand der Wissenschaft legt aber nahe, daß esoterische Praktiken wie beispielsweise Wahrsagerei, Runen- und Handlesen prinzipiell keine neuwertigen Aussagen über (zukünftige) Ereignisse liefern können. Als "Kreativitätstechnik" scheint Wahrsagerei ebenso anderen Techniken (Brain-Storming, Morphologischer Kasten etc.) weit unterlegen zu sein. Allerdings kann auch ein Wahrsager gute Ideen haben. Er könnte auch eine Glückssträhne haben und mit einer Voraussage zufällig recht haben. Das ist aber nicht ausreichend.

"Denn was zählt, ist nicht nur, daß die Antwort korrekt ist, sondern daß es eine solche ist, die sich unter den gegebenen Umständen als haltbar und angemessen nachweisen läßt." [N. Rescher, 1985, S. 142]

Ein Entscheidungsprozeß allein ist schwer vorstellbar und wird durch die Konsultation eines Wahrsagers nicht sofort irrational. Üblicherweise werden in einem Entscheidungsprozeß Ergebnisse verwendet, die aus anderen Entscheidungsprozessen stammen. Ergebnisse und Entscheidungen sind aber an sich weder rational noch irrational. Bringt man daher "wahrgesagte" Ergebnisse in einen Entscheidungsprozeß ein, wird der dadurch natürlich nicht automatisch irrational. In einem rationalen Entscheidungsprozeß werden solche "wahrgesagten" Ergebnisse allerdings in der Regel keinen Einfluß auf das Ergebnis des Prozesses haben, weil sie, wenn sie ernst genommen würden, nicht kritisiert werden könnten. Deshalb ist anzunehmen, daß die Entscheidung, einen Wahrsager zu konsultieren, in einem rationalen Entscheidungsprozeß nicht durchsetzbar ist.

b)   Gelten diese Aussagen auch für Künstler etc. ?

Man könnte einwenden, daß Künstler wie Mozart oder Van Gogh oder vielleicht bestimmte (Marketing...)Experten von den Kriterien des rationalen Verhaltens nicht betroffen sind. Diese Künstler arbeiten mit Hilfe von Inspiration und Intuition und alles, was daraus resultiert, ist angeblich bereits perfekt. Das mag zwar richtig sein, spielt aber keine Rolle, wenn die Künstler das, was sie machen, machen müssen (aus inneren Antrieb). In diesem Fall handelt es sich nämlich nicht mehr um Entscheidungsprozesse, sondern um Zwangshandlungen, denn Entscheidungsprozesse bedingen alternative Entscheidungsmöglichkeiten [vgl. 1.4 Grundlegende Begriffsbestimmung]. Künstler allerdings, die vor mehreren Entscheidungsmöglichkeiten stehen, müssen die Kriterien des rationalen Verhaltens erfüllen, wollen sie die bestmöglichen Voraussetzungen für optimale Entscheidungen schaffen [vgl. K. Popper, "Schöpferische Selbstkritik in Wissenschaft und Kunst", 1987, S. 255 ff].

c)   Auf der einen Seite gibt es die (bspw. katholische) Kirche, auf der anderen Seite gibt es die Mafia. Beides sind Organisationen, die ihre Entscheidungsprozesse den Kriterien des rationalen Verhaltens nur sehr zögernd bzw. überhaupt nicht unterwerfen. Man könnte argumentieren, daß sie *gerade deshalb* so erfolgreich seien. Was läßt sich zu diesen Behauptungen aus der Sicht der Rationalität sagen?

Auch Gelsen oder Moskitos sind erfolgreich, obwohl ihr Verhalten ausschließlich dem außerrationalen Bereich zuzuordnen ist. Rationales Verhalten ist ebensowenig eine Garantie zum Erfolg wie irrationales Verhalten mit Sicherheit zum Mißerfolg führen muß. **Rationales Verhalten ist aber notwendig und hinreichend, um die optimale Chance zu haben, die richtige Entscheidung zu treffen.**

Die Mafia ist wahrscheinlich weniger erfolgreich, als sie es zu sein scheint. "Die" Mafia als weltumspannende, einheitlich strukturierte Organisation gibt es nicht. Im Gegenteil, viele miteinander rivalisierende Gruppen kämpfen um Einflußbereiche. Die Überlebenschancen einer bestimmten Gruppe sind dabei jeweils gering. "Die" Mafia scheint ebenso wie "die" Moskitos eine mächtige Gruppe zu sein. Sobald man aber den "kollektiven Schleier" von diesen Begriffen hebt und zu Individuen vorstößt, ist festzustellen, daß sie oft sehr schlechte Entscheidungen bzw. Handlungen treffen und ihre Überlebenschancen denkbar gering sind (eben setzt sich ein Moskito auf meine Hand).

Auch die (katholische) Kirche hat eine lange Tradition der Diskussion (Consilium: Rat, Beratung) Die Behauptung, daß sie deshalb so erfolgreich war, weil sie in vielen Bereichen irrational agiert hat, ist nicht aufrechtzuerhalten. Ganz im Gegenteil, die Kirchengeschichte zeigt, daß gerade in Zeiten, in denen nicht diskutiert werden durfte, in denen "absolute" Wahrheiten verkündet und durchgesetzt wurden, die Zeiten waren, die die meisten Fehler beinhalteten und hohe Kosten verursachten (Roma locuta, causa finita (etwa: Rom hat gesprochen, damit ist die Sache endgültig geklärt)). Den größten Einfluß hatte die (irrationale) Kirche überdies in der Zeit, in der sie es vorwiegend mit Menschen zu tun hatte, die sich ebenfalls irrational verhielten. Je mehr die Menschen ihre Rationalitätskompetenz auch in Anspruch nehmen, desto eher wird sich die Kirche zu einer rationaleren Organisation wandeln müssen, wenn sie ihren Einfluß beibehalten will.

Daß es einen "Falsifikationsrahmen" gibt (bspw. die Bibel), der als Ausgangspunkt für Diskussionen dient und der nicht (permanent) in Frage gestellt wird, ist nicht so unvereinbar mit den Kriterien des rationalen Verhaltens, wie man zunächst glauben könnte [vgl. 3.1.2.3; eine andere Meinung vertritt H. Albert, 1982, Kapitel V: "Theologie und Weltauffassung", Kapitel VI: "Kritische Vernunft und religiöser Glaube"]. Auch die Rationalität scheint einen Ausgangspunkt zu haben, den sie nicht weiter anzweifelt: Den Glauben an die Vernunft. Dazu mehr im nächsten Kapitel.

4.4 Versuch einer weitergehenden Fundierung

4.4.1 Rationalität

Wir haben gesehen, daß die Erfüllung der Kriterien des rationalen Verhaltens im Vergleich zur Erfüllung der Kriterien des irrationalen Verhaltens zu schlechteren, nicht kostenminimalen Entscheidungen führt.[29] Im folgenden soll geklärt werden, ob rationales Verhalten darüber hinaus fundamental begründet werden kann.

Es läßt sich feststellen, daß rationales Vorgehen etwa zu optimalen Entscheidungen führt [vgl. Kapitel 4.2] und daß Menschen, die bessere Entscheidungen treffen, sich gegenüber der Konkurrenz behaupten können [vgl. dazu auch F.A. Hayek, 1986b, S. 138]. Komparative Wettbewerbsvorteile sind gerade in Zeiten von globalem Verdrängungswettbewerb und Kostendruck besonders wichtig. Aus dieser Sicht ist rationales Vorgehen irrationalem überlegen. Ein Beispiel dazu bringt Schumpeter: [vgl. J. Schumpeter, 1980, S. 201] Er schildert die Situation eines "Primitiven", der einen Stock verwendet und nimmt an, daß dieser Stock in dessen Händen zerbricht. Der "Primitive" kann nun einerseits versuchen, durch das Murmeln von "Zaubersprüchen", etwa dem neunmaligen Aufsagen von "Angebot und Nachfrage" oder "Planung und Kontrolle", den Stock wieder ganz zu bekommen oder er kann vernünftige, kausal-wirkende, überprüfbare, diskutierbare Strategien verfolgen, um wieder einen ganzen Stock zu bekommen. Schumpeter beschreibt im weiteren auch, daß es jedoch Situationen gibt, in denen die Überlegenheit der rationalen Vorgehensweise nicht so eindeutig ist, weil die Kausalitäten schwer zu klären sind.[30]

Für die Beurteilung der Zukunftsaussichten von kritisch-rationalem Management ist folgender Gedanke Schumpeters interessant: Er geht nämlich davon aus, daß der Kapitalismus zu rationalem Verhalten zwingt. Der Kapitalismus entwickelt

---

[29]Ein "vernünfiger" Vergleich ist deshalb legitim, weil auch Irrationalisten bereit sind, vernünftige Argumente zu respektieren; sie fühlen sich durch die Vernunft nur nicht verpflichtet [vgl. 2.3].

[30]Ein Beispiel dafür sind etwa die zwei Merseburger Zaubersprüche aus dem 10. Jahrhundert nach Christus. Der erste ist ein heidnischer Entfesselungspruch, der zweite ein Heilsegen, durch den die Beinverrenkung eines Pferdes geheilt werden soll. Ein Beispiel daraus: [vgl. H. Pochlatko et al., 1984, S. 10]
"Ben zi bena, bluot zi bluoda, lid zi geliden, sose gelimida sin!"
(Bein zu Bein, Blut zu Blut, Glied zu Glied - so sollen die geleimt sein.)

die Rationalität und verleiht ihr eine neue Schärfe [vgl. J. Schumpeter, 1980, S. 202 f; F.A. Hayek, 1986b, S. 109].

Es lassen sich auch zahlreiche historische Belege finden, die die Überlegenheit "rationalerer" gegenüber "irrationaleren" Kulturen belegen. Diese Überlegenheit hat sich so ausgewirkt, daß irrationale Elemente in den westlichen Kulturen heute viel seltener anzutreffen sind als früher. Diese Argumentation baut allerdings auf der Wertschätzung des Arguments und der Erfahrung auf. Nur Menschen, die bereit sind, Argumente und Erfahrungen zu beachten, werden von ihnen beeindruckt sein. Argumente und Erfahrung sind wiederum wesentliche Bestandteile der rationalistischen Einstellung - womit sich der Argumentationskreis schließt.

Es läßt sich kein letztgültiger Grund angeben, warum man sich rational verhalten soll. Allein das Bestreben, Gründe anzugeben, ist bereits Ausdruck einer rationalistischen Einstellung.

Popper resümiert:

"Es zeigt sich also, daß die rationalistische Einstellung keinesfalls auf Argumente oder auf Erfahrungen gegründet werden kann und daß ein umfassender Rationalismus unhaltbar ist." [vgl. K. Popper, 1992b, S. 270]

Die Grundlage der rationalen Einstellung ist der außerrationale Glaube an die Vernunft, was von Vertretern des kritischen Rationalismus auch nicht abgestritten wird[31]. Aber wie oben [vgl. 2.1.3] schon angedeutet, ist innerhalb jeder Axiomatik zumindest ein Satz enthalten, der durch die Axiomatik selbst nicht erklärt wird. Es handelt sich hier also nicht um ein spezielles Problem der Rationalität, sondern es ist allen Modellen, wissenschaftlichen Theorien etc. immanent [vgl. auch 2.1.2.1] Der Versuch einer letztinstanzlichen Begründung der Rationalität, über den entscheidungsprozessualen Vergleich mit Irrationalität oder anderen Konzepten hinaus, muß daher scheitern [vgl. H. Albert, 1982, S. 137 f].

4.4.2 Irrationalität

Eine interessante Frage ist, warum die Irrationalität eine so bedeutende Rolle in den Entscheidungsprozessen spielt. Einen Ansatzpunkt zur Lösung dieser Frage bietet die Überlegung, daß die Entscheidung, sich irrational zu verhalten, eben

---

[31] vgl. aber Fußnote 16

auch eine Entscheidung ist. Daraus folgt, daß die gleichen Fehlerquellen auftreten müssen wie bei jeder anderen Entscheidung auch [vgl. Kapitel 3].

Diese Fehlerquellen sind:

1. Willkür und Opportunismus: [vgl. 3.2.2.1.1] Die Menschen wissen zwar, daß sie sich rational verhalten sollten, tun es aber nicht, weil sie etwa Macht ausüben wollen, Angst vor Kritik haben oder zu bequem dazu sind [vgl. auch Kapitel 6].

2. Informationsdefizite: [vgl. 3.2.2.1.2] Manche Menschen glauben wirklich, daß die Sterne oder ihre Erfahrung sie nie im Stich lassen. Andere werden von Werten geleitet, die sie zur Ablehnung der Kriterien des rationalen Verhaltens bewegen, ohne daß sie ein effizienteres Konzept entwickeln könnten.

3. Inkompetenz: [vgl. 3.2.2.1.3] Die Überlegung, daß wir über kein sicheres Wissen verfügen können und uns daher bei wichtigen Entscheidungen möglichst der Kritik aussetzen müssen, wenn wir optimale Entscheidungen treffen wollen, ist manchen Menschen nicht verständlich zu machen.

Die irrationalen Strömungen dürften auch aus der Erkenntnis erwachsen sein, daß wir "*nichts wissen können!*" und dem daraus resultierenden Bedürfnis, uns vielleicht doch Quellen zu erschließen, die unfehlbar sind.

Tieferliegende Gründe lassen sich vielleicht aus evolutionärer Sicht beleuchten:

Der Mensch und seine Vorfahren hatten den längsten Teil ihrer Entwicklung nicht die nötigen Voraussetzungen, um ihre Entscheidungsprozesse rational zu gestalten. Rationalität setzt voraus, daß der Mensch Begriffe und abstrakte Gedanken bilden kann und daß er diese Gedanken anderen mitteilen kann (Sprache). Die überwiegende Zeit der Entwicklungsgeschichte waren unsere Vorfahren aber nicht in der Lage, diese Voraussetzungen zu erfüllen. Ihre Gehirnkapazität war die meiste Zeit eher zu gering. Sie waren aber von Gefahren umgeben, die rasches Handeln notwendig machten. Zaudern (langwierige Denkprozesse), im Angesicht von Gefahr, konnte Verderben bedeuten. Daher bildeten Instinkte, Gefühle und eingelernte Verhaltensmuster die Entscheidungsgrundlagen. Dieses Erbe hat sich bis heute erhalten:

"So schalten wir unbewußt auf Kampf, wenn uns jemand mit Worten angreift, uns zu nahe tritt. (Hormone werde ausgeschüttet.) *Dann wird unser rationales Nachdenken unterbunden, alle Kräfte werden auf sofortige Verteidigung ausgerichtet."* [vgl. H.U. Kuhn, 1991, S. 165]

Popper geht davon aus, daß wir unsere Vernunft, wie auch unsere Sprache, dem Verkehr mit anderen Menschen verdanken [vgl. K. Popper, 1992b, S. 264]. Erst langsam entwickelten sich Sprache und Gehirn in einer Wechselbeziehung [vgl. K. Lorenz und K. Popper, 1985]. Schließlich waren die ersten Voraussetzungen für rationale Diskurse geschaffen: Ersten Dialogen folgten "relativ" rasch die Entwicklung von Lesen und Schreiben. Die ersten Entscheidungen wurden getroffen, die nicht länger allein auf Gefühlen oder Erfahrung aufbauten, sondern auf rationalen Entscheidungsprozessen.

Bequemlichkeit, Ignoranz oder Tradition verhindern aber auch heute oft die Nutzung unserer Möglichkeiten im Alltag:

"Bewußtes Denken ist langsam, in der Kapazität beschränkt, sehr anstrengend und produziert Denkfehler." Außerdem sind wir *"von "eingefahrenen" Verhaltensprogrammen abhängig, "Umdenken" fällt uns schwer."* [H.U. Kuhn, 1991, S. 165, 166]

Das Beispiel der Athener Demokratie zeigt [vgl. Exkurs 1], daß lange Zeit auch die Kommunikationsmittel fehlten, die als Voraussetzung notwendig gewesen wären, um in größeren Gruppen rationale Entscheidungen treffen zu können.

4.5 Schlußfolgerung

Wenn auch der letztinstanzliche Begründungsversuch der Rationalität im rationalen Paradigma scheitern muß, kommen irrationale Strategien dennoch für weitere Erwägungen nicht mehr in Betracht; im vernünftigen Vergleich unterliegen sie der rationalen Strategie.

Erfahrung und **Intuition**, Elemente, die mitunter „irrationalen" Strategien zugeschrieben werden, sind auch in der rationalen Problemlösung **sehr wichtige Komponenten**; Die alleinige Berufung auf unkritisierbare Größen kann aber den Anforderungen eines rationalen Entscheidungsprozesses nicht genügen.

Als **Resümee** bleibt festzuhalten, daß die optimalen Voraussetzungen die Fehler im Entscheidungsprozeß, die im Kapitel drei analysiert wurden, zu entdecken und zu eliminieren, nur durch die Erfüllung der Kriterien des rationalen Verhaltens gegeben sind. Theoretisch kann damit der Anspruch der Rationalität, zu optimalen Entscheidungen zu führen, aufrecht erhalten werden.

Um genauere Angaben zur Effektivität der Kriterien des rationalen Verhaltens machen zu können, müssen die Gültigkeit der impliziten Annahmen und die Funktionsbedingungen der Kriterien genauer untersucht werden. Darüber hinaus interessiert, welche Problemfelder bei rationalem Verhalten zu bewältigen sind, wie das am besten gemacht werden kann und ob kritisch-rationales Management mit individueller Nutzenmaximierung vereinbar ist. Für die entsprechenden Fragenkomplexe versuchen die folgenden zwei Teile der Arbeit Lösungsansätze aufzuzeigen.

Teil 2: Spiegeln bestehende Managementkonzepte die Kriterien des rationalen Verhaltens wider? Sind Problemfelder übertragbar und welche Lösungen ergeben sich aus der Sicht des kritisch-rationalen Managements?

Im ersten Teil der Arbeit wurden die Konzepte der Rationalität und der Irrationalität entwickelt und dargestellt. Wir haben gesehen, daß ausschließlich die Befolgung der Kriterien des rationalen Verhaltens die Hoffnung erlaubt, systematisch zu fehlerärmeren Entscheidungen kommen zu können.

Damit ist die Arbeit allerdings noch nicht abgeschlossen. Die bisherigen Überlegungen sind nämlich nicht ausreichend, um klären zu können, ob oder wie die theoretischen Notwendigkeiten in die Welt von Unternehmen "übersetzt" werden können. Die Unternehmenswelt wird in den folgenden Kapiteln daher im Vordergrund stehen.

Der nächste, zweite Teil der Arbeit befaßt sich mit folgenden Fragen: Was muß man ganz konkret tun, um rational gestaltete Entscheidungsprozesse in einem Unternehmen erfolgreich zu institutionalisieren? Wie motiviert man die Menschen, die Kriterien zu erfüllen?

1.   Sind die Entscheidungsträger überhaupt bereit, ihre Entscheidungen offenzulegen?
2.   Sind andere Menschen bereit, sie zu kritisieren?

In diesen beiden Fragen ist eine dritte enthalten, die wegen ihrer Bedeutung noch besonders hervorgehoben werden soll. Sie wird im 3. Teil der Arbeit behandelt.

3.   Gelten die Ausführungen sowohl für individuelle Entscheidungen als auch für Entscheidungen in der Gruppe, wo das individuelle Interesse nicht unbedingt mit dem Gruppeninteresse übereinstimmen muß? Hierbei gilt es insbesondere zu untersuchen, unter welchen Voraussetzungen Entscheidungsträger bereit sind, die Gruppenziele als ihre eigenen Ziele zu akzeptieren.

Im Vordergrund steht dabei die Frage, ob sich individuelle Nutzenmaximierung mit kritisch-rationalem Management vereinbaren läßt.

Die Beantwortung dieser Fragen ist sehr komplex. *"Wenn wir uns einen Uhrma-*
cher vorstellen, der die Funktionsweise einer Uhr zu verstehen versucht, ohne daß er
die Uhr jemals öffnen könnte, bekommen wir eine Idee davon, wie schwierig es ist,
menschliches Verhalten zu verstehen." [vgl. C. Argyris, 1957, S. 16, zitiert nach E. Frese,
1991, S. 81]

Neben theoretischen Überlegungen [vgl. Teil 3, Kapitel 8] *gibt es noch eine weitere*
Möglichkeit, die Berechtigung der im ersten Teil der Arbeit aufgestellten Be-
hauptungen zu überprüfen und die hier gestellten Fragen zu beantworten: die
Analogie. Viele Managementkonzepte, die in den vergangenen Jahrzehnten
entwickelt und angewandt wurden, verlangen auch mehr oder weniger rationa-
les Verhalten im Sinne dieser Arbeit. Wenn es gelingt aufzuzeigen, daß einige
Managementkonzepte zumindest in Teilbereichen ähnliche Voraussetzungen und
Forderungen enthalten wie die Kriterien des rationalen Verhaltens, können die
Erkenntnisse tendenziell übertragen werden. Darüber hinaus kann versucht
werden, Unternehmen zu finden, die diese Kriterien ebenfalls erfüllen. Wenn das
gelingt, sind auch in diesem Fall die Voraussetzungen geschaffen, um Probleme
und Problemlösungen zu übertragen. Die Untersuchung der Unternehmenspra-
xis ist auch deshalb von besonderer Bedeutung, weil die Glaubwürdigkeit der
aufgestellten Hypothesen steigt, wenn erfolgreiche, erprobte Beispiele gefunden
werden können, die ähnliche Grundsätze berücksichtigen, wie sie in dieser Ar-
beit entwickelt wurden. Damit wird auch die Unsicherheit reduziert, die die
Einführung eines radikal neuen Konzeptes begleiten würde.

In Kapitel 5 werden also Parallelen und Unterschiede zu aktuellen Manage-
mentkonzepten und der Unternehmenspraxis gesucht. In Kapitel 6 werden die
Ergebnisse einer explorativen Befragung von Entscheidungsträgern aus der
Unternehmenspraxis beschrieben. Das Ziel dieser beiden Kapitel ist es, mög-
lichst viel über mögliche Problemfelder des kritisch-rationalen Managements in
Erfahrung zu bringen. In Kapitel 7 wird eine Lösungsstrategie entwickelt, um
diese Problemfelder zu lösen und es werden erfolgreiche Beispiele aus der Un-
ternehmenspraxis genannt, die diese Strategie verfolgen.

"I'm not going to have the monkeys running the zoo."

(Frank Borman, former chairman, Eastern Airlines, discussing worker participation, "The Washington Monthly", June 1986 [zitiert nach T. Peters, 1987, S.285])

| 5   Komparative Analyse der Kriterien des rationalen |
| Verhaltens |

5.1   Aktuelle Managementkonzepte wie Selbstorganisation, Partizipation und Team-
        arbeit oder das japanische Konzept des Kaizen haben wichtige Elemente mit
        Kriterien des rationalen Verhaltens gemein.

5.2   Das Unternehmen "Semco", ein mittelständisches, brasilianisches Unterneh-
        men, das im Maschinenbau tätig ist, hat sich in den vergangenen Jahren von ei-
        nem traditionell autoritären Unternehmen in ein Unternehmen verwandelt, in
        dem die Kriterien des rationalen Verhaltens weitgehend erfüllt werden.

5.1   Die Kriterien des rationalen Verhaltens und ausgewählte Aspekte aktueller Managementkonzepte

Die in dieser Arbeit vorgestellten Kriterien des rationalen Verhaltens finden sich
teilweise in der Literatur und der Praxis wieder. Im folgenden wird versucht, die
Verbindungen und Übereinstimmungen zwischen dem "westlichen" Konzept der
Selbstorganisation und daraus abgeleiteten Managementkonzepten und dem
"fernöstlichen" Konzept des Kaizen, in Hinblick auf ihre Kompatibilität zu den
Kriterien des rationalen Verhaltens, zu untersuchen. Wenn Übereinstimmungen
gefunden werden, sind damit die Voraussetzungen geschaffen, um Probleme und
Problemlösungen tendenziell zu übertragen.

5.1.1   Selbstorganisation: Einige Konzepte und Ideen aus der Selbstorganisationsfor-
        schung stimmen mit den vier Kriterien des rationalen Verhaltens überein. Par-
        tizipation und Teamarbeit sind Konzepte, die auf selbstorganisatorischem Ge-
        dankengut aufbauen.

5.1.2   Kaizen: Das fernöstliche Konzept der "ständigen Verbesserung" kommt den
        Kriterien des rationalen Verhaltens, die ebenso eine ständig fortschreitende
        Fehlervermeidung bezwecken, sehr nahe. Kaizen beinhaltet auch partizipative
        und teamorientierte Elemente wie Verbesserungszirkel oder das Prinzip der
        durchgehenden Unternehmenspolitik und eine ausgeprägte Diskussionskultur.

5.1.1 Rationalität und Selbstorganisation

In den Sozial- und Wirtschaftswissenschaften haben Überlegungen, die auf die Selbstorganisationsforschung zurückgeführt werden können, in den letzten Jahren eine zunehmende Bedeutung erlangt [vgl. A. Kieser, 1994, S. 199]. Erfolgreiche Managementkonzepte berücksichtigen in zunehmenden Maße selbstorganisatorisches Gedankengut.

Selbstorganisationskonzepte werden mit vielen anderen Managementkonzepten in Verbindung gebracht [vgl. G. Probst, 1987, S. 89; P. Paslack, 1990, S. 292]. Probst sieht Verbindungen zu:

- Partizipation
- autonomen Arbeitsgruppen
- Arbeitszeitflexibilisierung
- Dezentralisation
- Delegation von Entscheidungen an die tiefstmögliche Stelle
- interaktiver Planung
- Organisationsentwicklung
- evolutionärem Management
- kooperativer Führung
- unternehmerischem Management
- Selbstgestaltung und Selbstmanagement

Zwei Konzepte scheinen die wesentlichen Bereiche abzudecken: die Partizipation und die Teamarbeit. Beide beziehen sich auf das Potential des Einzelnen, Fehler zu erkennen und Problemlösungen zu entwickeln. Diese beiden Konzepte werden im Anschluß an dieses, allgemeiner gehaltene Kapitel über Selbstorganisation diskutiert.

Selbstorganisation wird mit Synergetik, Autopoiese, dissipativen Strukturen oder selbstreferentiellen Systemen gleichgesetzt. Im wesentlichen geht es dabei um die Beschreibung und das Verständnis des Verhaltens komplexer, dynamischer Systeme [vgl. W. Krohn et al., 1990, S. 1]. Laut Dress beschätigt sich die Selbstorganisationsforschung mit "*Theorien, welche die Dynamik und Höherentwicklung, die Ausdifferenzierung und Hierarchisierung von Systemen zum Gegenstand haben.*" [A. Dress et al., 1986, S. 7]

Wenn die steigende Bedeutung der Selbstorganisation im Management berechtigt wäre, müßte die Selbstorganisation geeignet sein, langfristig zu besseren, kostenminimalen Entscheidungen zu führen.[32] Auf die kollektive Ebene transponiert lautet die entsprechende Frage: Welche Bedingungen sind nötig, damit ein komplexes, soziales System gut funktionieren kann?[33] Genau diese Frage, die zu Beginn der Arbeit formuliert wurde, steht für ein zentrales Problem, das mit Hilfe der Selbstorganisation gelöst werden soll [vgl. G. Probst, 1987, S. 149]. Das führt zur Schlußfolgerung, daß das Konzept der Rationalität und das der Selbstorganisation versuchen, auf verschiedenen Ebenen, die gleichen Probleme zu lösen. Stimmen sie daher auch in ihren Forderungen überein?

Überlegungen zur Selbstorganisation werden sowohl von Bestsellerautoren als auch von Wissenschaftern angestellt. T. Peters und R. Waterman beispielsweise schreiben über Evolution und Selbstorganisation:

"Die Adaptation ist ... zu komplex, um sie in einer großen Unternehmung mittels Regeln managen zu können, deshalb beschränken sich kluge Manager darauf sicherzustellen, daß ausreichend "blinde" Variationen (d.h. gutgemeinte Versuche, ob erfolgreich oder nicht) stattfinden, um den Gesetzten der Wahrscheinlichkeit zu entsprechen - darunter gibt es dann viele kleine Erfolge, manchmal einen größeren Erfolg und alle 10 Jahre einen Volltreffer." [vgl. T. Peters und R. Waterman, In Search of Excellence, 1983, S. 106, zitiert nach G. Probst, 1984, S. 128 Fußnote 1, Übersetzung durch den Autor]

Den "Gesetzen der Wahrscheinlichkeit" entsprechend, werden bei diesem Vorgehen allerdings auch Mißerfolge und Rückschläge erzielt. Sie scheinen der Preis des Erfolges zu sein und müssen hingenommen werden.

In der Wissenschaftsliteratur werden ähnliche Überlegungen diskutiert. H. Ulrich beispielsweise scheint die Ansicht von Peters und Waterman zu teilen: Er ist der Meinung, daß der Mensch mit komplexen Systemen prinzipiell nicht zurechtkommen könne, weil er, um sinnvoll in das System eingreifen zu können, Dinge wissen müßte, die er aufgrund intellektueller Defizite prinzipiell nicht wissen könne [vgl. H. Ulrich, 1984, S. 92].

Die bisherigen Arbeiten, welche Anstrengungen zur Lösung der oben gestellten Frage darstellen, beurteilt Probst zusammenfassend folgendermaßen: Von einer etablierten *"Theorie selbstorganisierender sozialer Systeme läßt sich* (aber) *noch nicht sprechen, schon gar nicht von empirisch getesteten Hypothesen."* [G. Probst, S.

---

[32]Die Rationalität beschäftigt sich mit der Frage, welche Bedingungen dafür nötig sind.
[33]Diese Frage wurde von Karl Loewenstein, einem Staatswissenschafter, als das zentrale Problem der zweiten Hälfte des 20. Jahrhunderts bezeichnet [vgl. Loewenstein, Verfassungslehre, 1969, S. 414, zitiert nach H. Arnim, 1977, S. 1].

11, 1987] Das erschwert natürlich die Vergleichsmöglichkeiten mit den Kriterien des rationalen Verhaltens. Dennoch lassen sich einige Charakteristika beschreiben, die allen Selbstorganisationskonzepten eigen sind.

Selbstorganisationskonzepte basieren, zumindest in den Sozialwissenschaften, auf der Erkenntnis, daß komplexe, soziale Systeme nur sehr schwer unmittelbar beeinflußbar sind. Direkte Interventionen verfehlen häufig ihr Ziel. Diese Beobachtung veranlaßt F.A. Hayek, in Bezug auf die im Westen vorherrschenden Regierungssysteme, zu folgender Aussage:

"Es scheint, daß wir unbewußt eine Maschinerie kreiert haben, die es möglich macht, daß angebliche Mehrheiten Maßnahmen sanktionieren, die in Wirklichkeit nicht von der Mehrheit gewünscht werden, und die sogar von einer Mehrheit der Menschen abgelehnt werden; und diese Maschinerie erzeugt eine Summe von Maßnahmen, die nicht nur von niemandem gewollt, sondern die in ihrer Gesamtheit von keinem vernünftigen Menschen Zustimmung erhalten würden, weil sie sich widersprechen." [F.A. von Hayek, 1982, S. 6; vgl. 1.1]

Daß Handlungen des Menschen oft Ergebnisse mit sich bringen, die nicht vorauszusehen waren, ist der Kern der Überlegungen Hayeks. Auch Malik und Probst stellen fest: Ein Mensch kann nur innerhalb bestimmter Grenzen Einfluß auf ein komplexes System nehmen und ist nicht fähig, es durch bewußtes, geplantes Vorgehen determinierend zu lenken. Er kann daher nicht Befehle von oben nach unten durch die Hierarchie schicken und erwarten, daß das System gut funktioniert [vgl. F. Malik und G. Probst, 1984, S. 108 ff].

Diese Überlegungen belegen die Schlußfolgerung, daß Rationalität und Selbstorganisation auf dem gleichen Fundament aufbauen. Die Komplexität der Umwelt, die beschränkte Informationsverarbeitungskapazität der Menschen und die daraus resultierende Unsicherheit ist auch den Überlegungen, die sich auf Selbstorganisation beziehen, inhärent. Varela formuliert das selbstorganisatorische Pendant zum ersten Kriterium der Rationalität [vgl. 5.2]:

"Strebe nach konstanter und permanenter Loslösung von deinem Verlangen nach Sicherheit." [vgl. G. Probst und H. Ulrich, 1984, S. 149]

Diese Erkenntnis und Ausgangsbasis der Selbstorganisation entspricht vollständig dem ersten Kriterium des rationalen Verhaltens. Aus der Sicht der Rationalität wäre der nächste logische Schritt die Empfehlung, offen über Entscheidungen zu diskutieren und Maßnahmen zu setzen, sodaß jedermann die Möglichkeit hat,

mit seinen Informationen zu besseren Entscheidungen beizutragen und sicherzustellen, daß nur Entscheidungen, die die Kritik gebührend berücksichtigen,
implementiert werden. Dieser Schritt wird jedoch nicht getan. Im Gegenteil, unkritisierbare, "transzendente Visionäre" bestimmen den Handlungsablauf [vgl. A.
Kieser, 1994, S. 205 f].

Es gibt jedoch speziell zwei Konzepte aus der Selbstorganisationsforschung, die
den Prinzipien Diskussion und Kritik ähneln: Einerseits gilt das Prinzip, wenig
mehr als Ziele und Prinzipien zur Führung des Systems vorzugeben (aus der
Sicht der Rationalität ein Falsifikationsrahmen [vgl. 3.1.2.3]) und andererseits das
daraus folgende Konzept der Heterarchie.

1. Die Forderung, sich bei der Lenkung von komplexen, sozialen Systemen auf
die Vorgabe von übergeordneten Zielen und Prinzipien zu beschränken, ist ein
Schwerpunkt einer Arbeit von Hayek:

*"Jede Organisation, in der die Mitglieder nicht bloße Werkzeuge des Organisators
sind, bestimmt durch Befehle nur die Funktion, die von jedem Mitglied erfüllt werden
soll, die Ziele, die erreicht werden sollen, und überläßt es den Individuen, die Einzelheiten auf Grund ihres Wissens und Könnens zu entscheiden."* [F.A. Hayek, 1986b, S.
72]. *"In den komplexesten Arten von Organisationen wird sogar wenig mehr als die
Zuweisung bestimmter Funktionen und das allgemeine Ziel durch Befehle der obersten
Autorität bestimmt, ..."* [F.A. Hayek, 1986b, S. 74]

In komplexen Systemen muß man sich darauf beschränken, allgemeinverbindli-
che Ziele und Prinzipien (Regeln) des gerechten Verhaltens vorzugeben. Die
detaillierte, von oben gesteuerte Lenkung eines komplexen Systems ist demnach
zum Scheitern verurteilt. Manager haben sich daher, als eine Art Katalysator,
auf die Schaffung von günstigen Bedingungen zu konzentrieren, damit die Mitarbeiter bereit sind, sich mit den Zielen des Unternehmens zu identifizieren, sich
loyal zu verhalten und arbeitswillig zu bleiben [vgl. F. Malik und G. Probst, 1984, S.
113].

2. Das Konzept der Heterarchie nimmt in der Selbstorganisationsliteratur eine
bedeutende Stellung ein. McCulloch hat dieses Konzept aus dem Prinzip der
redundanten, potentiellen Führerschaft abgeleitet. Dieses Prinzip (Principle of
redundancy of potential command) besagt, daß die Entscheidungen von dem Teil
des Systems getroffen werden sollen, der über die relevanten Informationen verfügt. Das Konzept der Heterarchie geht daher davon aus, daß Informationen die
Führerschaft festlegen sollen. Es ist notwendig, daß die Menschen im System ihr

Verhalten, ihrem jeweiligen Informationsstand entsprechend, fortwährend modifizieren und einander anpassen. Nur dieses Verhalten seiner Mitarbeiter erlaubt es einem Unternehmen in einer komplexen Umgebung, effizient zu agieren und zu überleben [vgl. F. Malik und G. Probst, 1984, S. 110 f].

Diese Charakteristik steht im Konflikt mit traditionellem Management und Organisationsauffassungen, in denen der Vorgesetzte immer als Quelle des Wissens angesehen wird [vgl. G. Probst, 1987, S. 81], aber in Übereinstimmung mit den Kriterien des rationalen Verhaltens. Die Heterarchie bildet das Gegenstück zum Konzept der Hierarchie, in dem der Chef derjenige ist, der führt, lenkt und entscheidet. In der Hierarchie geht die Befehlskette von oben nach unten [vgl. H. von Foerster, 1984, S. 8]. In der Heterarchie ist die Richtung der Befehlskette nicht vorbestimmt. Entscheidungen sind auf der tiefstmöglichen Ebene zu treffen, wo gerade noch genügend Information, Wissen und Verständnis vorhanden ist. Die Handlungen dieser Ebene beeinflussen aber wiederum andere Teile, die daher in die Entscheidungsprozesse zu involvieren sind.

"Ein Selbstorganisationskonzept sucht kreative, flexible Funktions- und Strukturierungssituationen, in denen Autorität, Verantwortung und Kompetenzen fließen, sich verändern, verteilen und entstehen können. Weniger wichtig wird, ob ein System momentan gut funktioniert, sondern vielmehr, (ob) die Fähigkeit, sich an veränderte Situationen anzupassen, zu lernen und ein Potential der Entwicklung (vorhanden ist)." [G. Probst, 1987, S. 136]

Die Prinzipien der Selbstorganisation, soweit sie hier diskutiert wurden, gehen, in Bezug auf die Gestaltung von komplexen, sozialen Systemen, vollkommen in den Kriterien der Rationalität auf: Die Ausgangsbasis, die allgegenwärtige Unsicherheit, ist in beiden Konzepten ident. Der Empfehlung, sich auf Ziele und Prinzipien bei der Lenkung komplexer Systeme zu beschränken, entsprechen die Kriterien der Rationalität, die ja selbst nur Prinzipien zur optimalen Entscheidungsfindung in einer komplexen Umwelt darstellen und die in 3.1.2.3 dargestellten Falsifikationsrahmen (Organisationsziele bzw. Gemeinwohl). Das Prinzip der Heterarchie entspricht der rationalen, hierarchieunabhängigen Gestaltung der Entscheidungsprozesse, die von jedem, der über die relevanten Informationen verfügt, maßgeblich beeinflußt werden können.

Durch die Kriterien des rationalen Verhaltens werden die Forderungen aus der Selbstorganisation aber auch relativiert. Die zentrale Stellung der Kritik bei der Rationalität erlaubt widerspruchslos, daß ein Manager über seine "Katalysatorfunktion" hinaus ein spezifisches Problem eines komplexen Systems sehr gut lösen kann, indem er Fehler aufzeigt oder sogar Problemlösungen entwickelt. Umgekehrt ist es aber auch möglich, daß ein Manager einen Falsifikations- rahmen vorgibt, der von den Mitarbeitern kritisiert und verbessert werden kann. Hier sei auch auf das Problem verwiesen, das Kieser aufzeigt: Selbstorganisation ist nur durch vorangegangene Fremdorganisation realisierbar [vgl. A. Kieser, 1994, S. 220 ff].

Auffallend ist die unterschiedliche Bedeutung der Kritik in den beiden Konzep- ten. Während sie bei der Rationalität das zentrale Element ist, wird sie in der Selbstorganisationsliteratur kaum behandelt. Die Ursache für diese Diskrepanz zweier Konzepte, die die gleichen Probleme lösen wollen, könnte in der unter- schiedlichen Sicht der "Wahrheit" liegen.

Probst schreibt, daß es die Aufgabe des Managers oder Organisators sei, Wirk- lichkeiten zu definieren, zu bezeichnen und zu erklären, sowie Handlungen und Artefakte zu bewerten und zu legitimieren. Dazu bringt er auch folgende Anek- dote:

"The story goes that three umpires disagreed about the task of calling balls and strikes. The first one said, "I calls them as they is". The second one said, "I calls them as I sees them". The third and cleverest umpire said, "They ain't nothin till I calls them"." [vgl. G. Probst, 1987, S. 108]

Wenn man diese Darstellung so versteht, daß Manager „objektive" Wirklichkei- ten definieren sollen, die von ihren Mitarbeitern akzeptiert werden müssen und nicht kritisiert werden können, ergeben sich Widersprüche. Dieser Satz wider- spricht dann der Forderung Varelas und der Haupterkenntnis der Selbstorganisa- tionsforschung: Da die Umwelt sehr komplex ist, können wir nichts mit Sicher- heit wissen. Wir müssen uns bei der Gestaltung von komplexen sozialen Syste- men auf die Formulierung von Prinzipien beschränken - aber auch diese können fehlerhaft sein. Es gibt keinen Grund anzunehmen, Manager könnten „objek- tive", fehlerfreie Wirklichkeiten definieren. Nimmt man dennoch an, daß jeder Mensch seine eigene, für andere nicht nachvollziehbare, daher nicht kritisierbare und fehlerfreie Wirklichkeit oder Wahrheit festlegen könne, verliert das Un- sicherheitspostulat seinen Sinn. Diese Sicht der Wahrheit[34] verträgt sich daher nicht mit dem Konzept der Selbstorganisation und inkludiert eine Anzahl von

---

[34]Vgl. auch die Aussage von Probst, im Gegensatz zur Physik hätte es die Sozialwissenschaft nicht mit objektiven Fakten oder Wirklichkeiten zu tun, sondern mit individuell konstruierten [vgl. G. Probst, 1987, S. 71].

Folgeproblemen. Diskussionen werden unweigerlich sehr schwierig und langwierig, ohne zu handfesten Resultaten führen zu können. Die Menschen, die versuchen, andere zu verstehen, müssen dabei Probleme haben, wenn angenommen wird, daß sie nur unterschiedliche Teile der Realität wahrnehmen können. Das könnte auch der Grund sein, warum die Schilderung des Problemlösungsprozesses aus der Sicht der Selbstorganisation "schwammig" ist; der Problemlösungsprozeß wird "selbstorganisatorischen Kräften" überlassen.

Kritik, als die einzige Möglichkeit, Fehler zu vermeiden und zu besseren Entscheidungen zu gelangen, ist aus diesen Gründen kein wesentliches Thema in der Literatur über Selbstorganisation. Die genannten Prinzipien der Selbstorganisation beinhalten zwar einige Konsequenzen für die Organisation und Führung von komplexen, sozialen Systemen. Die mangelnde Berücksichtigung des Prinzips Kritik führt aber zu einer Reihe von Problemen und offenen Fragen:

Selbstorganisatorische Prinzipien sagen beispielsweise nichts darüber aus, wie sich ein Individuum in einer Organisation verhalten soll, wenn es möglichst gute Entscheidungen treffen will, welche Prinzipien in welchem Detaillierungsgrad vorgegeben werden sollen, ab wann ein System komplex wird, wer über die entscheidungsrelevanten Informationen verfügt bzw. wann die tiefstmögliche Hierarchieebene zur Entscheidungsfindung erreicht wurde etc. Diese Defizite lassen sich teilweise mit dem naturwissenschaftlichen Ursprung der Selbstorganisationsforschung erklären [Untersuchungen mit Laser, Zellansammlungen, mathematischen Modellen etc., vgl. W. Krohn et al., 1990; A. Dress et al., 1986]. Die weiter oben diskutierten Überlegungen (Komplexität, Heterarchie) gelten für Zellansammlungen, bei welchen physikalische, chemische und biologische Gesetze die (Falsifikations-) Rahmenbedingungen (Ziele) setzen, ebenso wie für soziale Systeme mit denkenden Menschen, in denen auch noch moralische, kulturelle, rechtliche und viele andere Rahmenbedingungen die Anzahl der akzeptablen Entscheidungen reduzieren.

Das Verhalten von sozialen Systemen kann aber nicht mit dem Verhalten von Zellansammlungen gleichgesetzt werden.[35] Eine Zellansammlung oder ein physikalisches Phänomen wie ein Laser kann sich nicht rational verhalten. In menschlichen, sozialen Systemen hingegen sind dafür alle Voraussetzungen vorhanden. Der Mensch hat durch seine intellektuellen Fähigkeiten und durch

---

[35]Im allgemeinen unterscheidet man zwischen drei Ebenen in Systemen: der physikalischen, der biologischen und der subjektiv bewußt-interpretativen Ebene. Nur menschliche Systeme beinhalten alle drei Ebenen [vgl. P. Dachler, 1984, S. 133].

seine Erfahrung die Möglichkeit, Fehlentwicklungen rechtzeitig zu erkennen und zu beheben. Um die optimale Lösung eines Problems zu finden, braucht er nicht jede Problemlösung auszuprobieren, wenn er auch nie sicher sein kann, die beste Lösung gefunden zu haben. Popper drückt diese Erkenntnis drastisch aus: **Wir können unsere Theorien an unserer Statt für uns sterben lassen** [vgl. K. Popper, 1987, S. 40]. Das ist der wesentliche Unterschied zwischen zufälligen Variationen in Zellkulturen und den Verhaltensmustern und Entscheidungen von Menschen. Erstere werden nur durch realen Versuch und Irrtum auf ihre Tauglichkeit hin untersucht, letztere können vor ihrer praktischen Erprobung bereits gedanklich-abstrakt geprüft werden. Die Entwicklung der Sprache und der Kritik erlaubt es, effektiv Fehler zu beseitigen, ehe sie wirksam werden [vgl. Kapitel 4].

Mit Einführung der Rationalität und insbesondere der Kritik wird die Beantwortung einiger der offengebliebenen Fragen möglich: Es wird ein prozessualer Leitfaden entwickelt, an dem sich jedes Individuum im Entscheidungsprozeß orientieren kann. Die Frage ob überhaupt und wenn ja, welche Prinzipien (Zielsystem) in welchem Detaillierungsgrad vorgegeben werden sollen, kann mit Hilfe der rationalen Heuristik [vgl. Kapitel 7, 9] ermittelt werden. Die Frage, wer in der Heterarchie über die entscheidungsrelevanten Informationen verfügt, verliert ihre Bedeutung, da unter optimalen rationalen Bedingungen jeder, solange er über die relevante Information verfügt, das Ergebnis der Entscheidung hierarchieunabhängig determinieren kann [vgl. Kapitel 8].

Es ist offensichtlich, daß ein einzelner Mensch aufgrund der Komplexität[36] eines Systems leicht die Übersicht verlieren kann. Die Komplexität kann aber auch als Chance genutzt werden. Gerade komplexe soziale Systeme beinhalten ein enormes Fehleraufdeckungspotential. Die effektive Nutzung dieses Potentials ist von entscheidender Wichtigkeit. Wenn sich die Akteure rational verhalten, besteht die Hoffnung, die "gesetzmäßige" Erfolgs- Mißerfolgverteilung könnte zugunsten der Erfolge verschoben werden, indem zumindest offensichtliche Mißerfolge frühzeitig erkannt und eliminiert werden. Kein (Miß)Erfolg ist gesetzmäßig oder sonstwie vorbestimmt, wovon Peters und Waterman [vgl. T. Peters und R. Waterman, in H. Ulrich (Hrsg.), 1984, S. 106; s.o.] allerdings auszugehen scheinen.

Darüber hinaus ist nochmals zu betonen, daß einige der Probleme und Schwierigkeiten, die mit dem Konzept der Selbstorganisation verbunden sind, nicht entstehen, wenn man sich auf einen konsequenten Kritizismus und die Idee einer intersubjektiv nachvollziehbaren Realität stützt.

---

[36]D.h. den vielen unterschiedlichen Beziehungsmöglichkeiten der Akteure.

Gegenüberstellung: Rationalität und Selbstorganisation		
	Rationalität	Selbstorganisation
Parallelen:	Ausgangspunkte: Komplexität, Dynamik, Unsicherheit	
	Autorität durch Wissen - Heterarchie	
	Leitung durch Vorgabe allgemeiner Prinzipien	
Unterschiede:		
Stellung der Kritik	zentral	untergeordnet
Fremdorganisation	vereinbar	unvereinbar
Sicht der Wahrheit	kritisch-rational	konstruktivistisch

Tabelle 10: Gegenüberstellung: Rationalität und Selbstorganisation

Die beiden Konzepte Partizipation und Teamarbeit werden, wie oben das Konzept der Selbstorganisation, im folgenden kurz begrifflich umgrenzt. Es wird analysiert, welchen Bezug sie zu den Kriterien des rationalen Verhaltens haben und die Kritik, die an diesen etablierten Konzepten geübt wurde, wird auf ihre Übertragbarkeit auf die Kriterien untersucht.

5.1.1.1   Partizipation: Partizipation umfaßt einen wesentlichen Teil der Kriterien des rationalen Verhaltens. Bei der Partizipation gibt es einen mehr oder weniger formalisierten, standardisierten Weg, um die Fähigkeiten der Mitarbeiter in die Entscheidungsprozesse einfließen zu lassen. Partizipation zielt dabei auf unbekannte Synergieeffekte bzw. Verbesserungen ab. Im voraus ist niemandem bekannt, welcher Mitarbeiter wie partizipieren wird und welche Verbesserungen erzielt werden können. Die beteiligten Personen müssen weder um die Motivation noch die Rationalitätskompetenz der im Verbesserungsprozeß Involvierten Bescheid wissen.

5.1.1.2   Teamarbeit: Die Teamarbeit deckt bei Wahrung der Grundsätze der Rationalität besonders gut die Bereiche ab, in denen die explizit rationale Gestaltung der Entscheidungsprozesse zu aufwendig wäre. Im Team arbeiten mehrere Menschen in Gruppenarbeit zusammen. Das Team zeichnet Eigenverantwortlichkeit und relative Selbständigkeit bei der Lösung von vorgegebenen Problemen aus. Die Nähe der Teammitglieder zueinander, die Vertrautheit mit den Aufgaben- und Kompetenzbereichen der jeweils anderen ermöglicht, sind Voraussetzungen, die eine weitergehende Verwirklichung der Kriterien des rationalen Verhaltens erlauben, als das bei anderen Organisationsformen möglich ist.

5.1.1.1 Rationalität und Partizipation

"Generell versteht man unter Partizipation die Beteiligung von Organisationsmitgliedern an Entscheidungsprozessen des Managements." [vgl. W. Staehle, 1992, S. 501; S. Herman, 1988, S. 55][37]

Das partizipative Prinzip verlangt die Integration von verschiedenen Ebenen und Elementen im Entscheidungsprozeß: jeder hat einen Beitrag zu leisten, besitzt Fähigkeiten und Einsichten [vgl. G. Probst, 1987, S. 132]. Die Mitarbeiter können dabei verschiedenartigen Einfluß ausüben. Einerseits gibt es die Variante, sie um Rat zu fragen, andererseits aber kann die Entscheidungsbefugnis selbst auch an die Mitarbeiter abgegeben werden [vgl. A. Kizilos, 1982, S. 51]. In dieser Form ist Partizipation diametral dem Autoritätsprinzip entgegengesetzt. Dieser Gegensatz gilt aber nur für die jeweils extremen Formen dieser Prinzipien, die sich durch ihre mannigfaltigen Ausgestaltungsmöglichkeiten annähern können [vgl. dazu das Kontinuum des Führungsverhaltens von Tannenbaum/Schmidt bspw. in R. Wunderer, W. Grunwald, 1980 S. 226].

Akel und Siegel geben einige Voraussetzungen für erfolgreiche Partizipation an: [vgl. A. Akel u. J. Siegel, 1988, S. iv f]

- Es muß darauf bedacht genommen werden, daß die Ziele der Mitarbeiter und des Unternehmens bzw. des Managements übereinstimmen. Ein Gefühl von Vertrauen und Loyalität muß existieren.
- Die Ziele und Werte des Managements müssen klar formuliert sein. Juechter [W. Juechter, 1982, S. 48] führt aus, daß das Top-Management Richtlinien herausgeben soll, in denen genau festgehalten wird, welche Entscheidungstypen diskutiert werden sollen und wie die Qualität von Entscheidungen beurteilt werden soll, damit die Manager wissen, wo sie stehen.
- Das Management muß für Veränderungen bereit sein.
- Die Arbeitsplätze müssen so beschaffen sein, daß es Freiheit für Gedanken und Raum für Wachstum gibt.

Partizipation hat theoretisch drei grundlegende Vorteile: [vgl. S. Herman, 1988, S. 55; W. Juechter, 1982, S. 48]

1. Viele wissen mehr als ein einzelner. Durch Partizipation wird daher oft die Qualität der Entscheidungen erhöht.

---

[37]Zu einer eingehenden Diskussion um die exakte Definition von Partizipation vgl. A. Kizilos, 1982, S. 49 ff.

2. Menschen, die an der Entstehung der Entscheidung mitbeteiligt sind, werden in der Regel besser motiviert sein, sie umzusetzen. Akel und Siegel bemerken, daß Partizipation zu höherer Arbeitszufriedenheit führt u.a. deshalb, weil sich die Mitarbeiter geborgener, zugehöriger und anerkannter fühlen [vgl. A. Akel u. J. Siegel, 1988, S. v.(5)].

3. Partizipation ist ein wichtiges Instrument, das die Entwicklung der Fähigkeiten der Mitarbeiter vorantreibt.

Es gibt aber auch die unten angeführten Situationen, die für Partizipation nicht geeignet sind. Dann kann sie Zeitverschwendung bedeuten und sogar konterproduktiv sein. Sie kann sogar die Effektivität der Menschen und deren Zufriedenheit mit ihrer Arbeit verringern.

Um diese Gefahren zu vermeiden, schlägt Herman fünf Vorsichtsmaßnahmen vor: [vgl. S. Herman, 1988, S. 55 ff]

1. Partizipation ist ungeeignet, wenn radikale Veränderungen anstehen.
2. Wenn Menschen nur selten zusammenarbeiten, ist es kaum sinnvoll, daraus ein partizipatives Team zu bilden.
3. Partizipation bedeutet nur Unterhaltung, wenn die Ergebnisse zu keinen konkreten Handlungen oder Entscheidungen führen.
4. Partizipation bedeutet nicht, daß die Mitarbeiter die letztgültige Entscheidung selbst treffen müssen.
5. Partizipation bei einer Entscheidung, die schon getroffen wurde, ist nicht sinnvoll. Wichtiger ist es, sich darüber zu unterhalten, wie sie funktionieren kann.

Weiters hält er fest, daß trotz Partizipation allein der Manager für fehlerhafte, partizipative Entscheidungen die Verantwortung trägt. Es gibt natürlich keinen Grund für die Annahme, daß die Mehrheit (immer) recht hat [vgl. A. Kizilios, 1982, S. 52; W. Juechter, 1982, S. 48; "The Economist", Feb. 19th 1994, S. 79].

Effektive Partizipation bedingt darüber hinaus ein sehr gut funktionierendes Informationssystem, über das sich die Mitarbeiter so weit informieren können, daß sie mitreden können. Dabei ist aber zu berücksichtigen, daß nicht jeder zum Entscheidungsträger geboren ist. Viele wollen auch nicht über den Sinn und Zweck des Unternehmens oder über abteilungsübergreifende Zielsetzungen diskutieren. Ein weiteres Problem ist, daß es für die Mitarbeiter oft nicht leicht ist, den Vorgesetzten zu kritisieren, von dem ja ihr Wohlergehen in hohem Maße abhängt. Diesen Tatsachen muß ein partizipatives Modell Rechnung tragen.

Wie vergleichen sich die Voraussetzungen, Vorteile und Einschränkungen der Partizipation mit den Überlegungen, die in dieser Arbeit hinsichtlich der Kriterien des rationalen Verhaltens angestellt wurden?

Die Partizipation ist ein wesentlicher Bestandteil der Rationalität. Die Voraussetzungen sind in beiden Fällen dieselben: Es wird angenommen, daß die Mitarbeiter die Fähigkeit haben, kompetent Kritik zu üben. Die Werte und Ziele müssen jeweils offengelegt werden [vgl. Kapitel 8 und Kapitel 9.2]. Ebenso wie bei der Partizipation sind die Diskussion und die Kritik bei der Rationalität von überragender Bedeutung [vgl. 2.1.2.4, 9.3]. Die Vorteile der Partizipation entsprechen vollständig einem Teil der Vorteile des rationalen Verhaltens [vgl. Kapitel 4].

Inwieweit die Einschränkungen der Partizipation auch für die Kriterien des rationalen Verhaltens gelten, wird im folgenden untersucht:

1. *Partizipation ist ungeeignet, wenn radikale Veränderungen anstehen.*

Typischerweise sind radikale Veränderungen immer dann vorzunehmen, wenn es gilt, erkannte Fehler rasch zu beheben.

Radikale Veränderungen sind aber selbst mit vielen Unwägbarkeiten verbunden, die rationales Vorgehen im allgemeinen vor, während und nach deren Umsetzung besonders wichtig erscheinen lassen.[38]

2. *Wenn Menschen nur selten zusammenarbeiten, ist es kaum sinnvoll, daraus ein partizipatives Team zu bilden.*

Wenn man diesen Satz so umformt, das er für den primären Bereich der Rationalität zutrifft, lautet er: *Wenn Menschen nur selten zusammenarbeiten, ist es kaum sinnvoll, daß sie miteinander diskutieren und Kritik üben, um gemeinsam ihre Probleme zu lösen.* Solange die Menschen aber zumindest die gleichen Rahmenbedingungen in der Diskussion akzeptieren, ist die Gültigkeit dieses Satzes stark anzuzweifeln. Vor allem durch die Möglichkeiten der anonymen, problemorientierten Kommunikation, die in Kapitel 9.2.2 aufgezeigt werden, wird er stark relativiert und ist so nicht aufrechtzuerhalten.

---

[38]Es gibt aber jedenfalls eine große Anzahl von Entscheidungen, die nicht partizipativ oder rational diskutiert werden können, weil die Kosten in keiner Relation zu den erwarteten Verbesserungen (Nutzen) stehen [Zeitdruck, außerrationale und programmierbare Entscheidungen, Geheimnisse; vgl. 2.3 und 9.1].

3. *Partizipation bedeutet nur Unterhaltung, wenn die Ergebnisse zu keinen konkreten Handlungen oder Entscheidungen führen.*

und

4. *Partizipation bedeutet nicht, daß die Mitarbeiter die letztgültige Entscheidung selbst treffen müssen.*

Die endgültige Entscheidung verbleibt im Rahmen der Rationalität beim verantwortlichen Entscheidungsträger. Es wird nur verlangt, jedem die Möglichkeit zu geben, in die Entscheidungsprozesse kritisierend einzugreifen. Jeder Mitarbeiter soll die Chance haben, das Argument zu finden und weiterzugeben, das seiner Meinung nach für die gerade anstehende Entscheidung determinierend ist. Ob das Argument aber wirklich maßgeblich ist oder nicht, entscheidet allein der autorisierte Entscheidungsträger. Er kann wiederum von jedermann, der nachweisen kann, daß der Entscheidungsträger ein bekanntes, zu berücksichtigendes Argument nicht berücksichtigt hat, zur Rechenschaft gezogen werden. Die oberste Instanz in diesem Prozeß ist letztendlich der Eigentümer. Ob der Eigentümer aber eine einzelne Person ist, ob mehrere Personen die Eigentümer darstellen oder ob alle Mitarbeiter des Unternehmens auch dessen Eigentümer sind oder als solche behandelt werden [vgl. 8.4], ist faktisch vorgegeben. Die rationale Heuristik [vgl. Kapitel 9] läßt sich im Prinzip auf alle Eigentümerkonstellationen übertragen [vgl. Kapitel 8.3].

5. *Partizipation bei einer Entscheidung, die schon getroffen wurde, ist nicht sinnvoll. Wichtiger ist es, sich darüber zu unterhalten[39], wie sie funktionieren kann.*

Es ist sicherlich wenig sinnvoll, darüber zu diskutieren, ob man eine Entscheidung treffen soll, wenn sie schon getroffen wurde. Um Verbesserungen vorzunehmen und ihr Funktionieren zu gewährleisten, ist Diskussion und Kritik aus der Sicht der Rationalität aber unbedingt erforderlich [vgl. 9.3].

6. *Nicht jeder Mensch ist fähig oder gewillt mitzudiskutieren oder mitzuentscheiden.*

---

[39]Die Bedeutung der Sprache wird bspw. von A. Borzeix analysiert [vgl. A. Bozeix, Sprachpraxis und Partizipation im Betrieb, in L. Kißler, 1991, S. 101 ff].

Für ein funktionierendes Unternehmen, das sich an den Kriterien des rationalen Verhaltens orientiert, ist es nicht notwendig, daß *jeder* Mitarbeiter über relevante Informationen verfügt und gewillt ist, diese weiterzugeben. Wenn nur zwei Personen dazu bereit sind, kann das System schon funktionieren [vgl. Einleitung zu Teil 3 der Arbeit] - im Extremfall sogar dann, wenn nur eine Person dazu bereit ist [vgl. 2.3].

Man könnte daher zusammenfassen, daß die Einhaltung der Kriterien des rationalen Verhaltens zu einem sehr umfangreichen, weiterführenden, partizipativen Modell führt. Die Kriterien des rationalen Verhaltens zielen nicht nur auf die Entscheidungsprozesse des Managements ab, sondern umfassen prinzipiell sämtliche Entscheidungsprozesse in der Organisation. Jedermann im Unternehmen soll ab Beginn des Entscheidungsprozesses Einblick in den Entscheidungsprozeß mit den jeweils zugrundeliegenden Überlegungen und Annahmen haben. Die endgültige Entscheidung obliegt aber weiterhin dem festgelegten, verantwortlichen Entscheidungsträger [vgl. Kapitel 8.3]. Sein von Argumenten unabhängiger Entscheidungsspielraum wird jedoch in rational ablaufenden Entscheidungsprozessen eher gering sein [vgl. Kapitel 4.3].

Daß die Grundsätze der Rationalität und die der Partizipation miteinander eng verknüpft sind, läßt sich auch aus einem Umkehrschluß herleiten: Das Autoritätsprinzip und die Rationalität sind miteinander unvereinbar [vgl. K. Popper, 1992b, S. 265].

Damit ergeben sich auch die **Unterschiede** der beiden Konzepte Rationalität und Partizipation. Partizipation ist bei radikalen Änderungen ungeeignet und soll nur bei ausgewählten Entscheidungsprozessen angewandt werden, während den Kriterien des rationalen Verhaltens gerade auch bei radikalen Änderungen entsprochen werden soll [Einschränkungen vgl. 9.1]. Die Vertrautheit der Akteure, die bei der Partizipation notwendig ist, ist zwar förderlich, aber keine Voraussetzung für effiziente, rational ablaufende Entscheidungsprozesse.

Gegenüberstellung: Rationalität und Partizipation		
	Rationalität	Partizipation
Parallelen:	Ausgangspunkte: Offenheit, Ablehnung des Prinzips: Autorität durch Position, Kompetenz der Mitarbeiter	
	Autorität durch Wissen	
	Existenz bzw. Akzeptanz eines gemeinsamen Falsifikationsrahmens	
	zentrale Bedeutung der Kommunikation - Diskussion - Kritik	
Unterschiede:		
Eignung	immer	nicht bei radikalen Veränderungen
Vertrautheit der Akteure	nicht notwendig	notwendig
Umfang	prinzipiell alle Entscheidungsprozesse	nur ausgewählte Entscheidungsprozesse

Tabelle 11: Gegenüberstellung: Rationalität und Partizipation

5.1.1.2 Rationalität und das Team

"Als Team soll eine weitgehend selbstverwaltete Gruppe angesehen werden, die von außen gestellte Aufgaben in Form einer kollaborativen oder kooperativen Gruppenarbeit löst." [O. Petrovic, 1993, S. 4]

Von **außen gestellte Aufgaben** bedingen, daß die Gruppenmitglieder bei der Lösung der Aufgaben die Unternehmensziele, neben individuellen Zielen, berücksichtigen. Der Begriff Kollaboration bezeichnet die Teilnahme aller Beteiligten am Arbeitsprozeß und bedingt ein gemeinsames Arbeitsziel. Die Kooperation hat die Arbeit an einem gemeinsamen Ergebnis zum Inhalt. Sie erfordert das höchste Maß an persönlicher Interaktion [vgl. O. Petrovic, 1993, S. 5 f].

Die Arbeit im Team bringt viele positive Effekte mit sich: Synergien [vgl. D. Schneidewind, 1991, S. 38], Vorbildwirkung, Teamgeist, höhere Arbeitszufriedenheit etc. - wenn es funktioniert. Negative Begleiterscheinung der Teamarbeit sind ebenfalls möglich: Intrigen, Konkurrenzdenken statt Kooperation, Obstruktion der Arbeit, Frustration etc. Darüber hinaus kann nicht jede Arbeit immer am besten von einem Team bewältigt werden [vgl. W. Hill, 1976, S. 86 ff; sehr ausführlich mit zahlreichen Literaturverweisen: J. E. McGrath, 1984].

Aus der Sicht der Rationalität ist das Team deshalb von großer Bedeutung, weil in ihm Möglichkeiten gegeben sind, Probleme zu lösen, die auf der Makroebene (der hierarchisch übergeordneten Ebene) nicht behandelt werden können, weil dort die Kosten in keiner Relation zum wahrscheinlichen Nutzengewinn stünden [vgl. 2.3 außerrationale Entscheidungen] bzw. weil dort die relevanten Informationen prinzipiell nicht verfügbar sind [vgl. J. Weizenbaum, 1977, S. 298]. Durch die Nähe oder die Vertrautheit der Teammitglieder zu- und miteinander, können viele Probleme rasch potentiellen Problemlösern zugeordnet werden. Jeder weiß, was er zu tun hat. Alltägliche, kleinere Probleme können daher in der Regel rasch gelöst werden. Synergieeffekte gestatten aber auch die Lösung von komplexen, langwierigen Problemen. Es ist einfach, Fragen zu stellen, Ideen zu diskutieren und prompte Antworten zu erhalten, die oft weiterhelfen. Wenn Komplikationen auftreten, kann rasch geholfen werden, ohne lange über die Problemdefinition oder die Eignung bestimmter Problemlösungen nachdenken zu müssen. Bei größeren Schwierigkeiten, etwa Differenzen in der Bewertung eines Problems oder einer Problemlösung, kann auf die Makroebene ausgewichen werden.

Gruppen (Teams) bieten hauptsächlich folgende Vorteile in Hinsicht auf das Falsifikations- und Problemlösungspotential:[40]

- Es stehen mehr Informationen zur Verfügung: Eine Gruppe als ganzes gesehen verfügt über mehr Informationen als jeder Teilnehmer (breites Wissensspektrum, großer Erfahrungsinhalt und größeres Angebot an Denkinhalten für jeden Einzelnen).
- Informationen können aufgrund unterschiedlichster Begabungen von einer Gruppe in unterschiedlichster Weise genutzt werden (großes Entdeckerpotential und Stimulierung der individuellen Assoziationsfähigkeit).
- Fehler werden in der Gruppe viel leichter entdeckt als von einer Einzelperson (Tendenz zu objektiv richtigeren Entscheidungen).
- Viele Teilnehmer werden durch Diskussionen in der Gruppe stimuliert und erbringen bessere Leistungen, als wenn sie alleine wären (originellere Lösungen als beim individuellen Problemlösen).
- Neues kann während der Diskussion dazugelernt werden.
- Weniger Widerstand bei der Durchsetzung ausgewählter Alternativen.

---

[40]Vgl. W. Staehle, 1991, S. 263; vgl. auch H.U. Kuhn, 1991, S. 38, 154; J.F. Nunamaker et al., 1991, S. 46.

Es gibt aber auch Nachteile der Gruppe:[41]

- Weitgehende Zielidentität der Mitglieder erforderlich, sonst Gefahr von Auffassungsunterschieden (Dissens und Fehlinterpretationen); Konflikte bei unterschiedlichen Zielvorstellungen der Mitglieder.
- Schwierigkeit des koordinierten Vorgehens, Langwierigkeit.
- Störung der Individuen beim Vollzug diskursiver Denkschritte.
- Illusion der Einstimmigkeit: Schweigen bedeutet Zustimmung; Selbstkontrolle jeglicher Abweichungen vom Gruppenkonsens; Gruppendruck gegenüber potentiellen Abweichlern.
- Gruppenbefangenheit (groupthink); Illusion der Unverwundbarkeit; Glaube an die moralische Integrität der Gruppe; übertriebener Optimismus; Gefahr für risikoreichere Entscheidungen.
- Rationalisierung schlechter, unerwünschter Nachrichten; selbsternannte Zensoren schützen die Gruppe vor dissonanten Informationen; Stereotype Qualifizierung der Kritiker als schwach, bösartig und dumm.

Die Verwirklichung der Kriterien des rationalen Verhaltens ist geeignet, die Nachteile der Gruppenarbeit zu entschärfen [vgl. Kapitel 4 und 8]. Die unterstützende Rolle, die die Informations- und Kommunikationstechnologie dabei spielen kann, wird in Exkurs 2 aufgezeigt. Vorerst aber zu den Charakteristika einer Organisationsform, die versucht, die Vorteile der Gruppenarbeit zu nutzen.

Petrovic [vgl. O. Petrovic, 1993, S. 33 ff] stellt folgende Kennzeichen von teambasierten Netzwerkstrukturen fest:

- Führung durch Zielfokusierung und Koordination
- Vernetzte Teams als Organisationsstruktur
- Autorität durch Wissen
- Bedarf an Generalisten mit hoher aufgabenspezifischer Lernfähigkeit
- Hohes Maß an symmetrischer Kooperation
- Aktivierung des Unternehmers im Unternehmen

Die Unternehmensführung erteilt nicht länger Kommandos und kontrolliert ihre Untergebenen, ob sie diese Kommandos auch entsprechend befolgen, sondern beschränkt sich auf die *Vorgabe eines allgemeinen Zielsystems*, das allerdings bei jeder Entscheidung berücksichtigt werden muß. Eine weitere Aufgabe der Führung ist die *Koordination* der weitgehend selbstbestimmten Aktivitäten.

---

[41]W. Staehle, 1991, S. 263, 266; H.U. Kuhn, 1991, S. 155 f.

Die Organisationsstruktur, die diesem Führungskonzept entspricht, wird *vernetzte Teamstruktur* genannt. In dieser bestimmt weniger die hierarchische Position eines Mitarbeiters dessen Gewicht als seine Fähigkeiten und sein Wissen *(Autorität durch Wissen)*. Gestaltungsaufgaben und die (Qualitäts-)Kontrolle werden im Team selbst wahrgenommen, was zu einer Verflachung der Hierarchie und einer Reduktion des mittleren Managements führt.

Durch dezentrale, eigenverantwortliche und selbstorganisierende, vernetzte Teamstrukturen ändern sich auch die Anforderungen an die Mitarbeiter. Einerseits müssen sie *Generalisten* sein, die Zusammenhänge (mit anderen Teams) erkennen können und der erweiterten Aufgabenstellung im Team gerecht werden, andererseits benötigen sie die Fähigkeit, sich rasch neue Kenntnisse *(Spezialwissen)* anzueignen, um die auftretenden Probleme lösen zu können.

Die gestärkte Position des Mitarbeiters (mehr Verantwortung, Wissen, Kontrolle) äußert sich unter anderem auch in einem *hohen Ausmaß an symmetrischer Kooperation*:

"*w*(D)*as bedeutet, daß nicht mehr der Träger der Führung die ausschließliche Quelle der Intelligenz und der Steuerung ist, sondern dieser vielmehr auch vom Geführten beeinflußt wird.*" [O. Petrovic, 1993, S. 37]

Die Aufwertung, die der einzelne Mensch im Team erfährt, wirkt sich auch auf seine Einsatz- und Innovationsbereitschaft aus. Die Zusammenarbeit im Team stärkt das Vertrauen der Teammitglieder untereinander und die erhöhten Gestaltungsmöglichkeiten der Teammitglieder bilden die Grundlage für eigenständige Problemlösungen und Initiativen; Eigenschaften, die gerne *Unternehmern* zugeschrieben werden.

Wie diese Kennzeichen mit den Kriterien des rationalen Verhaltens übereinstimmen und differieren, soll unter Einbeziehung von Woodcock im folgenden untersucht werden [vgl. M. Woodcock, 1989, S. 84 und S. 43, S. 86, S. 92]:

1. Ablehnung absoluter Wahrheitsansprüche:

Ein Weg zu effektiver Teamarbeit führt über die Frage "Warum?", die solange gestellt werden soll, bis eine zufriedenstellende Antwort erhalten wurde. Dabei ist auch eine Diskussion über grundlegende Prinzipien wünschenswert. Das Kennzeichen "*Autorität durch Wissen*" statt "*Autorität durch Stellung*" und das hohe Ausmaß an *symmetrischer Kooperation* in teambasierten Organisationen spiegelt diesen Grundsatz wider.

2. und 3. Die Bedeutung von Offenheit und Kritik:

In der Teamarbeit ist es besonders wichtig, Informationen offenzulegen und Kritik zuzulassen. Für Woodcock sind diese beiden Komponenten die zwei Eckpfeiler von guter Teamarbeit [vgl. auch H.U. Kuhn, 1991, S. 88].

"Wenn ein Team effektiv sein soll, dann ist es notwendig, daß die Teammitglieder ihre Standpunkte, ihre unterschiedlichen Meinungen, Interessen und Probleme vertreten können, ohne die Gefahr, lächerlich gemacht zu werden oder mit Sanktionen rechnen zu müssen." [M. Woodcock, 1989, S. 86]

Es gibt Unternehmen, die für das Aufspüren von Problemen bzw. Chancen eigene Chancenteams einrichten [vgl. H. Schlicksupp, 1989, S. 15 f]. Die Aufgabe dieser Teams ist es, Kritik zu üben, erstarrte Strukturen zu hinterfragen und neue Entwicklungsmöglichkeiten aufzuzeigen bzw. Vorschläge anderer Mitarbeiter zu überprüfen, ob sie durchgeführt werden sollen oder nicht. Wenn ein Vorschlag abgelehnt wird, müssen die Gründe dafür gegenüber dem Vorschlagenden offengelegt und diskutiert werden.

Das Kennzeichen *"Führung durch Zielfokusierung und Koordination"* entspricht diesen Prinzipien insofern, als damit einerseits ein Falsifikationsrahmen vorgegeben wird [vgl. auch H.U. Kuhn, 1991, S. 27] und andererseits auch betont wird, daß die Problemlösungen nicht von oben vorgegeben werden, sondern die Teammitglieder die Probleme zusammen (mittels Diskussionen) lösen.

4. Die Wahl der optimalen Entscheidung (Die Frage der Motivation):

"Das ist vielleicht das wichtigste bei der Teamarbeit: Daß die Menschen die Ziele des Teams vor ihre eigenen Ziele stellen und die finanziellen und psychologischen Belohnungen ihrer Anstrengungen teilen." [M. Woodcock, 1989, S. 92]

Damit die Menschen bereit sind, im Team zusammenzuarbeiten, ist ein gutes Klima notwendig. Die Schaffung dieses Klimas ist die Aufgabe des Managements [vgl. Kapitel 7, Realisierung der Kriterien des rationalen Verhaltens und Kapitel 8].[42]

---

[42]Eine Entpersonalisierung des Problemlösungsprozesses auf dieser Ebene, so wie sie in Kapitel 9.2.2 als Möglichkeit entwickelt wird, ist bei Teamarbeit nur in Sonderfällen sinnvoll (Brainstorming, schlechtes Gruppenklima). Sie würde auch wichtige Gruppenphänomene wie

Die **Unterschiede** der Teamkonzeption zu den Kriterien des rationalen Verhaltens sind großteils unbedeutend. Es läßt sich nichts feststellen, was offensichtlich nicht kompatibel wäre. Dennoch ist festzuhalten, daß unterschiedliche Leitbilder im Vordergrund stehen: Offenheit, Transparenz und Kritik haben in der Teamliteratur nicht den Stellenwert, den sie aus der Sicht der Rationalität haben müßten. Folgendes Denkexperiment soll das verdeutlichen:

Auch "das Team" arbeitet nicht fehlerfrei. Wenn man das Team auf einen einzigen Mitarbeiter komprimieren und verdichten könnte, ergäbe sich folgendes Bild: das Team wäre im besten Fall ein brillanter Mitarbeiter: intelligent, reaktionsschnell, mit hohem Allgemeinwissen, parallelarbeitsfähig etc. Dennoch bestünde auch in diesem Fall die Möglichkeit, daß der Mitarbeiter Fehler macht. Die Notwendigkeit, die Entscheidungen eines Teams den Kriterien des rationalen Verhaltens zu unterwerfen, wäre hier also ebenso wie auf der individuellen Ebene gegeben. Diese Überlegung bedingt auch die Ablehnung des diskursrationalen Ansatzes:[43] **Konsens ist als Wahrheitskriterium unbrauchbar** [vgl. H. Albert, 1982, S. 36].

Die Begründung, warum Teamstrukturen notwendig sind, unterscheidet sich ebenfalls von den eher wissenschaftstheoretischen Begründungsversuchen, die in dieser Arbeit angestellt wurden [vgl. O. Petrovic, 1993, S. 29 ff; H.U. Kunz, 1991, S. 11 ff, 23 f bzw. erster Teil der Arbeit: Kapitel 2, 3 und 4].

Aus teamtheoretischer Sicht ließe sich vielleicht feststellen, daß die Erfüllung der Kriterien des rationalen Verhaltens zu einer Art Gruppenarbeit führt, die sich über die gesamte Organisation erstreckt. Es entstehen dabei virtuelle Teams, die sich selbstorganisierend um Problemgruppen bilden und diese gemeinsam bearbeiten können [vgl. Kapitel 8.4, 9.3 und Exkurs 2].

Teamgeist, Vorbildwirkung etc. reduzieren.
[43]Vgl. J. Habermas, Erkenntnis und Interesse, 1965, in: Habermas, 1968; K.-O. Apel, Transformation der Philosophie, Band II, S. 96 ff, Frankfurt, 1973.

Gegenüberstellung: Rationalität und vernetzte Teamorganisation		
	Rationalität	Teamorganisation
Parallelen:	Ausgangspunkte: Komplexität und Dynamik, Unsicherheit, Kompetenz der Mitarbeiter, Ersatz des Prinzips Autorität durch Position mit dem Prinzip Autorität durch Wissen	
	Existenz bzw. Akzeptanz eines gemeinsamen Falsifikationsrahmens (Zielvorgabe)	
	zentrale Bedeutung der Kommunikation - Diskussion	
Unterschiede: Ausgangsbasis	kritischer Rationalismus	keine allgemein akzeptierte Basis
Bedeutung von Offenheit, Transparenz, Kritik	zentral	wichtig aber nicht zentral
Umfang	alle Entscheidungsprozesse	nur ausgewählte Entscheidungsprozesse

Tabelle 12: Gegenüberstellung: Rationalität und vernetzte Teamorganisation

5.1.2 Rationalität und Kaizen

Kaizen (ständige Verbesserung) steht als Sammel- oder Überbegriff für viele japanische Managementtechniken. M. Imai sieht in Kaizen das ausschlaggebende Konzept eines guten Managements [vgl. M. Imai, 1992, S. 18]. Im wesentlichen geht es dabei um die Einführung eines prozeßorientierten Denkens und die Entwicklung von Strategien zur ständigen Verbesserung unter Einbeziehung von Mitarbeitern aller Hierarchieebenen [vgl. M. Imai, 1992, S. 24; D. Schneidewind, 1991, S. 85].

"Die Botschaft von Kaizen heißt, es soll kein Tag ohne irgendeine Verbesserung im Unternehmen vergehen." [M. Imai., 1992, S. 24]

A. Morita, Vorstandsvorsitzender bei Sony, sieht die wahre Aufgabe der Industrie beispielsweise im Verbessern vorhandener Erzeugnisse und der Schaffung neuer Produkte [vgl. A. Morita, 1986, S. 475].

Das **erste Kriterium des rationalen Verhaltens** lautet: Sei dir bewußt, daß es kein Wissen um absolute Wahrheiten gibt. Alles kann verbesserungsfähig sein. Kaizen entspricht dieser Forderung:

"Für alle Entscheidungen gilt in Japan, daß niemand im Besitz von immerwährenden, alleinseligmachenden oder gar allgemeingültigen Grundsätzen ist." [D. Schneidewind, 1991, S. 58]

"Kaizen geht von der Erkenntnis aus, daß es keinen Betrieb ohne Probleme gibt. Kaizen löst diese Probleme durch die Etablierung einer Unternehmenskultur, in der jeder ungestraft das Vorhandensein von Problemen eingestehen kann." [vgl. M. Imai, 1992, S. 18][44]

Dieses Prinzip, zusammen mit der Einsicht, daß jeder Mensch Fehler aufdecken oder Problemlösungen entwickeln kann, die vor ihm noch niemand entdeckt oder entwickelt hat, legt auch das Grundgerüst für die Kriterien des rationalen Verhaltens. *"Jeder hat nach meiner Auffassung kreative Fähigkeiten."* [A. Morita, 1986, S. 276]

Das **zweite Kriterium des rationalen Verhaltens** betrifft die Offenlegung. Alle Entscheidungsprozesse und die Gründe für die getroffenen Entscheidungen sollen offengelegt werden. Im Kaizen werden vorrangig zwei Instrumente verwendet, die der Offenheit und Transparenz dienen. Einerseits gibt es das Instrument der "durchgehenden Unternehmenspolitik" und andererseits die ständigen Bemühungen, viele Aktivitäten zu standardisieren. Es gibt hier aber keine klaren Grenzen zu den Instrumenten, die unter das dritte Kriterium des rationalen Verhaltens (Üben von Kritik) fallen.

1.   Die durchgehende Unternehmenspolitik [vgl. M. Imai, 1992, S. 180 ff]:

Bei der durchgehenden Unternehmenspolitik werden von den Eigentümern bzw. dem Top-Management allgemeine Ziele vorgegeben. Der Präsident einer Luftfahrtgesellschaft verkündet beispielsweise, daß sein Ziel darin bestehe, Sicherheit im gesamten Unternehmen zu gewährleisten. Das Prinzip der durchgehenden Unternehmenspolitik besteht nun darin, dieses Ziel für alle Unternehmensbereiche und alle Hierarchieebenen durchzudiskutieren und zu operationalisieren. Von der Kühlschranktemperatur und deren Überprüfung im Flugzeug (Sicherheit der Passagiere vor Krankheiten) bis zur Häufigkeit und Modus der

---

[44]Den Ursprung dieser Philosophie sieht Schneidewind im Konfuzianismus [vgl. D. Schneidewind, 1991, S. 8].

Triebwerkswartungen werden spezifische Maßnahmen, sogenannte Standards, beschlossen, die geeignet erscheinen, die Sicherheit zu erhöhen. Die Komplementarität zu den Kriterien der Rationalität ergibt sich aus den Möglichkeiten der Mitarbeiter, sich an der Festsetzung dieser Standards maßgeblich zu beteiligen. Der Manager diskutiert die Zielsetzungen und Maßnahmen

"sowohl mit seinen Vorgesetzten als auch seinen Mitarbeitern. ... Die durchgängige Unternehmenspolitik stellt einen revolutionären Durchbruch dar, weil sie Manager der unteren Ebenen einlädt, an der Festlegung von Zielen und bei deren Erreichen mitzuwirken." [M. Imai, 1992, S. 186] *"Es genügt in Japan nicht, einen Sachverhalt bekanntzugeben, sondern im kleinen Kreis wird das Vorgetragene hinterfragt, analysiert und oft in Frage gestellt. Erst wenn die Zusammenhänge bekannt sind und eine gewisse Plausibilität erkennbar wird, dann identifizieren sich Mitarbeiter mit einer Aufgabe."* [D. Schneidewind, 1990, S. 161]

Auf diesem Weg werden die allgemeinen Zielvorgaben in immer konkretere Maßnahmen umgewandelt. Die Ergebnisse dieser Diskussionen werden in Form von Standards festgehalten.[45]

2.   Die Standardisierung:

Die Kaizen-Strategie erfordert ein unaufhörliches Streben nach Verbesserung der bestehenden Standards.

"Für Kaizen sind Standards nur dazu da, um von besseren abgelöst zu werden. Jeder Standard, jede Spezifizierung und jedes Meßergebnis schreit geradezu nach ständiger Überprüfung und Verbesserung." [M. Imai, 1992, S. 102]

Ähnlich wie die Rationalisierung, die nicht jede Entscheidung umfaßt [vgl. 2.3], verlangt auch Kaizen nicht, jeden Schritt, jeden Entscheidungsprozeß zu standardisieren. *"Die entscheidenden Elemente wie Zykluszeit, Arbeitsablauf und Einstellen der Maschine müssen jedoch meßbar und standardisiert sein."* [op. cit., S. 102] Oft können diese Standards in einem Ein-Punkt-Standard zusammengefaßt werden.

---

[45]A. Morita beschreibt die Anfangsstufe der Entwicklung von Sony vom Kleinbetrieb zum Weltunternehmen folgendermaßen: *"Unser Betrieb war damals noch so klein, daß wir jedes einzelne Problem mit der gesamten Belegschaft diskutieren und von verschiedensten Ansätzen aus zufriedenstellend oder umfassend lösen konnten. Diese Atmosphäre der offenen Diskussion gehört meiner Meinung nach mit zu den Gründen für das bemerkenswert schnelle Wachstum unseres Unternehmens. Zu keiner Zeit haben wir Vorschläge und andere Ansichten zu unterdrücken versucht."* [zitiert nach A. Morita, 1986, S. 246; vgl. auch Kapitel 5.2]

Dieser Standard wird sichtbar am Arbeitsplatz angebracht. Wenn sich ein neuer Standard bewährt, wird er sehr oft von anderen Abteilungen oder sogar von Werkstätten übernommen. Standards stellen aber keine Form einer statischen, aufgezwungenen Fremdkontrolle jedes Handgriffs dar. Mit ihnen werden einzuhaltende Ziele definiert. Die Schritte, die gesetzt werden müssen, um das Ziel tatsächlich zu erreichen, bleiben in der Gestaltungsautonomie des Einzelnen oder des Teams. Prozeßinnovationen, die so zustande kommen, führen dazu, daß es einen Wettbewerb um die besten Standards gibt.

Bei der Erhaltung und Verbesserung der Standards gibt es eine differenzierte Aufgabenteilung [vgl. Abbildung 1]. Unter Erhaltung sind all jene Aktivitäten zu sehen, die der Aufrechterhaltung bestehender Standards dienen; zur Verbesserung führen all jene Aktivitäten, die der Optimierung dieser Standards dienen. Je höher ein Mensch in der Hierarchie des Unternehmens kommt, desto eher wird er sich mit der Verbesserung bestehender Standards oder der Einführung von neuen Standards auseinandersetzen. Die Erhaltung bestehender Standards ist dementsprechend von untergeordneter Bedeutung. Am unteren Ende der Hierarchie ist es genau umgekehrt.

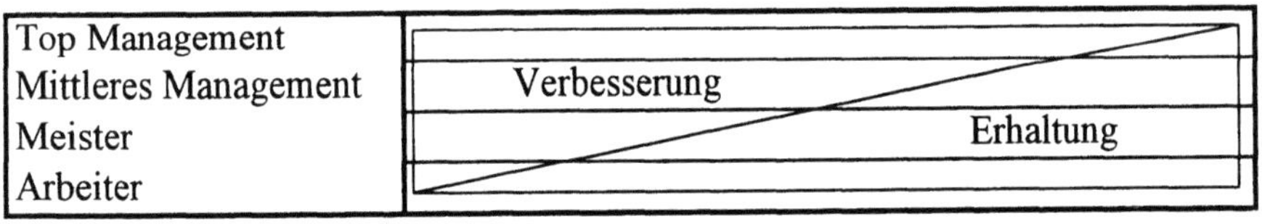

Top Management	
Mittleres Management	Verbesserung
Meister	Erhaltung
Arbeiter	

Abbildung 1: Japanische Auffassung von Aufgabenteilung
[M. Imai, 1993, S. 26]

Das **dritte Kriterium des rationalen Verhaltens** handelt von der Kritik. Jedermann soll die Chance haben, Fehler aufzudecken und zu eliminieren.

"Solange die Denkarbeit ausschließlich dem Management überlassen bleibt, kommt ein Unternehmen zu nichts. Jeder Mitarbeiter muß seinen Beitrag dazu leisten. Auch die Tätigkeit minder qualifizierter Arbeitnehmer darf sich nicht allein auf das rein Manuelle beschränken." Und *"**ich rate meinen Mitarbeitern immer, nicht allzuviel auf die Worte ihrer Vorgesetzten zu geben.**"* [vgl. A. Morita, 1986, S. 251 f]

Die Kaizen-Strategie inkludiert eine ganze Reihe von Instrumenten, die der Kritik, der Verbesserung dienen. Einige davon sollen hier kurz vorgestellt werden.

1. Die Kritikbasis

Um wirksame Kritik üben zu können, muß das Zielsystem bekannt sein. Japanische Unternehmen geben, je nach Branchè verschieden, als oberste Ziele Qualität, Produktivität, Kundennähe und Mitarbeiterzufriedenheit an. Alle Unternehmensaktivitäten laufen darauf hinaus, die Produktion des Unternehmens in Hinblick auf das Zielsystem zu optimieren. Soichiro Honda von Honda Motors folgert beispielsweise, daß es Ziel des Unternehmens sei, kontinuierlich bessere Produkte zu niedrigeren Preisen anzubieten.

Imai stellt fest [M. Imai, 1992, S. 148], daß japanische Manager jede Kritik berücksichtigen, wenn sie nur einem der folgenden Ziele dient:

- Erleichterung der Arbeit
- Abschaffung von Schwerarbeit
- Abschaffung von Mißständen
- Erhöhung der Arbeitssicherheit
- Erhöhung der Produktivität
- Verbesserung der Produktqualität
- Einsparung von Zeit und Kosten.

Diese Ziele stellen eine Art erweiterten Falsifikationsrahmen dar, der aus den obersten Unternehmensprinzipien abgeleitet wird.

2. Kaizen- Ecken und -Männer

"In einem typischen japanischen Werk ist in jedem Arbeitsbereich eine Ecke reserviert, in welcher dieser seine Aktivitäten darstellt, wie z.B. Anzahl der hier abgegebenen Verbesserungsvorschläge und erreichten Verbesserungen. Damit Mitarbeiter aus anderen Bereichen eine Idee aufgreifen können, werden hier oft auch Werkzeuge ausgestellt, die aufgrund von Vorschlägen verbessert werden können." [vgl. M. Imai, 1992, S. 128]

Bei Mitsubishi gibt es in jedem Werk "Kaizen-Männer". Das sind erfahrene Mitarbeiter, die für ein halbes Jahr freigestellt werden. Diese Zeit verbringen sie damit, im ganzen Werk nach Verbesserungsmöglichkeiten zu suchen. Nach Ablauf der sechs Monate nehmen sie ihre gewohnte Arbeit wieder auf.

3. Das Vorschlagswesen

Das Vorschlagswesen dient mehreren Zwecken. Es soll einerseits die Mitarbeiter problembewußter machen und konkrete Verbesserungen ermöglichen. Andererseits bietet es die Gelegenheit zum Gespräch mit Vorgesetzten und Kollegen. Dadurch wird die Zweiwegkommunikation verbessert und es ergeben sich Chancen zur Entwicklung der Mitarbeiter [vgl. M. Imai, 1992, S. 148]. Bei Hitachi werden pro Jahr und Mitarbeiter durchschnittlich 22 Vorschläge eingereicht [S. 141]. Bei Canon wurden 1983 390.000 Vorschläge eingereicht. Sie führten zu Kosteneinsparungen in Höhe von 84 Millionen $, die Ausgaben für das Vorschlagswesen betrugen 1 Million $ [S. 155]. Bei Nissan führten investierte 200 Millionen Yen zu Kosteneinsparungen von 1000 Millionen Yen [S. 138].

4. Kleingruppen[46]

"Kleingruppen sind informelle Gruppen von Freiwilligen, die sich mit speziellen Problemen des Arbeitsplatzes beschäftigen. Zu ihnen zählt man Qualitätszirkel, Null-Fehler Bewegungen, Lernstatt-Gruppen, Vorschlagszirkel, Teams, Produktivitätszirkel, Management by objectives, Gruppen und viele andere mehr." [M. Imai, 1992, S. 129]

Sie wurden ursprünglich eingerichtet, um den gegenseitigen Gedanken- und Erfahrungsaustausch zu ermöglichen. Aus diesen Kleingruppen kommen die beste Kritik und die nützlichsten Verbesserungsvorschläge.

Schneidewind unterscheidet einige Punkte, warum die Gruppe für Japaner von überragender Bedeutung sind. Der wichtigste Grund: *"Der Japaner gilt als egoschwach und identifiziert sich am liebsten mit einer Kleingruppe. Ein alleinstehender Japaner wird immer versuchen, sich einer Gruppe anzuschließen."* [D. Schneidewind, 1991, S. 74] Diese Haltung spiegelt sich auch in den Zielsystemen der Unternehmen wider: Die dominante Zielsetzung der Firmensatzungen ist der Dienst am Gemeinwesen. *"Das japanische Unternehmen ist in Wirklichkeit eine Gemeinschaft motivierter Menschen."* [vgl. K. Hasegawa, 1986, S. 1] Außerdem wird der Teamgeist durch das ständige Bestreben, bei den Kollegen in gutem Ansehen zu stehen, gefördert [D. Schneidewind, 1991, S. 9, 10, 30].

---

[46]Nach Schneidewind ist im Shinto-Kult die Ursache für die "Schicksalsgemeinschaft Nippon" zu suchen: Er fördert die Gruppenbildung und bildet(e) die Basis des engen Zusammengehörigkeitsgefühls der Japaner gegenüber allem Ausländischem [vgl. D. Schneidewind, 1991, S. 7].

5. Die Arbeitsüberprüfung (Policy Audit)

Üblicherweise werden in Japan in Unternehmen, die Total Quality Control (ein wesentlicher Bestandteil von Kaizen, der sich auf die Verbesserung von Qualität konzentriert) eingeführt haben, vom Präsidenten alle ein bis zwei Jahre in den Hauptabteilungen Policy Audits durchgeführt. Dabei wird durch alle Hierarchie-ebenen hindurch überprüft, ob die Ziele und die Standards eingehalten wurden. Alle Mitarbeiter müssen über ihre Ziele und Standards Bescheid wissen und über ihre Leistungen Rechenschaft ablegen. Stichprobenartig werden auch vom Top-Management Mitarbeiter überprüft. Wenn es Abweichungen (positive oder negative) von Standards gibt, wird versucht, die Ursachen festzustellen, um für das nächste Jahr besser planen zu können.

Das Hauptaugenmerk des **vierten Kriteriums des rationalen Verhaltens** ist auf die Sicherstellung gerichtet, daß die ersten drei Kriterien erfüllt werden.

Es gibt eine Menge von Faktoren, die ein Individuum dazu bewegen können, sich den Kriterien entsprechend zu verhalten.[47] Ein wichtiger Punkt dabei ist der Vorgesetzte, der die Erfüllung der Kriterien im allgemeinen oder eines Standards im besonderen überwacht. Diese Aufgabe der Manager wird natürlich auch von Imai[48] betont: Standards sollten *"für jedermann verbindlich sein; es ist die Aufgabe des Managements, dafür zu sorgen, daß alle Mitarbeiter in Übereinstimmung mit den bestehenden Standards arbeiten."* [vgl. M. Imai, 1992, S. 106]

Die Standardfestsetzung und die Aufrechterhaltung dieser Standards durch die Disziplin sind die wesentlichen Faktoren, ohne die Kaizen nicht erfolgreich sein wird. Eine zusätzliche Kontrolle wird durch die Policy Audits ausgeübt.

Zwei weitere Zitate sollen die **Ähnlichkeit** der Philosophie des fernöstlichen **Kaizen** mit der abendländischen Philosophie der **Rationalität** dokumentieren:

"Die Grundregeln der Boß-Mitarbeiter-Beziehungen verpflichten den japanischen Manager nicht, sich immerzu so zu verhalten, daß er seine Befehlsgewalt herauskehrt. Es wird nicht von ihm erwartet, daß er alle Sitzungen in brillanter Weise zusammen-faßt, daß er immer Herr jeder Situation ist oder daß er unaufhörlich seine Führer-schaft unter Beweis stellt. Im Gegenteil, er findet nichts dabei, seine Schwächen und

---

[47]Wichtige Motivationsfaktoren werden ausführlich im Kapitel 7.2.1 und in Kapitel 8.4 be-handelt.
[48]Vgl. M. Imai, 1992, S. 103.

charakteristischen Eigenheiten zu offenbaren. " [R. Pascale, A. G. Athos, The Art of Japanese Management, New York, S. 136, zitiert nach D. Schneidewind, 1990, S. 60]

Ein Problem, daß heute aufgrund der zunehmenden Komplexität und Dynamik der Umwelt [vgl. Kapitel 3.1.1.2] immer häufiger auftritt, ist, daß wohldurchdachte Entscheidungen durch "Zufälligkeiten" plötzlich zu falschen Entscheidungen werden.

"Der pragmatische japanische Manager weiß nun, daß die Zahl der "Zufälligkeiten" gegen unendlich strebt und er die Mitwirkung aller Mitarbeiter benötigt, um ihnen schnell und effektiv im Sinne eines autonomen Managements durch die jeweiligen Kleingruppen begegnen zu können." [D. Schneidewind, 1991, S. 95]

Auch Kaizen ist ein prozeßorientierter Weg, der nicht primär direkte Resultate zum Ziel hat [vgl. D. Schneidewind, 1991, S. 37]. Das japanische Managementverständnis entspricht teilweise dem der evolutiven Managementschule um Hans Ulrich et al. [vgl. D. Schneidewind, 1991, S. 96] womit auch der Bezug zur Selbstorganisation gegeben ist.

Die Kriterien des rationalen Verhaltens können als umfassendes Infragestellungs- und Verbesserungsprogramm verstanden werden. Insofern stimmen sie mit den Forderungen des Kaizen völlig überein.

Das im Abendland entwickelte Konzept der Rationalität führt zu sehr ähnlichen Ergebnissen wie das Konzept des Kaizen. Das belegt die These, daß der Erfolg der Japaner wahrscheinlich nur sehr wenig mit kulturellen Faktoren zu tun hat [vgl. auch M. Imai, 1992, S. 18].[49] Cortazzi stellt fest: Die Japaner haben keinesfalls irgendwelche Geheimrezepte, die niemand nachahmen könnte [vgl. H. Cortazzi, 1990, S. 281].

Imai nennt auch die **Probleme** und **Problemlösungen**, die bei der Einführung von Kaizen auftreten können [vgl. M. Imai, 1993, S. 146 ff, S. 200 ff, 242 ff]. Neben den Problemfeldern die schon unter 5.1.1.1 und 5.1.1.2 behandelt wurden, betont

---

[49]Haire, Ghiselli und Porter haben bspw. in einer empirischen Untersuchung des Verhaltens von Angehörigen verschiedener Berufsgruppen und Nationen zusammengefaßt: ein deutscher Manager ist in seinen Wervorstellungen und Verhaltensweisen einem japanischen Manager ähnlicher als einem deutschen Volksschullehrer [M. Haire, E. Ghiselli und L. Porter (1966): Managerial Thinking. An International Study. New York, London, Sydney, zitiert nach H. Albach, 1990, S. 15].

Imai, daß sich der Nutzen des Kaizens erst langsam, schrittweise einstellt: [vgl. M. Imai, 1993, S. 243, 246]

"Laut Kaoru Ishikawa dauert es ab Einführung der TQC (Total Quality Control) *drei bis fünf Jahre, bis es zu einer spürbaren Verbesserung der Leistungsfähigkeit kommt."*

"Yotaro Kobayashi, Präsident von Fuji-Xerox, ist der Meinung, daß es nicht schwierig sei, positive Ergebnisse innerhalb weniger Monate zu erreichen, ..."

Imai zieht daraus folgende Schlußfolgerung:

"Deshalb kann Kaizen nur unter einem Topmanagement erfolgen, dem die langfristige Gesundheit des Unternehmens am Herzen liegt."

Trotz der großen Ähnlichkeiten sind auch **Unterschiede** der beiden Konzepte feststellbar. Der auffälligste Unterschied besteht vielleicht im philosophischen Hintergrund. Während Kaizen auf dem fernöstlichen Gedankengut des Konfuzianismus aufbaut und die konkrete Ausgestaltung der Werkzeuge eng mit dem Shinto-Kult, dem Buddhismus und der Entstehungsgeschichte und Kultur Japans zusammenhängen, lassen sich die Kriterien des rationalen Verhaltens aus dem abendländischen Rationalitätskonzept ableiten.

Kaizen ist aber keine notwendige Entwicklung, die aus dem kulturellen Erbe Japans entstehen mußte [vgl. M. Imai, 1993, S. 271]. Das zeigt sich unter anderem darin, daß Kaizen hauptsächlich in (privaten) Wirtschaftsunternehmen in Japan verbreitet ist. Insbesondere das politische System Japans und die Verwaltung (MITI) unterliegen kaum den Forderungen nach Offenheit, Transparenz und Kritik [vgl. M. Imai, 1993, S. 223 f; T. Goto, 1991].

"An inch ahead is darkness in Japanese politics." [vgl. "The Economist", Sept. 10th 1994, S. 68]

Auch der japanische Kaiser, der seine Herkunft von den Göttern ableitet, konnte lange Zeit mit der bedingungslosen Verehrung seiner Untertanen rechnen. Die absolute Loyalität und der unbedingte Gehorsam, die in Japan als Tugenden angesehen werden, spiegeln sich auch im Senioritätsprinzip wider. Dieses Prinzip der Autorität durch Alter oder Erfahrung, soweit es sich auch im Kaizen wiederfindet [vgl. 7.3.1], erfüllt offenkundig nicht die Kriterien des rationalen Verhaltens, wobei es allerdings vorstellbar ist, daß - natürlich argumentations- und situationsabhängig - dieses Prinzip sich auch in einem rationalen Entscheidungsprozeß durchsetzen kann.

Gegenüberstellung: Rationalität und Kaizen		
	Rationalität	Kaizen
Parallelen:	Ausgangspunkte: Komplexität und Dynamik, Unsicherheit, Kompetenz der Mitarbeiter	
	Existenz bzw. Akzeptanz eines gemeinsamen Falsifikationsrahmens (Zielvorgabe)	
	zentrale Bedeutung der Kommunikation - Diskussion	
Unterschiede: Ausgangsbasis	kritischer Rationalismus	Konfuzianismus Shinto, Buddhismus
Bedeutung von Offenheit, Transparenz, Kritik	zentral	wichtig aber nicht zentral

Tabelle 13: Gegenüberstellung: Rationalität und Kaizen

Aus den vorhergehenden Kapiteln ergibt sich folgende These: Je näher ein Managementkonzept den Kriterien des rationalen Verhaltens kommt, desto erfolgreicher sollte es sein.

Anschließend an die Auseinandersetzung mit verschiedenen Managementkonzepten beschäftigt sich das nächste Kapitel mit einem Unternehmen, das die Kriterien des rationalen Verhaltens weitgehend zu erfüllen scheint.

5.2 Ein Beispiel aus der Unternehmenspraxis

Die Unternehmensphilosophie und die Organisation von Semco [R. Semler, 1993; vgl. der "Standard", 22.10.1993, S. 13; der "Trend", 3/1993, S. 133-137], einem mittelständischen Unternehmen in Brasilien, weist Gemeinsamkeiten mit vielen Managementkonzepten auf: Selbstorganisation, Team- und Gruppenarbeit, direkte und indirekte Partizipation, japanisches Kaizen und Lean Management, um nur einige zu nennen. Gemeinsamkeiten sind insbesondere auch zu den Kriterien des rationalen Verhaltens zu finden. Die Übereinstimmungen sollen im folgenden aufgezeigt werden, wobei hier die These aufgestellt wird, daß der Erfolg der Maßnahmen, die bei Semco gesetzt wurden, damit zusammenhängt, daß sie die Kriterien des rationalen Verhaltens erfüllen.

Bis ins Jahr 1980 war Semco ein traditionelles Unternehmen im Maschinenbausektor mit einer straffen, pyramidenähnlichen Hierarchie und "Vorschriften für jede Kleinigkeit". In diesem Jahr übernahm R. Semler, der Sohn des Unternehmensgründers, der das Unternehmen bis dahin als Patriarch regiert hatte, das Unternehmen und transformierte es in den folgenden Jahren. Der autoritäre Status-quo bei der Übernahme war ihm zutiefst zuwider, er wollte ein ganz anderes Unternehmen:

"Drei Steinmetzen wurden gefragt, was für eine Arbeit sie verrichteten. Der erste sagte, er werde dafür bezahlt, Steine zu behauen. Der zweite erwiderte, er gestalte mit Hilfe einer besonderen Technik Steine auf eine ungewöhnliche Weise, und dann begann er seine handwerklichen Fähigkeiten vorzuführen. Der dritte Steinmetz lächelte nur und meinte: "Ich baue Kathedralen."." [R. Semler, 1993, S. 71]

R. Semler versuchte ein partizipatives, demokratisches Unternehmen aufzubauen mit dem Ziel *"daß Menschen am Morgen gern zur Arbeit gehen."* [S. 350] Im Jahr 1993 hatte sich bereits vieles in Richtung seiner Zielvorstellung geändert: *"Heutzutage aber setzen unsere Fabrikarbeiter zuweilen ihre eigenen Produktionsquoten fest und erfüllen sie sogar nach eigenen Arbeitsplänen, ohne vom Management dazu angetrieben werden zu müssen oder sich für Überstunden bezahlen zu lassen. Sie sind beteiligt an der Überarbeitung der Produkte, die sie herstellen und an der Formulierung der Marketingpläne. Ihre Bosse wiederum können unsere Unternehmenseinheiten mit außergewöhnlicher Freiheit leiten und Unternehmensstrategien beschließen, ohne daß man ihnen von oben hineinredet. Sie setzen sogar ihre eigenen Gehälter fest, ohne an bestimmte Bedingungen gebunden zu sein. Es weiß aber auch jeder, wie hoch sie sind, denn bei Semco werden alle Finanzdaten offengelegt. Unsere Arbeiter haben wirklich unbegrenzten Zugang zu unseren Büchern (und wir haben keine "doppelte" Buchführung). Und um zu zeigen, daß wir das auch ernst meinen, bieten wir bei Semco, zusammen mit den Gewerkschaften, die unsere Arbeiter vertreten, einen Kurs an, bei dem jeder - sogar die Boten und das Reinigungspersonal - lernen kann, wie man Bilanzen und Cash-Flow-Berichte liest"* [S. 15 f]

Die Unternehmensstabsebene mit Juristen, Finanz- und Marketingfachleuten wurde um 75% verkleinert. Die Abteilung für Qualitätskontrolle wurde abgeschafft. Zwölf Managementebenen wurden auf drei reduziert [vgl. S. 22]. Alle nicht unbedingt benötigten Einheiten wurden ausgegliedert und verselbständigt. Heute muß eine Abteilung Dienstleistungen nicht von einer anderen kaufen. Es steht ihr frei, sie auch außerhalb des Unternehmens zu erwerben [vgl. S. 22]. Alle sechs Monate werden die Manager von ihren Mitarbeitern bewertet, wobei die Ergebnisse öffentlich ausgehängt werden, sodaß sie jeder sehen kann [vgl. S. 208 ff].

Diese Maßnahmen spiegeln sich auch im betriebswirtschaftlichen Erfolg des Unternehmens wider: [vgl. S. 316]

"Unsere Mitarbeiter, die 1980 jeweils Waren im Wert von durchschnittlich 10 800 Dollar pro Jahr produzierten, kommen nun auf einen Warenwert von 92 000 Dollar pro Jahr (inflationsbereinigt!), und das ist viermal so hoch wie der nationale Durchschnitt." Die Produktivität stieg um das Sechseinhalbfache. In schlechten Jahren wurde ausgeglichen bilanziert. *"Das Absatzvolumen nahm von vier Millionen Dollar auf rund 20 Millionen Dollar pro Jahr zu, und das mit einem Drittel der Belegschaft. ... Ende 1992 hatten wir für sechs Monate Betriebskapital in der Kasse, ohne einen einzigen fälligen Bankkredit."*

Die Umwandlung von Semco und ihr Resultat wird im Buch von R. Semler (Das Semco System) beschrieben, das das Leben des Unternehmenseigentümers und die Geschichte seines Unternehmens Semco schildert. Wie die Erfahrungen und Erkenntnisse von Semler und seinen Mitarbeitern mit den Kriterien des rationalen Verhaltens korrespondieren, soll im folgenden veranschaulicht werden.[50]

Das erste Kriterium: Ablehnung absoluter Wahrheitsansprüche

"Bei Semco gibt es keine absoluten Wahrheiten, noch sind wir darauf aus, daß jeder auf die gleiche Weise wie andere verfährt." [R. Semler, 1993, S. 125]

Als Konsequenz daraus wurden die Betriebshandbücher ("Richtlinien-Bibeln") abgeschafft und Mitarbeiter angewiesen, sich bei allem, was sie taten, auf den gesunden Menschenverstand zu verlassen [vgl. S. 18].

Der sogenannte "Hepatitis-Urlaub" ermöglicht Mitarbeitern nachzudenken, neue Fertigkeiten zu erwerben oder einfach neue Kräfte zu tanken. Er dient der Infragestellung von Altbewährtem und der Verbesserung [vgl. S. 197, S. 364].

Es gibt auch Leute bei Semco, die nur wenig von der Unternehmensphilosophie halten. Sie stellen ein kritisches Reservoir dar und werden nicht aus dem Unternehmen gedrängt [vgl. S. 205].

---

[50]Die einwandfreie Zuordnung der einzelnen Punkte zu den Kriterien ist in diesem Fall besonders schwierig, stellt aber nur ein untergeordnetes, begriffliches Problem dar.

Das zweite und das dritte Kriterium: Offenheit und Kritik

Bei Semco gibt es eine Politik der absoluten Offenheit und Aufrichtigkeit [vgl. S. 169 auch Argumente pro und contra, S. 204].

"Wichtig sind für uns Offenheit, Vertrauen in unsere Mitarbeiter und Mißtrauen gegenüber allen Dogmen." [S. 349]

Zum Stichwort Offenheit und Transparenz schreibt Semler:

"Wir veröffentlichen praktisch alle Informationen über das Unternehmen - von den Gehältern bis zu den Strategien, von den Produktivitätsstatistiken bis zu den Gewinnspannen. Wir veranstalten auch Kurse für unsere Arbeiter, in denen wir ihnen beibringen, wie man Finanzdokumente wie Bilanzen und Gewinn- und Verlustrechnungen liest. Unsere Mitarbeiter können unsere Manager über jeden Aspekt unseres Unternehmens befragen und mit den Medien sprechen, ohne Angst vor einem Nachspiel haben zu müssen." [S. 366]

Die Mitarbeiter können auch an ihren Vorgesetzten Kritik üben. Mit Hilfe eines Fragebogens, werden die Manager von ihren "Untergebenen" alle sechs Monate beurteilt. Die Resultate werden veröffentlicht und wenn eine bestimmte Punkteanzahl nicht erreicht wird, gerät der betreffende Manager unter Veränderungsdruck.

"Diese Mitarbeiter-Zensuren bauen auf eine der größten Stärken von Semco: unsere Transparenz. In unserem Unternehmen können die Leute immer sagen, was sie auf dem Herzen haben, sogar gegenüber ihren Bossen. Es gehört einfach zu unserer Unternehmenskultur, daß jeder bereit ist, zuzuhören, und zugibt, wenn er sich irrt." [S. 211]

Eine besondere Einrichtung, die dem Prinzip Kritik entspricht, sind die Werkskomitees. Werkskomitees bekommen bei Semco alle gewünschten Informationen - soweit sie verfügbar sind - und können alles in Frage stellen.

"In jedem Unternehmensbereich von Semco wählen bestimmte Gruppen von Mitarbeitern - Maschinisten, Büropersonal, Wartungskräfte, Lagerarbeiter, technische Zeichner und alle sonstigen Mitarbeiter außer den Managern - ihre Repräsentanten in Komitees. (Auch die Gewerkschaft ist darin vertreten.) Diese Komitees setzen sich regelmäßig mit den Topmanagern in jedem Unternehmensbereich zusammen und besprechen mit ihnen sämtliche Arbeitsplatzprobleme oder unternehmenspolitischen

Fragen. Sie sind befugt, Streiks auszurufen, die Bücher zu prüfen und alle Aspekte des Managements in Frage zu stellen." [S. 366]

In schwierigen Zeiten senken die Werkskomitees sogar die Löhne oder verlängern die Arbeitszeit [vgl. S. 105].

Die Vereinfachung, wo immer sie möglich ist, ist ein weiteres Prinzip der Unternehmensphilosophie, das der Offenheit und Kritik entgegenkommt. Nachdem man bei Semco keinen Erfolg mit komplexen Systemen (Datenverarbeitungsanlagen) hatte, weil auch sie die Komplexität nicht in den Griff bekommen konnten, entschied man sich, alles zu vereinfachen [vgl. S. 149]. Dazu gehörte auch die Teilung der Unternehmenseinheiten, sobald sie eine gewisse Größe (150 Menschen) überschritten. Ein weiteres Element dieser Politik ist die radikale Reduktion der Aktenberge [vgl. 176 ff] und die Auflösung aller Stellen für Sekretärinnen und Empfangsdamen [vgl. 178 ff.].

Das Arbeitsplatz-Rotationsprogramm bei Semco entspricht den Prinzipien Offenheit und Kritik. Zwischen 20 und 25% der Manager wechseln jedes Jahr ihren Arbeitsplatz. Das verhindert den Aufbau von Machtbereichen, wirkt der Verkrustung entgegen und verschafft den Leuten einen weiteren Horizont [vgl. 193 ff].

Ein letztes Mosaiksteinchen, das hier erwähnt werden soll, ist das "Management durch Herumwandern". Es dient dem ziellosen Aufnehmen von Informationen, wobei man Probleme in der Fabrik oder Verwaltung lösen kann [vgl. S. 94].

Ganz allgemein, die Diskussion und der Dialog sind bei Semco von überragender Bedeutung [vgl. S. 132].

Das vierte Kriterium: Die Wahl der optimalen Entscheidung - oder - die Frage der Kontrolle.

Die Problematik der Kontrolle ist schon in der Frage der Kritikmöglichkeiten enthalten. Ist nämlich die Transparenz gewährleistet und gibt es die erforderlichen Möglichkeiten, Kritik zu üben, folgt daraus unter bestimmten Voraussetzungen [vgl. Kapitel 8.3] mit fast zwingender Notwendigkeit die Wahl der optimalen Entscheidung.

Dazu ein Beispiel:

Bei Semco können das Top- und das Middle- Management ihre Gehälter selbst festsetzen. Was passiert, wenn sie zuviel verlangen? Jede Unternehmenseinheit ist bei Semco autonom. Es besteht kein Zwang, eine bestimmte Leistung von einer bestimmten Unternehmenseinheit zu kaufen - es kann auch auf die Konkurrenz zurückgegriffen werden, wenn bei ihr die Konditionen günstiger sind. Würde eine Unternehmenseinheit ihren Mitarbeitern zuviel zahlen, wäre sie nicht mehr konkurrenzfähig und würde daher aufgelöst. Die Bewertung der Vorgesetzten durch ihre Mitarbeiter, die Veröffentlichung des Gehaltes und die Macht der Werkskomitees trägt ihr übriges dazu bei, daß nur in sechs Fällen selbstbestimmte Gehälter Abweichungen von den erwarteten Werten aufwiesen, wobei in fünf Fällen die Gehälter niedriger angesetzt waren als erwartet worden war [vgl. S. 247 f].

Der **wichtigste Unterschied** der Maßnahmen, die bei Semco getroffen wurden, zu den Kriterien des rationalen Verhaltens liegt darin begründet, daß repräsentative Werkskomitees bei Semco eine zentrale Rolle spielen [vgl. auch 8.5]. Die Kriterien des rationalen Verhaltens bedingen im Idealfall allerdings direkte Strukturen, keine indirekten [vgl. Kapitel 9]. In Exkurs 2 wird abschließend argumentiert, daß mit den heute vorhandenen Informations- und Kommunikationsmitteln die Voraussetzungen gegeben sind, direktere Verfahren erfolgreich zu nutzen. Sie erlauben jedem Individuum, ein eigenes "Werkskomitee" zu bilden oder gemeinsam mit anderen „virtuelle Werkteams" einzurichten.

6   Kritik an den Kriterien des rationalen Verhaltens - Ergebnisse einer explorativen Befragung

Zur Abrundung der Analysen in Kapitel 5 und um zusätzlich Kritik zu erhalten wurden ausgewählte Führungspersönlichkeiten interviewt. Auch ihre Kritik - aus der Sicht der Unternehmenspraxis - soll bei der Beurteilung möglicher Realisierungsprobleme und Problemlösungen einfließen. In Kapitel 7 wird die Analyse schließlich abgeschlossen. Dabei wird aufgezeigt, welche Maßnahmen zu treffen sind, um die Problemfelder, die in Kapitel 5 und 6 aufgezeigt wurden, zu lösen. Zwei Fallstudien und Beispiele belegen die Tauglichkeit dieser Maßnahmen [vgl. 7.3].

6.1   Ziel der Untersuchung

Das Ziel der Interviews war, ganz im Sinne der Kriterien des rationalen Verhaltens, Kritik an der vorliegenden Arbeit. In kurzer Form wurden den Interviewpartnern die Kriterien vorgestellt und es wurde gebeten, Problemfelder aufzuzeigen, die bei der Umsetzung der Kriterien in der Unternehmenspraxis zu erwarten sind bzw. wären. Dabei wurden vom Interviewer alle Anstrengungen unternommen, möglichst viel gehaltvolle Kritik zu bekommen. **Das Ziel war also, Anregungen, Denkanstöße und Kritik zu erhalten, um die vorliegende Arbeit zu verbessern.** Die Ergebnisse dieser Diskussionen werden im folgenden zusammengefaßt und analysiert.

6.2   Profil der Befragten und Untersuchungsmethode

Interviewpartner waren sieben ausgesuchte, erfahrene Persönlichkeiten, die alle leitende Führungsfunktionen wahrnehmen [vgl. dazu die Namensliste am Ende des Kapitels]. Sie sind den Umgang mit Menschen gewohnt und müssen Entscheidungen treffen, denen hohe Unsicherheit anhaftet. Aufgrund der kleinen Anzahl der Befragten und der bewußten Wahl der Interviewpartner ist nicht damit zu rechnen, daß die Ergebnisse der Diskussionen, die Meinungen, die von den Interviewpartnern geäußert wurden, repräsentativ sind. Es war aber auch nicht das Ziel der Befragungen, bestimmte Merkmalsverteilungen festzustellen. Deshalb wurde auch nicht mit geschlossenen, vorgegebenen Fragen operiert. Die Interviews glichen eher offenen Diskussionen, deren Rahmen von sieben offenen Fragen gebildet wurde. Die Interviews dauerten zwischen 40 und 75 Minuten.

Folgende Fragen bildeten den Interviewleitfaden:

1. Gibt es Ihrer Meinung nach allgemeine Kriterien von guten Entscheidungsprozessen?

2. Was tun Sie bzw. Ihre Mitarbeiter, um die Einhaltung der Kriterien sicherzustellen?

3. Theoretisch kommt man zu optimalen Entscheidungen, wenn man folgende Normen der Rationalität berücksichtigt:

a) Es gibt keine absoluten Wahrheitsansprüche - jeder kann sich irren.
b) Alle Entscheidungsprozesse sind offenzulegen, die Entscheidungsgrundlagen (Tatsachen und Normen (Werte)) sind vor jeder Entscheidung anzugeben.
c) Entscheidungen sollen vor ihrer Umsetzung kritisiert werden - eine Entscheidung ist um so besser, je mehr (berechtigte) Kritik an ihr geübt wurde.
d) Es ist sicherzustellen, daß die Entscheidung gefällt wird, die sich aus den Entscheidungsgrundlagen und der Kritik ergibt.

4. Was halten Sie von diesem Vorgehen und wo sehen Sie Probleme bei der praktischen Umsetzung?

5. Kennen Sie jemanden, der diese Punkte nicht berücksichtigt hat? Warum nicht? Eigene Entscheidungen? (Einstellung neuer Mitarbeiter, Investitionsprojekte, Umstrukturierungen, Veränderungen allgemein)

6. Wie schätzen Sie diesbezüglich die österreichischen Entscheidungsträger ein?

7. Was beabsichtigen Sie in Zukunft zu tun, um sich und Ihre Mitarbeiter zu noch besseren Entscheidungen zu führen?

6.3 Analyse der Ergebnisse

Zur 1. Frage:

Alle Interviewten behaupteten, daß es Kriterien für gute Entscheidungsprozesse gebe. Wenn die Meinungen über diese Kriterien auch auseinandergingen, so ist es doch bemerkenswert, daß kein einziger behauptete, daß es beim Treffen von wichtigen Entscheidungen ausreichend wäre, sich auf Gefühle oder die Erfahrung zu verlassen. Einer der Befragten gab allerdings an, daß Entscheiden etwas sei, was man entweder könne oder nicht. Dabei spiele seiner Meinung nach Erfahrung, Wissen, aber auch eine von ihm nicht näher spezifizierbare "Fähigkeit", Entscheidungen zu treffen, eine Rolle.

"Entscheidungsfähigkeit ist eine nicht erlernbare Eigenschaft."

Alle führten an, daß es wichtig sei, sich mit anderen zu beraten und zu diskutieren. Ein Interviewpartner meinte aber:

"Meine Tochter hat zu mir gesagt: "Papa, du bist ein Tyrann!" Ich habe geantwortet: "Ja, richtig, und deshalb machst du auch genau das, was ich sage.""

Die übrigen Interviewpartner ließen nicht erkennen, daß sie diese Meinung teilten, aber sie waren sich nicht einig bzw. sie konnten nicht angeben, was eine gute Entscheidung ausmache.

"Es gibt zweifellos Kriterien für gute Entscheidungen, auch wenn sie nicht explizit formuliert werden. - Jeder hat sich an diese Kriterien zu halten."

Zur 2. Frage:

Generell sah keiner der Interviewten besondere Probleme bei der Sicherstellung, daß die jeweils unter 1. genannten Kriterien von ihm selbst oder seinen Mitarbeitern eingehalten würden. Auf Maßnahmen, die angebracht wären, wenn sich ein Mitarbeiter nicht an die Kriterien hielte, wurden z.B. Kündigung oder Disziplinarverfahren genannt.

Zur 3. Frage:

Die Reaktionen auf die Frage 3 waren überwiegend sehr positiv. Die Äußerungen variierten von *"Genau so sollte es sein!"*, *"Dem habe ich nichts hinzuzufügen."* bis zu leicht negativen *"Das klingt ja recht gut."* Das positive Echo überraschte besonders deshalb, weil die Befragten bei Frage 1 eigene Ideen für gute Entscheidungen entwickelt hatten und diese Ideen dann, mit den - wie betont wurde - theoretischen Überlegungen konfrontiert wurden. Die Akzeptanz der Kriterien des rationalen Verhaltens hängt wahrscheinlich auch damit zusammen, daß sie in keinem Fall in auffälligem Widerspruch zu den von den Befragten entwickelten Ideen stehen. Statt ihre eigenen Ideen zu verteidigen, waren die Interviewpartner daher gerne bereit, die Kriterien des rationalen Verhaltens als Ergänzung, Präzisierung oder Zusammenfassung ihrer eigenen Ideen zu akzeptieren.[51]

Zur 4. Frage:

Die Frage nach möglichen Problemfeldern bei der Realisierung der Kriterien war die Kernfrage der Interviews. Tatsächlich wurden auch Problembereiche berührt, die der Autor, trotz intensiver Beschäftigung mit der Materie, nicht so berücksichtigt hatte, wie sie seiner Meinung nach - ex post - eigentlich zu berücksichtigen gewesen wären. Die notwendigen Änderungen und Ergänzungen wurden im Anschluß an die Befragungen in die Arbeit aufgenommen. Die in den Klammern angeführten Kapitel geben den Teil der Arbeit wider, der das aufgezeigte Problem behandelt.

"Manche Mitarbeiter wollen keine Verantwortung übernehmen; sie züchten sich ihren autoritären Vorgesetzten." [vgl. 7.2 und 8.4]

"Es gibt auch irrationale Unternehmungen, wie Kirche und auch Mafia, die großen Erfolg haben, gerade weil sie irrational sind. Darüber hinaus gibt es einen Megatrend in der Gesellschaft zu mehr Irrationalität. Gefühle und Stimmungen werden immer wichtiger." [vgl. 4.3 und 10]

"Es gibt Probleme, wenn sich ein Universitätsprofessor etwas von einem Herrn X oder Y sagen lassen muß. Es kommt zu Reibungsverlusten. Machtverschiebungen müssen erst verkraftet werden." [vgl. 7.3.2, 8.4] Der Entscheidungsprozeß wird verlangsamt, dafür werden die Entscheidungen aber substantiell besser.

"Man braucht die entsprechenden Promotoren, um so ein Konzept auch um- und durchsetzen zu können. Oft gibt es das Problem, daß Sachbearbeiter mit ihren erarbeiteten und aufbereiteten Informationen die Entscheidung des eigentlichen Entscheidungsträgers vorwegnehmen. Die Gefahr, die dabei entsteht, ist, daß der Entscheidungsträger - unter dem Motto: jetzt erst recht - anders entscheidet. Hier müßte man den Rechtfertigungsdruck erhöhen." [vgl. 8.4, 10]

---

[51]Zur Frage inwieweit die soziale Wünschbarkeit der Kriterien eine Rolle gespielt haben könnte vgl. K. Holm., 1975, S. 66 ff und A. Kirschhofer-Bozenhardt und G. Kapilitza in K. Holm (Hrsg.), 1975, S. 108, Beispiel 5; Zu einer eventuell in Frage kommenden "Ja-Sage-Tendenz", vgl. K. Holm, 1975, S. 88 ff.

"Grundsätzlich besteht das Problem, daß man es immer mit gefilterten Informationen zu tun hat." [vgl. Kapitel 2.1.3, 3.1.1.1 und 9]

"Der Erfolg der Vergangenheit macht die etablierten Unternehmen konservativ." [vgl. 10] Die Konfliktfähigkeit muß oft erst gelernt werden [vgl. 7.2] und es ergeben sich besondere Anforderungen an den Kommunikationsprozeß [vgl. 9.3].

"Bei uns steht am Tisch eine Karte mit zwei Regeln:
1. Regel: Der Chef hat immer recht.
2. Regel: Wenn der Chef nicht recht hat, tritt automatisch Regel 1 in Kraft." [vgl. 2.3, 4 und 10]

"Egoismen und Machtmonopole machen die Kriterien praxisfern." [vgl. 5, 7.3]

"Niemand will den Erfolg, den er mit einer Entscheidung hat, mit anderen teilen müssen." [vgl. 8.4]

"Bei Entscheidungen spielt zu 70% Unsicherheit mit. Was die anderen wissen, ist mir egal." [vgl. 4]

"Niemand traut sich, den Vorstandsvorsitzenden zu kritisieren." [vgl. 8.2 und 9.2.2].

"Die Mitarbeiter brauchen eine Stange im Nebel, eine Stütze, weil sie nicht krisensicher sind." [vgl. 7.2]

"Ich bekomme alle Informationen, die ich brauche." [vgl. Einleitung zum 1. Teil der Arbeit, 2.3 und 4.4.2]

Zur 5. Frage:

Bei der Frage nach der Berücksichtigung der Kriterien bei den eigenen Entscheidungen herrschten geteilte Ansichten. Keiner der Befragten gab aber zu erkennen, daß er seine Entscheidungen in der folgenden, idealtypischen Form diskutierte:

"Ich glaube, daß es richtig ist, wenn ich unter folgenden Rahmenbedingungen Entscheidung X treffe - Bitte falsifiziert meine Annahmen."

Vielmehr wurde auf folgendes verwiesen:

1. Der Diskussionsablauf - besonders bei Entscheidungen im privaten Bereich - gestaltet sich indirekter. Andeutungen werden gemacht, Entscheidungen nicht als eigene Entscheidung, sondern als die eines dritten geschildert usw. Auch die Reaktionen der Gesprächspartner erfolgen oft nicht explizit. Die Mimik spiegelt bspw. manchmal bestimmte Einstellungen wider, ehe Gedanken noch ausformuliert werden.

2. Andere Entscheidungen werden bewußt ohne Diskussion gefällt. Neben dem Ausüben von Macht spielt das Wissen die Rolle, daß man selbst mit der eigenen Entscheidung leben muß und deshalb mögliche Ratschläge störend wirken, wenn sich herausstellt, daß die Entscheidung falsch war. Auch Bequemlichkeit, ein Mangel an Zeit oder an geeigneten Gesprächspartnern, Angst vor Kritik etc. kann sich negativ auf die Bereitschaft zu Diskussionen auswirken [vgl. 4.4.2].

Es gibt einen offensichtlichen Widerspruch zwischen der Bereitschaft, eigene Entscheidungen den Kriterien des rationalen Verhaltens zu unterwerfen und dem Wunsch, die Entscheidungen der anderen (speziell derer, die die Macht ausüben) mögen diesen Kriterien unterworfen sein [Zu einem Lösungsvorschlag vgl. 8.4].

Private Entscheidungen, das sind Entscheidungen, die überwiegend den Entscheidenden betreffen und sonst niemanden, können, müssen aber nicht den Kriterien des rationalen Verhaltens unterworfen werden - oft kann es sehr gute Gründe geben, Entscheidungen nicht offenzulegen [vgl. 2.3]. Entscheidungen, die aber auch andere Menschen maßgeblich berühren, sind, vom ethischen, moralischen und auch vom wirtschaftlichen, eigennützigen Standpunkt [vgl. den Kostenbegriff in 2.1.4, Kapitel 4 und 8.4] den Forderungen zu unterwerfen [Ausnahmen: Kapitel 2.3 und 9.1].

Zur 6. Frage:

Bei dieser Frage gingen die Meinungen auseinander. Einige waren sich sicher, daß die Kriterien in österreichischen Unternehmen und bei deren Entscheidungsträgern schon weitverbreitet und akzeptiert seien. Andere nahmen die Gegenposition ein. Sie verneinten die Praxistauglichkeit der Kriterien und versuchten, Gegenbeispiele aufzuzeigen.

Zur 7. Frage:

Die Mehrheit der Befragten war sich einig, daß die Informations- und Kommunikationstechnologie die Chancen für die Berücksichtigung der Kriterien (Siehe Frage 3) stark erhöhte. Sie sprachen von mehr Offenheit, besserer Informiertheit und erhöhtem Rechtfertigungsdruck; Faktoren, die ihrer Meinung nach zu besseren Entscheidungen beitragen würden. Einer der Befragten erzählte aber, daß er einmal aufgefordert worden sei, sich bei wichtigen Entscheidungen des Hilfsmittels Computer zu bedienen. Die Vorstellung, der "Computer" solle beim Treffen von wichtigen Entscheidungen eine Rolle spielen, war für ihn so realitätsfern und unpraktisch, daß er diese Geschichte wiederholte, wobei er dabei immer wieder sein Erstaunen über einen so unglaublichen Vorschlag ausdrückte.

Computer können und sollen [vgl. J. Weizenbaum, 1977] keine Entscheidungen treffen: sie kennen keine Unsicherheit und Unsicherheit ist eine notwendige Voraussetzung, damit überhaupt eine Entscheidungssituation gegeben ist [vgl. 1.4]. Ihre Bedeutung als Informations- und Kommunikationsmedien ist aber nicht zu unterschätzen [vgl. Exkurs 1 und 2].

6.4 Schlußfolgerungen

Die hier aufgezeigten Problemfelder sind umfangreich. Ganz sicher ist, daß ein erheblicher Aufwand getätigt werden muß, ehe die Kriterien des rationalen Verhaltens in einem Unternehmen, das sich bisher nicht an die Kriterien gehalten hat, erfüllt werden können. Die Aussagen der Entscheidungsträger, die unabhängig von den Überlegungen in Kapitel 5 getroffen wurden, bestätigen die Erkenntnisse des 5. Kapitels. Sie verweisen auf dieselben Problemfelder. Das legt die Vermutung nahe, daß diese Problemfelder tatsächlich gelöst werden müssen, wenn die Erfüllung der Kriterien des rationalen Verhaltens gelingen soll. Ob oder wie die Lösung dieser Problemfelder gelingen kann, wird insbesondere im nächsten Kapitel untersucht. Warum den meisten Unternehmen der Umstellungsprozeß aber schlußendlich doch gelingen sollte und gelingen muß, wird in Exkurs 1, Exkurs 2 und dem abschließenden Kapitel 10 zu klären versucht.

Folgenden Personen sei hiermit mein besonderer Dank ausgesprochen für ihre Bereitschaft, am Interview teilzunehmen:

Dr. Leopold Dorfer, Direktor der Wirtschaftskammer Steiermark und langjähriger Abgeordneter zum steirischen Landtag

o. Univ. Prof. Dr.Dr. h.c. mult. Herbert Kraus, Vorstand des Instituts für Betriebswirtschaftslehre der Öffentlichen Verwaltung und Verwaltungswirtschaft, Wissenschaftlicher Direktor der Österreichischen Akademie für Führungskräfte

Dipl. Ing. Ludwig Pfeiffer-Lissa, Generaldirektor der Maschinenfabrik Andritz AG

o. Univ. Prof. Dr. Wolf Rauch, Vorstand des Instituts für Informationswissenschaft

Dr. Ernst Mario Thonhauser, Leiter des internen Services Organisationsentwicklung und Controlling, Abteilung für Ausbildung und Projektmanagement der Wirtschaftskammer Steiermark

Dr. Erwin Zankel, stv. Chefredakteur der "Kleinen Zeitung"

Fr. Ilse Zankel, Public Relations Manager, Volksbank AG

7   Implementierung der Kriterien des rationalen Verhaltens

Nachdem wir gesehen haben, warum das rationale dem irrationalen Verhalten vorzuziehen ist, haben wir untersucht, ob sich diese Erkenntnisse auch in aktuellen Managementkonzepten und in der Unternehmenspraxis widerspiegeln. Die Analyse hat gezeigt, daß es große Übereinstimmungen gibt. Alle beschriebenen Konzepte führen zu einer Ablösung des Prinzips "Autorität kraft Stellung oder Position" durch das Prinzip "Autorität durch Wissen", was die Eigenverantwortlichkeit erhöht, Initiativen erlaubt, und die Bedeutung der Kommunikation unterstreicht. Forderungen nach Offenheit, Transparenz und Kritik sind mit den meisten Konzepten vereinbar. Vorhandene Parallelen erlauben es nun, die Probleme und Problemlösungen, die bei der Einführung der etablierten Managementkonzepte bzw. bei Semco auftraten, tendenziell auf die Kriterien des rationalen Verhaltens zu übertragen. Als zusätzliche, unabhängige Quelle der Kritik können die Überlegungen, die von Entscheidungsträgern gemacht wurden [vgl. Kapitel 6], genutzt werden.

Die Vorwegnahme von Problemfeldern und deren Lösungen ist deshalb von besonderer Wichtigkeit, weil dadurch die Kosten der Versuche, die Kriterien des rationalen Verhaltens zu erfüllen, minimiert werden können.

7.1   Die Problemfelder, die bei der Erfüllung der Kriterien des rationalen Verhaltens zu erwarten sind, lassen sich den Bereichen Wollen, Wissen und Können zuordnen. Sie betreffen die Motivation und die Rationalitätskompetenz der Menschen.

7.2   Die besten Voraussetzungen zur Steigerung der Motivation und der Rationalitätskompetenz der Menschen sind dann gegeben, wenn die Entscheidungsprozesse möglichst früh den Kriterien des rationalen Verhaltens entsprechend gestaltet werden.

7.3   Zwei Fallstudien, eine über das japanische Kaizen, die andere über das Unternehmen "Semco" und einige Untersuchungen belegen die These, daß die Probleme, die bei der Erfüllung der Kriterien bewältigt werden müssen, gelöst werden können.

7.1 Mögliche Problemfelder

Kißler unterscheidet zwischen zwei Konfliktebenen, die bei der Realisierung und Aufrechterhaltung von Partizipation auftreten können: [Modifiziert nach L. Kißler et al., 1991, S. 18 f; vgl. auch V. Teichert und H. Nutzinger, 1991, S. 56]

1. Die Ebene der Einführungsprobleme:

    *   Auf der Seite der Vorgesetzten: Kommt die Hierarchie ins Wanken?
    *   Auf Seiten des Betriebsrats: Kommt es zu Konkurrenz, zur Verdrängung?
    *   Auf der Seite der Arbeitnehmer: Wollen und können die Mitarbeiter den Kriterien des rationalen Verhaltens entsprechen?

2. Die Frage nach der Steigerung der Rationalitätskompetenz. Wie können die Kriterien des rationalen Verhaltens auf Dauer am Leben erhalten bleiben?

In diesen Punkten sind drei wesentliche Faktoren enthalten, die das Spektrum der möglichen Problemfelder abdecken. Die Menschen müssen über Wissen verfügen, sie benötigen Können, um dieses Wissen in Problemlösungsprozesse einzubringen und sie müssen motiviert sein, ihre Fähigkeiten auch einzusetzen. Zu diesem Ergebnis gelangt man auch, wenn man die Literatur über Selbstorganisation, über Partizipation und Teamarbeit oder über Kaizen studiert [vgl. Kapitel 5]. **Die drei Faktoren Wollen, Wissen und Können spielen immer die entscheidende Rolle,** ob es nun die Vorgesetzten, den Betriebsrat oder die Arbeitnehmer betrifft. Das sollte auch nicht weiter überraschen, weil die Frage, wie man die Kriterien des rationalen Verhaltens in einem Unternehmen erfolgreich implementieren kann, eben auch ein Problem darstellt, dessen optimale Lösung von der Bewältigung der Fehlerquellen Wollen, Wissen und Können abhängt [vgl. Kapitel 3]. Die Fehlerquellen und Problemfelder, die in Kapitel 5 und 6 aufgezeigt wurden, können diesen Faktoren zugeordnet werden.

7.2 Lösung der Implementierungsprobleme

7.2.1 Die Motivation der Menschen

Die **Motivation** der Mitarbeiter, ihr Wissen und ihr Können [vgl. Kapitel 3.1.1.3 Rationalitätskompetenz] auch tatsächlich einsetzten zu wollen, spielt bei der Erfüllung der Kriterien des rationalen Verhaltens eine gewichtige Rolle. Die Intensität, mit der ein Mensch sich einer Aufgabe widmet, bspw. sich den Kriterien des rationalen Verhaltens entsprechend verhält, hängt von seiner Einsatzbereitschaft, seiner Motivation [vgl. W. Staehle, 1991, S. 200 ff] ab. Motivation kann als aktivierende Verhaltensbereitschaft eines Individuums verstanden werden, das auf die Erreichung eines bestimmten Zieles abzielt (Wollen).

Probleme, die sich auf die Motivation eines Individuums negativ auswirken, äußern sich beispielsweise in Frustration, kognitiver Dissonanz, Streß und Unzufriedenheit. Mit Hilfe von Motivationstheorien wird versucht zu klären, warum es zu diesen Erscheinungen kommt und wie man sie verhindern kann. Zwei wichtige Arten von Motivationstheorien, auf die hier nicht näher eingegangen werden soll, sind die prozeßorientierten mit den Vertretern J.W. Atkinson, L.E. Porter und V.H. Vroom und inhaltliche Theorien von D. McGregor, F.H. Herzberg und A.H. Maslow [vgl. J.W. Atkinson, Einführung in die Motivationsforschung, 1975; V.H. Vroom, Work and Motivation, 1964; D. McGregor, The human side of enterprise, 1960; F.H. Herzberg, The managerial choice, 1982; A.H. Maslow, Motivation and personality, 1954].

Es gibt aber kein universelles, von Personen unabhängiges, gültiges Motivationsmodell, das kausal-instrumentell die Bedingungen der Motivation eines Individuums beschreiben könnte, obwohl der Nutzen (wahrscheinlich aber auch die Kosten)[52] eines solchen Modells enorm wäre. Ibuka Masaru (Gründer von Sony):

"Wenn sich Bedingungen schaffen ließen, die die Menschen mit unerschütterlichem Teamgeist (Wollen) erfüllen würden und ihnen gestatteten, ihre technologischen Fähigkeiten (Wissen, Können) ungehindert einzusetzen, dann könnte eine solche Unternehmensstruktur Nutzen und Zufriedenheit in bisher nicht gekanntem Ausmaß erzeugen." [A. Morita, 1986, S. 144]

Bisher ist es jedenfalls nicht gelungen, global gültige Bedingungen, die diesen Anforderungen genügen würden, zu formulieren. Was in Japan Erfolg haben kann, muß keineswegs zwangsläufig in Deutschland zum Erfolg führen und umgekehrt [vgl. M. Morishima, 1982, S. 201]. Die vorherrschenden Motivationsmuster sind von Kultur zu Kultur verschieden [vgl. E. Frank, 1990, S. 23].[53] Motivations-"Rezepte" gelten nicht universell, verhaltens- und kulturunabhängig. Es lassen

---

[52]Es kann sehr gefährlich sein, wenn Menschen einem Führer blind gehorchen oder eine "absolute Wahrheit" mit allen Mitteln verbreiten wollen [vgl. 2.1.5 das erste Kriterum der Rationalität und 2.2 die Diskussion über Irrationalität].

[53]Beispiele für Unterschiede in den Motivationsmustern zeigt bspw. Schneidewind auf [vgl. D. Schneidewind, 1991, S. 155 f].

sich lediglich Tendenzaussagen formulieren. Extrinsisch motivierbare Menschen sind bspw. eher auf Fremdkontrolle bzw. Fremdverstärkung angewiesen. Intrinsisch motivierbare Menschen werden dagegen von der Aufgabe an sich motiviert [vgl. L. Fischer, 1990, S. 141 f]. Der "Reifegrad" der Mitarbeiter [op. cit., S. 146], das Alter, die Ausbildung, der Charakter und die Lebensumstände, die wiederum in viele Faktoren gegliedert werden können, spielen ebenfalls eine Rolle.

Man kann auch versuchen, die Frage der Motivation auf wenige, allumfassende Faktoren, wie zum Beispiel Macht und Einfluß, zuzuspitzen [vgl. G. Wiswede, 1990]. Darunter leidet aber mitunter die Falsifizierbarkeit der Überlegungen.

Ab und zu gelingt es, das Problem der Motivation auf eine andere Ebene zu bringen: Morita hat die Erfahrung gemacht, daß Geld allein nicht motiviert. Das Gefühl der Zusammengehörigkeit und das Wissen, geachtet zu werden, motivieren seiner Meinung nach viel stärker. Diese Aussagen gelten laut Morita weltweit und kulturunabhängig [vgl. A. Morita, 1986, S. 232 f]. Aber auch Achtung und Zusammengehörigkeitsgefühl sind nicht programmierbar. Verschiedene Menschen reagieren unvorhersehbar verschieden auf idente Reize.

Um die Frage nach der Motivierbarkeit dennoch klären zu können, bedient man sich des situativen Ansatzes: Die Motivationsfaktoren sind situationsabhängig, subjektbezogen zu gestalten. Die Verantwortung dafür trägt der Manager. Er, der seine Mitarbeiter gut kennt, muß dafür Sorge tragen, daß diese motiviert sind. Schneidewind beschreibt die Aufgaben des Managers:

"Es gilt für das Management, ein Klima zu schaffen, in dem entsprechende Prozesse gedeihen; bei der wachsenden Komplexität des betrieblichen Geschehens läuft die Attitüde des alles wissenden Chefs ins Leere. Als Koordinator, Vernetzer und Anreger hingegen wachsen die Ansprüche an ihn." [D. Schneidewind, 1990, S. 198]

Trotz aller Relativierungen läßt sich noch eine weitere Voraussetzung für die Mitarbeitermotivation angeben, die weitgehend subjektunabhängig und daher allgemeingültig ist. **Ein funktionierendes Informations- und Kommunikationssystem kann als zentraler Baustein der Mitarbeitermotivation bezeichnet werden** [vgl. H. Volk, 1986, S. 85].

Damit ist auch in diesem Bereich die Verbindung zu den Kriterien der Rationalität hergestellt. Diese Kriterien zielen ja auf ein funktionierendes Informations- und Kommunikationssystem ab: Der Zugang zu möglichst vielen Informationen und die Möglichkeit, entscheidungsrelevante Kritik zu üben, sind dabei wesentlich [vgl. Kapitel 9 und Exkurs 2].

Folgende Argumente sollen diesen Zusammenhang illustrieren. Überlegungen bezüglich der Motivierbarkeit der Mitarbeiter lassen sich bspw. in drei Kategorien unterteilen:

1. Entscheidungen und Maßnahmen, die erklärterweise die Motivation steigern sollen (Bsp. Prämien).

2. Sonstige Entscheidungen und Maßnahmen, die mit der Motivationsfrage anscheinend nichts zu tun haben, hinter denen aber die Hypothese steht, daß sie die Motivation jedenfalls nicht wesentlich verringern (Bsp. reservierte Parkplätze für die Unternehmensführung).

3. Entscheidungen und Maßnahmen, die die Motivation signifikant verringern.

Funktioniert das Informations- und Kommunikationssystem, (werden die Konsequenzen aus den Kriterien des rationalen Verhaltens berücksichtigt [vgl. Kapitel 9.3]) kann von den Betroffenen in den Motivationsapparat eingegriffen werden. Im Dialog mit den Verantwortlichen können sie selbst die sie beeinflussenden (De)Motivationsfaktoren ausgestalten und verändern.[54] Ihr Einfluß erstreckt sich dabei auf alle Entscheidungsprozesse, vom Führungsstil des Vorgesetzen bis zur eigenen Arbeitsstruktur. Diese Vorgangsweise ermöglicht eine sehr flexible, präzise und effektive Selbststeuerung des Verhaltens. Sie ist aus der Sicht der Rationalität die beste Methode, aber ebensowenig wie alle anderen Methoden mit einer "Motivationsgarantie" verbunden [vgl. Kapitel 4.4.2].[55]

Neben der Bedeutung situationsabhängiger Faktoren und der Wichtigkeit der Erfüllung der Kriterien des rationalen Verhaltens läßt sich nur wenig allgemeingültiges über Voraussetzungen erfolgreicher Mitarbeitermotivation sagen. Ein Zitat von C. Steinle möge diese These belegen:

"Die Implementierung partizipativer Führungsmodelle ist eine geplante, langfristig angelegte und kontinuierlich verfolgte Strategie zur systematischen Änderung traditio-

---

[54]Es ist anzunehmen, daß viele Menschen motivierbar sind, die auf sie wirkenden Motivationsfaktoren zu diskutieren und so zu verändern, daß ihre Motivation steigt. Kißler et al. stellen beispielsweise unabhängig vom betriebsspezifischen Verfahren eine latente Partizipationsbereitschaft fest [vgl. L. Kißler et al., 1991, S. 41].

[55]Offenheit und Vertrauen signalisieren in bestimmten Kulturen Schwäche und Dummheit [vgl. E. Frank, 1990, S. 25], was eine rasche Akzeptanz der Kriterien des rationalen Verhaltens sicherlich schwieriger macht.

naler Beeinflussungsweisen des Mitarbeiterverhaltens in Richtung auf einen mitarbei-
terzentrierten, jedoch stets leistungsbezogenen, kooperativ-konfliktären Interaktions-
prozeß. Abhängig vom Wollen, Können und Wissen potentieller Implementierungsträ-
ger und -betroffener sind alternative Formen und Techniken der Findung, Ergänzung,
Anpassung und Einführung partizipativen Zielwissens zu unterscheiden. Der Imple-
mentierungs-Prozeß ist durch Widerstände und Konflikte gekennzeichnet, die mit Hilfe
von Durchsetzungsstrategien bewältigt und - zur Erreichung einer hohen Erfolgswirk-
samkeit - in unternehmungsindividuellen Implementierungs-Konzeptionen fixiert wer-
den können." [C. Steinle, 1980, S. 288; vgl. auch T. Manz, 1991, S. 83] [56]

7.2.2 Die Rationalitätskompetenz

Die **Rationalitätskompetenz** ist der zweite zentrale Faktor in der Frage des Er-
füllens der Kriterien des rationalen Verhaltens. Sie besteht aus zwei Komponenten: dem Wissen und dem Können [vgl. dazu die Darstellung in Kapitel 3.1.1.3].

Für die Entfaltung der Rationalitätskompetenz gilt ähnliches wie für die Veränderung der Motivation. Ausschlaggebend ist der freie Zugang für alle Mitarbeiter zu möglichst vielen Informationen und eine entsprechende Flexibilität des
Informationssystems, verbunden mit der Möglichkeit der Mitarbeiter, ihr Wissen
einzubringen.

"Eine betriebliche Informationspolitik, die auf die Entfaltung von Partizipationskom-
petenz abstellt, müßte demnach Informationsoffenheit sicherstellen und gleichzeitig
gewährleisten, daß die Arbeitenden den Informationsgehalt erfassen können." [L. Kißler et al., 1991, S. 26] Und Kißler et al. fassen zusammen: *"Partizipationslernen ist nur*
auf der Grundlage einer dauerhaften betrieblichen Kommunikation möglich." [op. cit.,
S. 52]

Die allgemeinen Voraussetzungen, damit es zu problemspezifischen, situations-
abhängigen Initiativen zur Steigerung der Rationalitätskompetenz und der Motivation der Mitarbeiter kommen kann, werden durch die Kriterien des rationalen
Verhaltens charakterisiert.

---

[56]Zur Analyse der drei Schwerpunkte:
1. Bestimmung der Implementierungsmöglichkeiten (Bedingungsfaktoren, Formen, Prozesse
   und Techniken)
2. Widerstände im Prozeß der Implementierung (Konflikt-Ebenen, Bewältigungstechniken,
   Rolle des Vermittlers von Zielwissen, Transferprobleme)
3. Implementations-Konzepte (Zielsetzung, Formulierung, Änderung, unternehmensindivi-
   duelle Anpassung)
vgl. C. Steinle, 1980, S. 289 ff.

Damit kann zusammengefaßt werden:

> Die besten Voraussetzungen zur Steigerung der Motivation und der Ratio
> nalitätskompetenz der Menschen sind dann gegeben, wenn die Entschei
> dungsprozesse möglichst früh den Kriterien der Rationalität entsprechend
> gestaltet werden.

Es ergibt sich damit die etwas paradoxe Situation, daß die Probleme, die bei dem
Versuch, optimale Problemlösungsvorausetzungen zu schaffen (die Kriterien des
rationalen Verhaltens so weit wie möglich zu erfüllen), dann am besten gelöst
werden können, wenn den Kriterien des rationalen Verhaltens entsprochen wird.
Dieses Ergebnis ist aber durchaus akzeptabel, denn in diesem Entwicklungsprozeß werden die Kriterien immer besser erfüllt. Es entsteht kein Zirkelschluß,
kein "Kreisverkehr" ohne Entwicklungsperspektive, sondern ein Rekurs, eine
Problem- Problemlösungsspirale, die von steigender Motivation und Rationalitätskompetenz der Betroffenen gekennzeichnet ist und somit die optimale Voraussetzung schafft, um zu immer besseren Problemlösungen kommen zu können.

Daß das auch tatsächlich funktioniert, soll an zwei Fallstudien demonstriert werden. Die erste beschäftigt sich mit den umfangreichen Instrumentarien, die in
Japan im Zuge der Kaizen-Bewegung geschaffen wurden, die zweite handelt
von den Problemen und den Problemlösungen die bei Semco bei der Realisierung eines Managementstils auftraten, der, wie in Kapitel 5.2 gezeigt wurde, den
Erfordernissen eines rationalen Managements weitgehend entspricht. Anschlie
ßend werden kurz einige Beispiele und Studien angeführt, die ebenfalls als Belege für die Erfüllbarkeit der Kriterien des rationalen Verhaltens und den damit
einhergehenden Erfolgen dienen können.

7.3 Fallstudien und Beispiele

7.3.1 Kaizen

Im folgenden wird geschildert, welche Institutionen in Japan[57] entwickelt wurden, um die Motivation der Menschen zu erhöhen. Einige Faktoren, die hinter

---

[57]Das Beispiel Japan wurde deshalb gewählt, weil die Meinung verbreitet ist, daß dort besonders viele Menschen motiviert ihre Arbeit verrichten. Es soll damit nur demonstriert werden, daß es möglich ist, mit verschiedenen Methoden Menschen zu motivieren; nicht, daß es
auch anderswo mit den gleichen Methoden möglich wäre. Es wird auch nicht davon ausge

der Arbeitsmotivation vieler Japaner stehen, sollen im folgenden aufgezeigt werden.

Die wichtigsten Mechanismen der Arbeitsmotivierung in Japan sind die lebenslange Beschäftigung und die Bezahlung nach Arbeitsjahren. Diese Prinzipien gelten aber nur für die Stammbelegschaft. Die Arbeiter, die ihr nicht angehören, träumen davon, zur Stammbelegschaft zu gehören und bemühen sich daher um so mehr, ihre Aufgaben möglichst gut zu erfüllen [vgl. W.N. Chlynow et. al., 1984, S. 94]. Die Stammbelegschaft repräsentiert rund ein Drittel der Belegschaft. Sie sorgt dafür, daß die anderen zwei Drittel der Belegschaft im Rahmen ihrer Möglichkeiten das Beste geben [vgl. D. Schneidewind, 1990, S. 60].

Die Stammarbeitnehmer sind über Boni am Unternehmenserfolg beteiligt. Diese Boni können pro Jahr 30-40% des Grundeinkommens[58] erreichen [vgl. D. Schneidewind, 1990, S. 22]. Im Unternehmen soll der (Stamm-)Mitarbeiter ein Stück Heimat und Geborgenheit erfahren. Dementsprechend sind die Zuwendungen des Unternehmens an die Mitarbeiter nach den Bedürfnissen gestaffelt:

Komponenten der Anreizsysteme in japanischen Unternehmen	
Grundgehalt nach Alter und Ausbildung	⇒ deckt notwendigen Komsum aufwand
Boni nach Unternehmenslage und Gewinn	⇒ decken Anschaffungen
Nebenvergünstigungen	⇒ decken individuelle Prestige bedürfnisse
Beihilfen bei Kindstaufen, Hochzeits- und Sterbebeihilfen	⇒ decken allgemeine soziale Be dürfnisse
Sportliche Veranstaltungen und berufliche Gruppenwettbewerbe	⇒ fördern Identifikation mit der Unternehmung und den Team geist
Aufwendige Selbstdarstellungen des Unternehmens: teure Firmenuniform, Fernsehsponsortätigkeit, aufwendige Verwaltungsgebäude, karitative Spenden...	⇒ decken das Corporate Image und wecken den Stolz und die Identifikation mit dem Unterneh men

Tabelle 14: Komponenten der Anreizsysteme in japanischen Unternehmen
[Schema nach D. Schneidewind, 1990, S. 48]

gangen, daß es überall wünschenswert ist, eine so hohe Arbeitsmotivation zu erreichen wie sie in Japan teilweise verbreitet zu sein scheint.

[58]In Bezug auf das Grundeinkommen herrscht landesweit relative Gleichheit:"*Die maximale Lohndifferenz beträgt in der Industrie für Arbeitnehmer mit Anfang 50 im Durchschnitt 35%.*"[A. Ernst, 1989, S. 226]

Ein Drittel der Stammbelegschaft genießt Arbeitsplatzsicherheit, hohe Boni, weitgehende Fortbildungsmöglichkeiten, Mitwirkungen an Entscheidungen und einen hohen Informationsstand. Darüber hinaus kommt es zu einer weitgehenden Verschmelzung von Wertvorstellungen des Unternehmens und des Einzelnen [vgl. D. Schneidewind, 1990, S. 89].

Verschiedene Verpflichtungen und Werte [zu einer ausführlichen Diskussion der Werte im asiatischen Raum vgl. "The Economist", May 28th 1994, S. 13 und folgende Ausgaben (Leserbriefdiskussionen)] wie Loyalität, das heißt Ergebenheit der eigenen sozialen Gruppe gegenüber, sowie Kompetenz, das heißt Fleiß, Eifer, Sorgfältigkeit und Hartnäckigkeit bei der Arbeit, Standhaftigkeit bei auftretenden Schwierigkeiten, durchsetzen so lange und so dicht das soziale Gefüge, daß sie im Bewußtsein der Japaner ein ständiges subjektives Schuldgefühl gegenüber einer möglichen Nichterfüllung entstehen lassen.[59] Es gilt, stets an seinem Platz zu sein und nicht sein Gesicht zu verlieren [nach W.N. Chlynow et. al., 1984, S. 93; vgl. auch D. Schneidewind, 1991, S. 10, 15]. Auch auf die Unternehmen wird Druck von der Öffentlichkeit ausgeübt, diese Prinzipien zu respektieren [vgl. A. Ernst, 1989, S. 231].

Besonders leitende Angestellte unterliegen einem großen Druck, sich diesen Werten konform zu verhalten. Wer das Vertrauen mißbraucht, fällt ein für allemal in Ungnade und hat keine Chancen mehr, in Japan eine verantwortungsvolle Position einzunehmen [vgl. A. Morita, 1986, S. 300]. Aber auch die anderen Mitarbeiter sind einem starken moralischen Druck ausgesetzt. Oft werden sie aus dem Verwandten- und Bekanntenkreis der bereits länger im Unternehmen Beschäftigten rekrutiert. Das verpflichtet zu besonderem Einsatz, um dem Helfer keine Schande zu bereiten [vgl. D. Schneidewind, 1990, S. 88].

Die enge Verbindung des Japaners zu seinem Unternehmen kommt auch in den japanischen Worten für "mein Unternehmen" zum Ausdruck: "*uchi no kaisha*" hat stark familiären Bezug [vgl. H. Cortazzi, 1990, S. 17]. Diese Familienzugehörigkeit oder Schicksalsgemeinschaft äußert sich beispielsweise darin, daß die Manager und Arbeiter die gleichen Parkplätze und die gleiche Arbeitskleidung, die gleiche Kantine und die gleichen sanitären Einrichtungen benutzen [vgl. H. Cortazzi, 1990, S. 280]. Das Hauptbestreben der Manager gilt dem Versuch, "*im Betrieb eine Atmosphäre zu entwickeln, die der eines Familienclans ähnelt*" [W.N. Chlynow et. al., 1984, S. 92].

---

[59]Der Konfuzianismus bildet den Ursprung für die genannten Werte und die Betonung der Familie und der Gruppe [vgl. H. Cortazzi, 1990, S. 17].

Eine Methode, um die "Familie" kennenzulernen, ist Jobrotation. Dies und die damit verbundene Bekanntschaft mit vielen Mitarbeitern bildet die Grundlage für die Arbeit in Nullfehler-Gruppen [vgl. D. Schneidewind, 1990, S. 160]. Die familienähnliche Struktur führt dazu, daß die langfristige Perspektive bei allen Anstrengungen von Arbeitern und Managern im Vordergrund steht [vgl. M. Morishima, 1982, S. 115].

Auch A. Morita stellt fest:

"Die wichtigste Aufgabe eines japanischen Managers ist es, ein gutes Verhältnis zu seinen Mitarbeitern herzustellen. Er hat innerhalb des Unternehmens das Gefühl von Familienzusammengehörigkeit zu pflegen, und er muß allen bewußt machen, daß Manager und Mitarbeiter im gleichen Boot sitzen. Die erfolgreichsten Unternehmen in Japan sind solche, die allen Mitarbeitern (Anteilseigner eingeschlossen) dieses Gefühl gemeinsamen Schicksals am besten vermitteln können." [A. Morita, 1986, S. 170]

Die Identifikation mit dem Unternehmen kann so weit führen, daß Forderungen nach uneingeschränkter Unterstützung des Unternehmens geäußert werden. Diese Forderungen entwickelten sich auch aus dem militärischen Erbe des Krieges. Im Krieg kämpften Divisionen mit- und, im Bestreben sich gegenseitig zu übertrumpfen, gegeneinander. Nach dem ersten Weltkrieg nahmen die Heeresführer die wichtigsten Stellungen auch in zivilen Unternehmen ein. Der Wettkampf wurde von den Divisionen auf die Unternehmen übertragen [vgl. M. Morishima, 1982, 168 f].

Daß aber die verschiedenen Motivationsinstrumente ihre Wirkung nicht verfehlen, liegt in den ausgiebigen Beratungen begründet, die der Neueinführung oder Veränderung dieser Instrumente vorangehen. Das Streben nach Konsens, der in Japan oft erst nach langen und mühsamen Beratungen erreicht wird, ist ein Kennzeichen japanischer Entscheidungsfindung [vgl. H. Cortazzi, 1990, S. 280]. Konsensuale Entscheidungen erhöhen die Motivation der Mitarbeiter, an der effizienten Umsetzung der Entscheidung mitzuarbeiten. Aber: "*Die Herstellung eines Konsens in geringfügigen Fragen ist in Japan zu umständlich, und man überläßt sie der Selbstregulierung.*" [M. McLuhan, 1978, S. 162; vgl. Kapitel 2.3 die Ausführungen über außerrationale Entscheidungsprozesse und 9.1]

Die besondere Bedeutung der Information und Kommunikation bei der Steigerung der Motivation und der Problemlösungsfähigkeit der Mitarbeiter [vgl. auch M. Imai, 1993, S. 212] kommt auch bei Qualitätskampagnen zum Ausdruck. Sie werden durch Vorträge und Prämierungen der besten Verbesserungsvorschläge unterstützt. Durch Analysen und Dokumentationen wird dafür Sorge getragen, daß sich Fehler nicht wiederholen [vgl. D. Schneidewind, 1990, S. 147].

7.3.2 Der Veränderungsprozeß bei Semco: Probleme und Problemlösungen

Bei der Umwandlung Semcos von einem autoritären, eher irrational geführten zu einem tendenziell rational geführten, "demokratisch orientierten" Unternehmen gab es eine Reihe von Problemen und Problemlösungen, die interessant sind, weil aufgrund der Ähnlichkeit der Kriterien des rationalen Verhaltens zu den teilweise verwirklichten Prinzipien des "Semco-Systems" anzunehmen ist, daß bei der Realisation der Kriterien des rationalen Verhaltens die gleichen Probleme entstehen könnten wie die, die bei Semco auftraten und auftreten.

- Das Unternehmen wurde vor 1980 von einem Patriarchen geführt. Die Unternehmenskultur war die eines autoritär und konservativ geführten Unternehmens, das von einem Menschen beherrscht wurde [vgl. S. 31].
- Im Jahr 1980 beruhte das Geschäft von Semco zu 90% auf Schiffszubehör wie Pumpen, Teilen für Schiffsschrauben und Wasser-Öl-Abscheidern für Schiffsmotoren. Im ordentlichen Geschäft machte Semco Verluste [vgl. S. 33].
- In den 80'er Jahren wurde Brasilien immer wieder von heftigen Wirtschaftskrisen geschüttelt [vgl. S. 33, 291 ff].
- Es gab ein Mißtrauen der Gewerkschaft: Sie befürchtete einen Machtverlust, konnte aber überzeugt werden, daß Semco seinen Mitarbeitern ein sinnvolles Mitspracherecht einräumen wollte, gab daher ihre Obstruktionspolitik auf und berief sich sogar in den folgenden Verhandlungen mit anderen Unternehmen auf Semco [vgl. R. Semler, 1993, S. 21].
- Die meisten der alteingesessenen Manager waren nicht bereit, Veränderungen vorzunehmen [vgl. S. 37]. Das Problem wurde damit gelöst, daß 60% der Top-Manager gefeuert wurden [vgl. S. 39].
- Die gefeuerten Manager nahmen viele Geheimnisse mit sich, die sie gehütet hatten, um sich unentbehrlich zu machen [vgl. S. 42].
- Auch die neuen bzw. verbliebenen Manager waren überwiegend Befürworter der klassischen, autoritären Führungsmethoden [vgl. S. 70]. Über das Experimentieren und Ausprobieren der Semco-Ideen faßten die Manager langsam Vertrauen [vgl. S. 220].
- Es bildeten sich zwei Lager, zwei Cliquen, die verschiedene Managementstile verkörperten: die Falken und die Tauben. "*Diese Burschen bekämpfen sich bis auf das Blut.*" [S. 72]

- Aufgrund von Streß und Überarbeitung stellten sich schwere gesundheitliche Probleme beim Unternehmensführer R. Semler ein [vgl. S. 78]. Daher entschloß er sich *"wie ein Verrückter zu delegieren zu beginnen"* [S. 83]. Außerdem beschloß er, radikal zu vereinfachen: Die Kostenstellen wurden von 400 auf 50 reduziert, Die Anzahl der Dokumente, die in Umlauf gingen, sowie die Zahl der Unterschriften, die darunter gesetzt werden mußten, wurden verringert.
- *"Am schlimmsten war der Umstand, daß Semco eine Ansammlung quasi-feudaler Lehensbereiche war: Jede Abteilung verteidigte das eigene Territorium um jeden Preis."* [S. 88] und hielt die anderen Abteilungen für dumm, faul und inkompetent. Aber auch nachdem viele Änderungen schon eingeführt waren, bildeten sich unter den Managern Cliquen, was dazu führte, daß es bei Semco wie in einer staatlichen Behörde zuging.
- Die Feindseligkeiten und das Mißtrauen waren auf die Mängel im Kommunikationssystem zurückzuführen. Diese Mängel äußerten sich auch immer wieder in Streiks [vgl. S. 101, 135]. Die Behebung dieser Mängel stellte das größte Problem dar.
- *"Sie haben mir meine Macht genommen", beklagte sich ein Abteilungsleiter."* [S. 118] Die Manager auf der mittleren Ebene waren von den Veränderungen bedroht.

"Wir erkannten, daß unser mittleres Management jede Menge Streicheleinheiten brauchte, wenn wir Erfolg haben wollten bei dem, was ich für ein großartiges Experiment zu halten begann. Sie waren wie die Cäsaren in einem römischen Amphitheater: Daumen rauf und schon würden wir mit unseren Bemühungen um eine größere Beteiligung der Semco-Arbeiter durchkommen. Daumen runter, und wir würden den Löwen zum Fraß vorgeworfen." [S. 119]

Das Problem wurde dadurch gelöst, daß man eine allwöchentliche Versammlung abhielt, bei der die Unternehmenspolitik und die Unternehmensphilosophie des Unternehmens besprochen wurde. Das Ziel dabei war, die 60% der Skeptiker zu überzeugen.

- Die Sicherheitskontrollen wurden abgeschafft. Die Arbeiter wurden nicht länger am Werktor "gefilzt", wenn sie das Unternehmen verließen [vgl. S. 91]. Zuerst gab es damit allerdings Probleme, da die Arbeiter darauf bestanden, untersucht zu werden, weil sie damit ihre Unschuld beweisen konnten.
- Die zentrale Stechuhr am Werktor wurde von vielen dezentralen Stechuhren in den Abteilungen abgelöst [vgl. S. 92].
- Die Kleiderordnung in den Büros wurde abgeschafft [vgl. S. 93].

- Die Arbeiter bestimmten selbst die Farbe ihrer Arbeitskleidung [vgl. S. 95].
- Reservierte Parkplätze gab es keine mehr, jeder Abteilung stand ein bestimmtes Kontingent zur Verfügung, das nach dem Prinzip "wer zuerst
  kommt, mahlt zuerst" konsumiert wurde [vgl. S. 96].
- Die schicken und teuren Visitenkarten wurden von einfachen, standardisierten Visitenkarten abgelöst.
- Auf gleicher hierarchischer Ebene konnten Manager unterschiedlich große
  Büros und unterschiedliche Ausführungen von Schreibtischen und Stühlen
  haben.
- Werkskomitees, die mit Vertretern aus allen Bereichen bestückt waren,
  sollten die Kommunikationsprobleme überwinden helfen. Sie kamen regelmäßig mit den Top-Managern in jedem Werk zusammen [vgl. S. 101]. Nach
  anfänglichen Schwierigkeiten "*übernahmen diese Komitees, die anfangs so be-
  drohlich schienen, unglaublich viel unternehmerische Verantwortung und trugen
  so erheblich zum Erfolg von Semco bei.*" [S. 104 f; Beispiele: S. 105 f] Die Gruppenarbeit wurde die bevorzugte Form der Arbeitsorganisation. Die Arbeiter
  übernahmen immer mehr die Kontrolle im Herstellungsprozeß - auch die
  Qualitätskontrolle.
- Die Organisation der Delegation erfolgte in den (leitenden) Mitarbeiterbe-
  sprechungen, die einmal wöchentlich stattfanden.
- Die Diskussionen und die Entscheidungsprozesse bei Semco waren und
  sind langwieriger als in vergleichbaren Unternehmen [vgl. S. 106]. Sobald
  man sich aber zu Entscheidungen durchgerungen hatte, setzte man sie "*viel
  schneller um, da alle völlig dahinterstanden.*" [S. 313]
- R. Semler hat schließlich selbst überhaupt keine Entscheidungen mehr getroffen [vgl. S. 110].
- In verschiedenen Werken wurden alle paar Wochen Manager-Arbeiter Versammlungen organisiert. Bis zu 200 Mann diskutierten über alles, was sie
  auf dem Herzen hatten. Die Veränderungen, die daraus resultierten, waren
  anfangs bescheiden, kleine Veränderungen führten aber letzten Endes zu
  größeren [vgl. S. 110 f]. Aus diesen Versammlungen bildeten sich Gruppen,
  die an Veränderungen arbeiteten und sie auch durchführten. Diese Gruppen
  organisierten sich schließlich selbst, ohne vom Management beeinflußt zu
  werden [vgl. S. 113]. Der Unterschied dieser Gruppen zu japanischen Qualitätszirkeln lag in der Ablehnung des Senioritätsprinzips und es gab keine
  besonderen Belohnungen für neue Ideen.
- Eine Maßnahme, die sich als sehr erfolgreich herausstellte, war die Verklein-
  n,erung der Unternehmenseinheiten [vgl. 302 ff]. "*Man muß jede Unternehmenseinheit so klein halten, daß die Leute verstehen, was läuft, und das ihre dazu beitragen.*" [S. 151] Die kritische Größe liegt dabei laut Semler bei 150 Men-

schen. Die Teilung bringt folgende Vorteile: vermehrtes Zugehörigkeitsgefühl und Sinnbewußtsein des Einzelnen, Reduktion der Machtkämpfe im Management. Kommunikationsprobleme und langwierige Diskussionen werden verringert [vgl. S. 153].

- Die Reduktion von 12 Managementebenen auf drei setzte viele Führungskräfte frei, die nicht mehr benötigt wurden, weil ihre "Untergebenen" ihre Aufgaben übernehmen konnten [vgl. S. 240].
- Top- und Middle- Management setzten ihr Gehalt selbst fest. Da die diesbezüglichen Zahlen auch gerechtfertigt werden mußten und veröffentlicht wurden, kam es zu keinen exzessiven Forderungen [vgl. S. 244].
- Das Teilen von Wissen hatte nachhaltige Auswirkungen auf die Top-Manager. Sie konnten sich nicht mehr auf konventionelle Symbole der Macht berufen, sondern "*mußten Führungsqualitäten und besondere Kenntnisse an den Tag legen, wenn sie respektiert werden wollten.*" [S. 345].
- Nach bedeutenden Erfolgen wurde teilweise die Entwicklung verschlafen. Um dem in Zukunft vorzubeugen, wurde eine Kerntruppe für technische Innovation geschaffen, deren Mitglieder sich ausschließlich mit der Verbesserung und Neuschaffung von Produkten, Einsparungen von Kosten, Steigerungsmöglichkeiten der Leistungsbereitschaft und ähnlichem beschäftigen. Ihre Aufgabe ist die Kritik und die Innovation.

Diese Probleme und Problemlösungen sind wahrscheinlich nicht notwendiger Bestandteil jeder Umwandlung eines autoritären, irrational geführten Unternehmens in ein rational geführtes. Wenn man sie nicht als Resultat einer zehnjährigen Entwicklung begreift, mögen sie dem einen oder anderen auch als sehr radikal erscheinen. Darum sei hier nochmals darauf hingewiesen, daß diese Entwicklung von den Beteiligten - nach anfänglichen Widerständen - selbst gesteuert und gewollt wurde. Unter anderen Umständen, in einer anderen Kultur, mit anderen Beteiligten, könnten sich ganz andere Entwicklungen ergeben. Sie weisen aber auf Problemfelder hin, die wahrscheinlich auch in anderen Fällen existieren werden und sie zeigen vor allem, daß diese Probleme nicht unüberwindbare Hindernisse darstellen, sondern erfolgreich gelöst werden können. Wenngleich es scheint, daß das Überleben von Semco oft an einem seidenen Faden hing, so ist die heutige Situation (1993) doch sehr zufriedenstellend [vgl. 5.2].

7.3.3 Weitere Beispiele und Studien

Chrysler und Boeing sind Beispiele für zwei prominente Unternehmen, die erfolgreich mit Teamorganisationen und Partizipation arbeiten [vgl. E. Raia, 1993, S. 48 ff und R.G. O´Lone, 1992, S. 48 f].

Weitere Beispiele von Unternehmen, die erfolgreich auf teambasierte, netzwerkartige Organisationsstrukturen setzen, beschreiben Petrovic und "The Economist".

Petrovic nennt General Electric, Kodak und die Shenandoah Life Insurance Company als Beispiele für Unternehmen, die erfolgreich teambasierte Netzwerkstrukturen inkorporiert haben [vgl. O. Petrovic, 1993, S. 51 f].

"The Economist" [vgl. "The Economist", June 11th 1994, S. 61 ff] analysiert Studien und Fallbeispiele, die einen Zusammenhang zwischen dem Erfolg eines Unternehmens und dessen Eigentümerstruktur nahelegen.

Laut "The Economist" konnten die Studien, die im vergangenen Jahrzehnt zu diesem Thema gemacht wurden, nur einen sehr kleinen Wettbewerbsvorteil bei den Unternehmen feststellen, deren Mitarbeiter in der einen oder anderen Form Eigentümer des Unternehmens waren.

Sobald allerdings die Kapitalbeteiligung der Mitarbeiter mit Mitarbeiterpartizipation verbunden wird, lassen sich signifikante Unterschiede feststellen. Verschiedene Studien haben festgestellt, daß Unternehmen, die diese beiden Konzepte miteinander verbinden, im Durchschnitt im Jahr um 10% schneller wachsen als zuvor. Eine Studie von John Dunlop argumentiert darüber hinaus, daß Mitarbeiterpartizipation allen Unternehmen nützt. Unter Mitarbeiterpartizipation wird dabei die Einbeziehung aller Mitarbeiter in sämtliche Prozesse im Unternehmen verstanden: Diese Definition erstreckt sich über die Entsendung von Arbeitern in den Vorstand bis auf die Macht- und Verantwortungsdelegation auf selbstorganisierende, eigenverantwortliche Teams in den Produktionshallen. Als weitere Elemente der Mitarbeiterpartizipation werden Qualitätszirkel, Beratungskomitees und die Verpflichtung zur "ständigen Verbesserung" (Kaizen) genannt.

Die Aufrechterhaltung einer funktionierenden Mitarbeiterpartizipation wird als schwierig bezeichnet. Formale Mechanismen müssen entwickelt werden, die die Mitarbeiterpartizipation forcieren. Eine Schwachstelle sind dabei die Kommunikationsinstitutionen und -systeme, die einen Austausch von Informationen zwischen Arbeitern und Managern erlauben müssen, aber oft nicht ausreichend vorhanden sind. Joseph Blasi sieht es daher als Aufgabe des Managements an, eine partizipative Kultur zu schaffen und zu erhalten.

Avis ist ein Unternehmen, das einfache Arbeiter im Vorstand hat und es involviert seine Mitarbeiter mit Hilfe von 150 einflußreichen "Mitarbeiterpartizipationsgruppen", was erfolgreich[60] ist, aber auch viel Arbeit bedeutet:

"Empowering workers in this way is hard work." [J. Vittoria, Vorstandsvorsitzender bei Avis, zitiert nach "The Economist", June 11th 1994, S. 62]

---

[60]Vgl. "The Economist", December 11th 1993, S. 72.

Teil 3: Läßt sich kritisch-rationales Management mit individueller Nutzenmaximierung vereinbaren?

Im zweiten Teil der Arbeit wurde gezeigt, daß die Kriterien des rationalen Verhaltens erfüllt werden können. Das Bemühen, die Kriterien zu erfüllen, stellt die beste Voraussetzung dar, um die Probleme, die bei der Implementierung auftreten können, optimal zu lösen. Dieser Schluß wurde von der Analyse aktueller Managementkonzepte und eines "rational" geführten Unternehmens, das seine Probleme bisher erfolgreich lösen konnte, bestätigt. Um die Gefahr zu reduzieren, daß es sich um zufällige Ähnlichkeiten und um einmalige Erfolge handelt, die nichts mit rationalem Verhalten zu tun haben, werden in diesem dritten Teil der Arbeit noch einige theoretische Überlegungen angestellt, die das Zusammenspiel der Kriterien erklären sollen. Dabei interessiert vor allem die Frage, ob sich individuelle Nutzenmaximierung mit kritisch-rationalem Management vereinbaren läßt.

"Die Katallaxie[61] ist, als Gesamtordnung, jeder geplanten Organisation deshalb so überlegen, weil in ihr jeder, während er seinen eigenen Interessen folgt, ob nun gänzlich egoistisch oder hochgradig altruistisch, die Ziele vieler anderer Personen fördert, von denen er die meisten niemals kennen wird: in der Großen Gesellschaft profitieren die verschiedenen Mitglieder von den Tätigkeiten aller anderen nicht nur trotz, sondern oft sogar auf Grund der Verschiedenheit ihrer jeweiligen Ziele." [F.A. Hayek, 1986a, S. 152 f].

---

[61]Katallaxie bedeutet bei Hayek freie Tausch- oder Marktwirtschaft.

8	Die Problematik Eigennutz versus Allgemeinwohl im kritisch-rationalem Management

"Adam Smith hatte die moralischen Grundprinzipien der liberalen Wirtschaft auf die Formel gebracht: wenn jeder sich frei am Wirtschaftsleben beteiligen kann und alle gleich stark sind, dann kann und soll jeder seinen eigenen Gewinninteressen folgen, denn die unsichtbare Hand des Wettbewerbs bewirkt dann das Gemeinwohl ganz von selbst." [H. Albach, 1990, S. 6]

8.1   Die Ausführungen stützen sich auf folgende Annahmen: Es gibt ein System, in dem Individuen über Rationalitätskompetenz verfügen. Sie treffen eigennützige Entscheidungen und handeln dementsprechend. Darüber hinaus können sie erkennen, welche Handlungen andere Individuen gesetzt haben.

8.2   Unter Berücksichtigung dieser Annahmen, üben Individuen dann Kritik, wenn sie der Meinung sind, daß Entscheidungen und Handlungen anderer Individuen vermeidbare *höhere Kosten* oder vermeidbaren *geringeren Nutzen* mit sich bringen.

8.3   Bei Erfüllung der Kriterien des rationalen Verhaltens sind die Voraussetzungen optimal, daß ein Individuum (I) mit seiner Kritik nur dann etwas nachhaltig erreichen kann, wenn der kollektive Nutzen (das Allgemeinwohl) darunter nicht leidet. I wird aber nur dann handeln, wenn sein eigener Nutzen steigt. Daher steigt auch das Niveau des Allgemeinwohls.

8.4   Einige Faktoren, die die Motivation und die Rationalitätskompetenz der Beteiligten betreffen, werden konkretisiert [vgl. Kapitel 7]. Diese Faktoren fördern rationales Verhalten. Sie stehen im Zusammenhang mit dem Wissenserwerb und der Weitergabe von Wissen, der Reziprozität (Freund-Feindbeziehungen) und der Beförderung und Anerkennung.

8.5   Die Gedanken, die in Kapitel 8.1 bis 8.4 entwickelt werden, werden durch die Beispiele zweier Unternehmen ("EIU" und Semco) veranschaulicht.

8.1 Ausgangspunkt und Rahmenbedingungen

Im "Wealth of Nations" hat A. Smith versucht, die ökonomische Antwort auf die Frage nach der Vereinbarkeit von Eigennutz und Allgemeinwohl zu finden [vgl. H. Reich, 1990, S. 64]. Von der "unsichtbaren Hand" gesteuert, fördert das eigennützige Individuum das Allgemeinwohl. Führt rationales Verhalten zu einem ähnlichen Ergebnis? Werden Individuen aus freien Stücken aktiv (üben sie Kritik?), wird berechtigte Kritik berücksichtigt und führen daher ihre Aktivitäten zu einer Steigerung des Allgemeinwohls?

Um diese Fragen zu untersuchen, werden folgende Annahmen getroffen:

1. Annahme: Jedes Individuum trifft Entscheidungen und setzt Handlungen, die seinem Zielsystem entsprechen (die seinen Nutzen fördern).

Das *individuelle Zielsystem* (der individuelle Nutzen) kann, muß aber nicht dem allgemeinen Zielsystem des Systems (Unternehmen, Organisation) entsprechen (Stichworte: Trittbrettfahrer, Öffentliche Güter, Kriminalität; aber auch Ausüben von Macht und Autorität als Demonstration der Stärke etc.). Für ein Individuum kann es durchaus nutzbringender sein, sich entgegen den Werten des *allgemeinen Zielsystems* (Gesetze, Normen [vgl. 3.1.2.3]) des Unternehmens zu verhalten. Dadurch kann es unter Umständen seinen eigenen Nutzen auf Kosten des Allgemeinwohls mehren. Das allgemeine Zielsystem ist das Resultat des Versuchs, die Bedingungen des Allgemeinwohls zu formulieren. Es ist veränderungsbedürftig, wenn es nicht den tatsächlichen Bedingungen des Allgemeinwohls entspricht. Das *Allgemeinwohl*[62] bezeichnet das hypothetisch optimale Zielsystem des Unternehmens. Es beinhaltet die Bedingungen, die Handlungen erfüllen müssen, damit sie den größten Nutzen bzw. die geringsten Kosten für die Allgemeinheit (das Gesamtsystem) mit sich bringen.

2. Annahme: Die Handlungen und Entscheidungen, die ein Individuum setzt, werden offengelegt bzw. sind den anderen Individuen zugänglich.[63] Die In-

---

[62]Man könnte hier noch die Beziehung zum Allgemeinwohl der Gesellschaft als oberste Ordnung untersuchen, was aber nur die Komplexität erhöhen und die Verständlichkeit der Überlegungen erschweren würde ohne wesentliche neue Aspekte einzubringen.

[63]Natürlich gibt es Ausnahmen: Ein Dieb wird bspw. kaum bereit sein, die Planung eines Einbruchs öffentlich zu diskutieren. Er wird mögliche Irrtümer seinerseits (die Bank wird doch bewacht...) in Kauf nehmen und seine Entscheidung nicht offenlegen bzw. Kritik nicht berücksichtigen, weil das seinen eigenen Nutzen reduzieren würde. Später wird aber argu-

dividuen haben daher prinzipiell die Möglichkeit festzustellen, ob die Entscheidungen und Handlungen anderer Individuen mit dem positiv oder negativ formulierten allgemeinen Zielsystem übereinstimmen oder nicht [vgl. Kapitel 2.1.5, Kapitel 3 und Kapitel 8].

3. Annahme: Die Individuen verfügen über Rationalitätskompetenz (Wissen und Können) [vgl. Kapitel 3.1.1.3], die aber unterschiedlich ausgeprägt sein kann.

Unter Berücksichtigung dieser Annahmen soll im folgenden untersucht werden, ob eigennützige Individuen Kritik üben **wollen** und ob diese Kritik auch zu einer Steigerung des Allgemeinwohls führt.

Den Gegenstand der Überlegungen bildet dabei irgendein komplexes soziales System (ein Unternehmen) mit Individuen, die Entscheidungen treffen und Handlungen setzen. (Wenn das Kriterium der Offenlegung erfüllt wird, können die Überlegungen bereits auf die den Handlungen vorausgehenden Entscheidungsprozesse bezogen werden.)

---

mentiert, daß bei Erfüllung der Kriterien des rationalen Verhaltens die Voraussetzungen optimal sind, daß das so selten wie möglich der Fall sein wird.

Im Bezug auf jede Handlung ergeben sich daraus folgende Möglichkeiten:

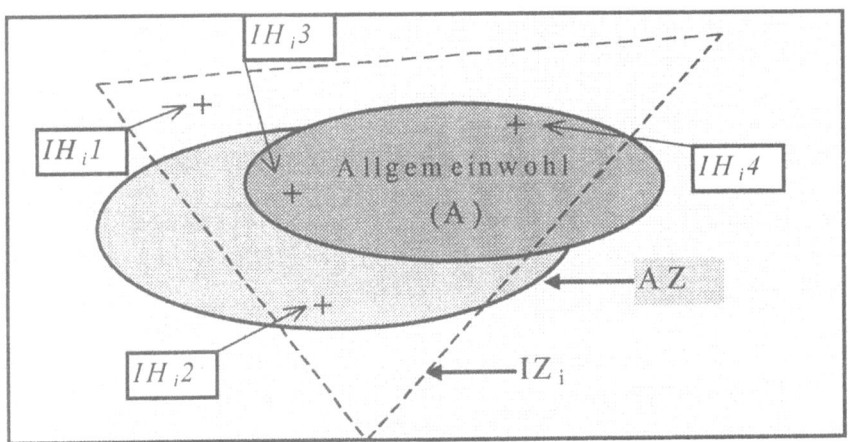

Abbildung 2: Mögliche Handlungen eines Individuums und deren Vereinbarkeit mit dem allgemeinen Zielsystems des Systems oder dem Allgemeinwohl

($IH_i n$ = individuelle Handlung eines Individuums I ($_i$) (n = 1, 2, 3, 4); AZ = allgemeines Zielsystem; IZ_i = individuelles Zielsystem von Individuum I; A = Allgemeinwohl; Es wird angenommen, daß ein Individuum nur Handlungen setzt, die seinem Zielsystem entsprechen: $IH_i n \subset IZ_i$. Die "+" kennzeichnen die Punkte, denen die Handlungen von I - abgebildet auf die jeweiligen Zielsysteme bzw. das Allgemeinwohl - entsprechen.)

1. $IH_i 1 \not\subset AZ$ und $IH_i 1 \not\subset A$; $\Rightarrow$ Sanktion: Individuum I muß bestraft werden.
2. $IH_i 2 \subset AZ$ aber $IH_i 2 \not\subset A$; $\Rightarrow AZ \neq A \Rightarrow$ Revision von AZ ist notwendig.
3. $IH_i 3 \subset AZ$ und $IH_i 3 \subset A$; $\Rightarrow$ kein Revisions- oder Sanktionsbedarf.
4. $IH_i 4 \not\subset AZ$ aber $IH_i 4 \subset A$; $\Rightarrow$ Revision von AZ.

Im *ersten Fall* handelt I so, daß die Handlung weder dem allgemeinen Zielsystem des Unternehmens noch den Bedingungen des Allgemeinwohls entspricht. Ein Beispiel für eine solche Handlung wäre etwa der Diebstahl eines Computers. In diesem Fall ist es notwendig, I zur Rechenschaft zu ziehen bzw. Maßnahmen zu setzen, die eine solche Handlung a priori erschweren.

Im *zweiten Fall* entspricht die Handlung des I zwar dem Zielsystem des Unternehmens, dieses ist jedoch fehlerhaft, weil es nicht den Bedingungen des Allgemeinwohls entspricht. Soll das Unternehmen mittelfristig Bestand haben, muß daher das Zielsystem angepaßt werden.

Im *dritten Fall* muß sichergestellt werden, daß die Handlung, die sowohl dem Zielsystem als auch den Bedingungen des Allgemeinwohl entspricht, nicht verändert werden kann.

Im *vierten Fall* entspricht die Handlung des I zwar nicht dem allgemeinen Zielsystem, aber dem Allgemeinwohl. Statt die Handlung zu bestrafen, ist es hier notwendig, das Zielsystem des Unternehmens zu adaptieren.

Es ist offensichtlich, daß das System sehr gut funktionieren muß, wenn die als notwendig bezeichneten Maßnahmen getroffen werden. Das Allgemeinwohl muß um so größer sein, je eher das allgemeine Zielsystem des Unternehmens die Handlungsbedingungen enthält, deren Berücksichtigung das Allgemeinwohl tatsächlich steigert und je leichter überprüft werden kann, ob eine Handlung eines Individuums diesen Bedingungen entsprochen hat oder nicht. Dann ist nämlich anzunehmen, daß die drohende Bestrafung viele Individuen motivieren wird, auf Handlungen zu verzichten, die das Allgemeinwohl beeinträchtigen. Dazu ist weiters ein funktionierender Sanktions- bzw. Motivationsapparat notwendig, der Individuen abhält, Handlungen zu setzen, die geeignet sind, das Allgemeinwohl zu beeinträchtigen. Ein funktionierender Revisionsapparat, der das Zielsystem ändert, wenn es eine Handlung verbietet (gebietet), obwohl sie das Allgemeinwohl steigert (reduziert), bildet das wichtigste Element der Überlegungen. Von besonderer Bedeutung ist ein funktionierender Revisionsapparat, wenn Werte und Wissenstand einem raschen Wandel unterworfen sind oder das System noch nicht lange existiert und deshalb besonders viele Fehler enthält.

8.2 Das Üben von Kritik

Die Individuen müssen aber dazu bereit sein, Kritik an I zu üben. Sie müssen darlegen, daß die Handlung von I nicht dem allgemeinen Zielsystem oder dem Allgemeinwohl entspricht, sie müssen Veränderungen bezüglich der Motivations- bzw. Sanktionsinstrumente verlangen und auf Modifikation des allgemeinen Zielsystems drängen, wenn es nicht dem Allgemeinwohl entspricht.

Kritik werden andere Individuen an I aber nur dann üben, wenn sie erwarten, daß ihr eigener Nutzen davon positiv beeinflußt wird. Dabei sind zwei Extremfälle denkbar, die im folgenden dargestellt werden. Im ersten Fall ist Individuum

K mit den Handlungen von **I** vollkommen einverstanden und übt daher in der Regel keine Kritik. Im zweiten Fall ist Individuum **M** mit keiner der möglichen Handlungen von **I** einverstanden und übt daher in jedem Fall Kritik.

8.2.1 Geringe Anreize, Kritik zu üben

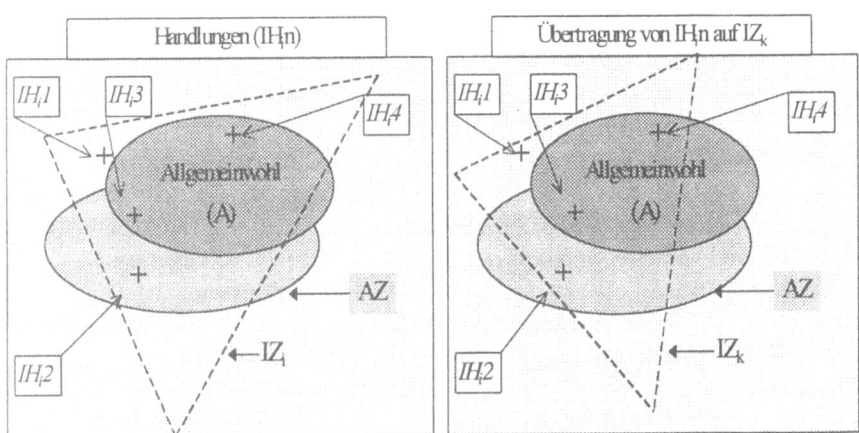

Abbildung 3: Handlungsmöglichkeiten eines Individuums I und deren Übertragung auf das Zielsystem eines Individuums K, das ein **ähnliches** individuelles Zielsystem hat.

Erläuterung: Als Voraussetzung wird wieder angenommen, daß I nur Handlungen setzt, die seinem Zielsystem entsprechen ($IH_in \subset IZ_i$). Weiters wird angenommen, daß die Handlungen von I den Nutzen von K erhöhen oder nicht berühren bzw. den Nutzen von M verringern bzw. nicht berühren. (Nutzen des Individuums K=N_k, des Individuums M=N_m)

1. $IH_i1 \not\subset AZ$ und $IH_i1 \not\subset A$; IH_i1 erhöht den Nutzen von K da $IH_i1 \subset IZ_k$

Individuum K wird hier in der Regel nicht aktiv werden, es sei denn, K wäre der Meinung, AZ zu seinen Gunsten verändern zu können. Hätte K Erfolg, müßten auch andere Individuen ihre Handlungen so ausrichten, daß N_k steigt. Der Erfolg von K wäre aber sehr unwahrscheinlich, da das Allgemeinwohl darunter leiden würde. Ein Beispiel für diesen Fall wäre ein Hehler (K), der von I aus dem Unternehmen gestohlene Computer mit großem Gewinn weiterverkauft.

2. $IH_i2 \subset AZ$ aber $IH_i2 \not\subset A$; $\Rightarrow AZ \neq A$; IH_i2 erhöht den Nutzen von K da $IH_i2 \subset IZ_k$

Um bei einem Importbeispiel zu bleiben: In diesem Fall könnte etwa der Import von Zement aus den östlichen Nachbarstaaten von I verboten worden sein. Der heimische Zementerzeuger (K) profitiert davon auf dem Inlandsmarkt. Obwohl das Allgemeinwohl darunter leidet, wird der eigennützige einheimische Produzent K keine Veränderung von AZ betreiben.

3. $IH_i3 \subset AZ$ und $IH_i3 \subset A$; IH_i3 erhöht den Nutzen von K da $IH_i3 \subset IZ_k$

Beispiel: I, der in der Betriebskantine arbeitet, verkauft dem K eine Wurstsemmel. K wird weder versuchen, das Zielsystem zu ändern, noch I zu bestrafen.

4. $IH_i4 \not\subset AZ$ aber $IH_i4 \subset A$; $\Rightarrow AZ \neq A$; IH_i4 erhöht den Nutzen von K da $IH_i4 \subset IZ_k$

K wird versuchen, AZ allgemein zu ändern (Revision). Beispiel: (Das relevante System ist hier ein Staat) Ein Importeur muß aufgrund IH_i4 hohe Zölle bei der Einfuhr von Produkten bezahlen. Individuum K (ein Kunde, der von niedrigeren Zementpreisen profitieren würde) wird daher behaupten, das Allgemeinwohl würde durch hohe Zölle reduziert. Ein Argument, das das untermauern könnte, wäre Ricardos Theorie der komparativen Vorteile im Außenhandel [vgl. D. Ricardo, 1817]. Dieses oder ähnliche Argumente könnten, wenn es keine plausiblen Gegenargumente gäbe, und sie die Mehrheit überzeugten[64], zu einer Revision von AZ führen.

In diesen Fällen war **K** (Abbildung 3) mit den Handlungen von **I** immer einverstanden. Im nächsten Fall wird untersucht, was passiert, wenn **M** (Abbildung 4) mit keiner der Handlungen von **I** einverstanden ist.

---

[64]Es wird hier angenommen, daß berechtigte Kritik berücksichtigt wird. Die Berechtigung dieser Annahme wird später untersucht.

8.2.2 Große Anreize, Kritik zu üben

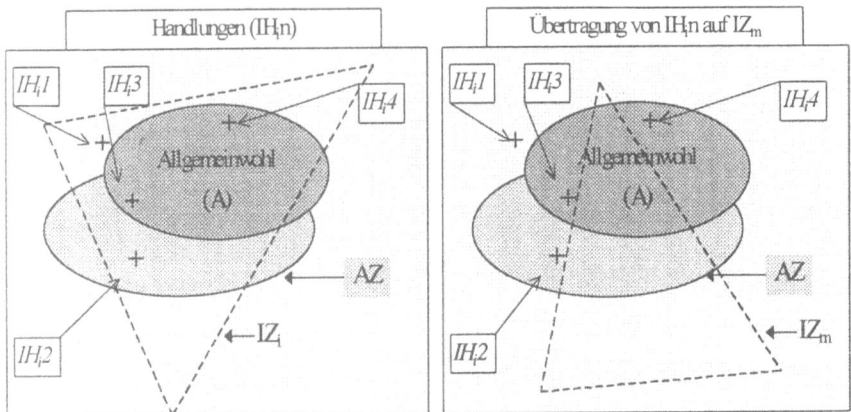

Abbildung 4: Handlungsmöglichkeiten eines Individuums I und deren Übertragung auf das Zielsystem eines Individuums M, das ein weitgehend **divergierendes** Zielsystem hat.

1. $IH_i1 \not\subset AZ$ und $IH_i1 \not\subset A$; IH_i1 mindert den Nutzen von Individuum M da $IH_i1 \not\subset IZ_m$

M drängt auf Bestrafung von I. Beispiel: I gelingt es durch ausgeklügelte Intrigen, einem fähigen Vorgesetzten (M) große Probleme zu bereiten, sodaß er damit rechnen muß, seinen Posten zu verlieren. M wird daher, wenn oder sobald er kann, I zur Rechenschaft ziehen.

2. $IH_i2 \subset AZ$ aber $IH_i2 \not\subset A$; $\Rightarrow AZ \neq A$; IH_i2 mindert den Nutzen von M da $IH_i2 \not\subset IZ_m$

Bei dieser Konstellation wird M versuchen, AZ an A anzupassen. Hier ist M eine Konsument, der gerne billig Zement oder ein Auto kaufen würde, es aufgrund hoher Importzölle bzw. Quoten etc. aber nicht kann. M wird daher drängen, diese kostenerhöhenden Restriktionen aufzuheben (Veränderung oder Aufhebung der entsprechenden Gesetze).

3. $IH_i3 \subset AZ$ und $IH_i3 \subset A$; IH_i3 mindert den Nutzen von M da $IH_i3 \not\subset IZ_m$

M drängt eventuell auf Revision von AZ. Beispiel: I setzt sich gegen M im Zuge einer fairen, um Objektivität bemühten Stellenbesetzung durch und bekommt die Stelle als Geschäftsleiter. Auch hier könnte M behaupten, I hätte nicht fair gehandelt oder das Allgemeinwohl würde durch ein anderes, "objektiveres" Verfahren der Stellenbesetzung steigen. Diese Ansicht wird sich aber aller Voraussicht nach nicht durchsetzen lassen, weil darunter das Allgemeinwohl leiden würde.

4. $IH_i4 \not\subset AZ$ aber $IH_i4 \subset A$; $\Rightarrow AZ \neq A$; IH_i4 mindert den Nutzen von M da $IH_i4 \not\subset IZ_m$

M drängt auf Bestrafung von I (Gefahr der Revision von AZ). Wie im dritten Fall bei Individuum K (siehe oben) könnte I hier illegal Zement importieren. In diesem Fall ist M aber kein Nutznießer (Kunde) des (illegalen) Importeurs, sondern ein Konkurrent, etwa ein einheimischer Zementproduzent. Im Bewußtsein, formell im Recht zu sein, kann M auf Bestrafung des I drängen. Weil sich aber herausstellen könnte, daß das Gesetz, das die Einfuhr des Zements verbietet oder beschränkt das Allgemeinwohl reduziert, ist diese Vorgehensweise mit Gefahr für den einheimischen Produzenten verbunden: Das Gesetz könnte ja aufgehoben werden.

Die Abbildungen 3 und 4 illustrieren auch, daß ein Individuum um so aktiver Kritik üben wird je mehr sich sein individuelles Zielsystem von dem des handelnden Akteurs unterscheidet. Nur weil M mit einer Handlung des I nicht einverstanden ist, überprüft er, ob sie den Bedingungen des allgemeinen Zielsystems oder des Allgemeinwohls entspricht. Wenn nicht, kann M Maßnahmen initiieren, die die Handlung des I bestrafen und zukünftige, gleichgeartete Handlungen erschweren. Wenn M aber erkennt, daß die Handlung des I dem Allgemeinwohl entspricht, kann er mit einer Modifikation seines individuellen Zielsystems und seiner eigenen Handlungen reagieren.[65] Außerdem werden entsprechende Modifikationen beim allgemeinen Zielsystem des Systems vorgenommen.

---

[65]Diese Überlegung könnte auch erklären, warum es in der Vergangenheit so oft zu bedeutenden Fortschritten gekommen ist, wenn verschiedene Kulturen aufeinandergetroffen sind [vgl. K. Popper, "Über den Zusammenprall von Kulturen", 1987, S. 127 ff]. Die Menschen konnten dann ihre eigenen Zielsysteme, Werte und Techniken kritisch mit denen anderer Menschen vergleichen. So konnten eigene Fehler ausgebessert und erfolgreiche, "fremde" Problemlösungen übernommen werden.

Damit kann festgehalten werden: Unter Berücksichtigung der getroffenen Annahmen werden Individuen dann Kritik üben, wenn sie der Meinung sind, daß
Entscheidungen und Handlungen anderer Individuen vermeidbare höhere Kosten
oder vermeidbaren geringeren Nutzen mit sich bringen.

8.3   Entscheidung über die Berechtigung der Kritik

Wie wird sich die Kritik auswirken? Bisher wurde angenommen, daß sich berechtigte Kritik durchsetzt. Wer aber entscheidet darüber, was berechtigt ist?

8.3.1 Jede Stimme zählt gleich viel

Zwei Fälle sollen hier untersucht werden. Erstens der Fall, daß jede Stimme eines beteiligten Individuums gleich viel zählt und daher letztlich die Mehrheit die
Entscheidung trifft, ob bestraft oder belohnt, ob das allgemeine Zielsystem verändert oder nicht verändert werden soll. Das bedeutet nicht, daß jedes Individuum sich mit jeder Entscheidung auseinandersetzen muß. Diese Aufgabe können auch Vertreter übernehmen, die routinemäßig die Entscheidungen treffen.
Jedes Individuum muß aber die Möglichkeit haben, die Entscheidungen der Vertreter zu kritisieren und zu modifizieren, wenn es die Mehrheit aller Individuen
von der Gültigkeit seiner Kritik überzeugen kann.[66]

Das Allgemeinwohl oder das was für das Allgemeinwohl gehalten wird (auch
Mehrheiten können natürlich irren [vgl. K. Popper, 1987, S. 165 ff]), wird sich in
diesem Fall immer durchsetzen: Alle Handlungen, die gegen das Zielsystem
(den Nutzen der meisten) verstoßen, werden bestraft oder das Zielsystem wird
an die Bedingungen des Allgemeinwohls angepaßt. Das deshalb, weil nur jene
Handlungen von der Mehrheit akzeptiert werden, die ihr nützen oder zumindest
nicht schaden. Das ist definitionsgemäß immer dann der Fall, wenn die Handlungen dem Allgemeinwohl entsprechen.

Ein Beispiel für ein funktionsfähiges System dieser Art ist die Schweiz mit ihren
direkt-demokratischen Verfahren. Aber auch auf Unternehmensebene gibt es erfolgreiche Beispiele. Voraussetzung ist dabei immer, daß die Entscheidungsträger in ihrer Mehrheit das Wohl des Unternehmens (oder der Gesellschaft) nicht
verringern wollen. Japanischen Unternehmen erlaubt die Identifikation eines
Teils der Mitarbeiter mit den Unternehmenszielen, sie wie Miteigentümer zu

---

[66]Andernfalls droht das unter 8.5 geschilderte Szenario.

behandeln. Entscheidungen werden dort sogar oft so lange diskutiert, bis Konsens hergestellt ist. Auch bei Semco geht die Identifikation der Mitarbeiter mit den Unternehmenszielen so weit, daß die Entscheidungen, die dort Mehrheiten treffen, zumeist auch positive Konsequenzen für das Unternehmen mit sich bringen [vgl. Kapitel 5.2].

8.3.2 Es gibt eine privilegierte Stimme

Der zweite Fall handelt von nicht gleichberechtigten Individuen (bspw. aufgrund unterschiedlicher Rechtsverhältnisse bei differierenden Zielsetzungen). In diesem Fall trifft beispielsweise ein bestimmtes Individuum E im Unternehmen die Entscheidung, ob und was geschehen soll. E ist der Richter darüber, ob Kritik berechtigt ist oder nicht. Warum sollte er "richtig" entscheiden?

Ausgangspunkt ist wieder die Annahme, daß der potentielle Kritiker I seinen Nutzen gerne erhöht. Er wird sich daher beeilen, die Fehler (vermeidbare Kosten) aufzuzeigen, deren Beseitigung mit einer Erhöhung seines eigenen Nutzenniveaus verbunden ist. I ist sich aber vernünftigerweise bewußt, daß seine Kritik nur dann akzeptiert werden wird, wenn sie auch den Nutzen des autorisierten, handelnden Entscheidungsträgers (E) erhöht. Dieser wäre sonst nicht bereit, seine Entscheidung abzuändern. Ein wesentlicher Bestandteil der Nutzenfunktion des Entscheidungsträgers E ist I aber bekannt, weil der Entscheidungsträger E ja die Gründe für die anstehende Entscheidung mit der Offenlegung bekanntgibt. Diese Gründe müssen auf allgemeingültigen Prinzipien[67] beruhen, sonst wird E von denjenigen, die die Zielsysteme direkt oder indirekt entworfen haben, abberufen oder bestraft (Nutzeneinbuße des E durch Abwahl (Politiker) bzw. Kündigung (Manager)), - außer er kann glaubhaft machen, daß das Zielsystem des Systems revisionsbedürftig ist. Um eine solche Nutzeneinbuße zu vermeiden, muß E daher den kollektiven Nutzen in seine eigenen Überlegungen integrieren. E muß seine Entscheidungen so treffen, daß sie auch einer allgemeinen Zielvorgabe entsprechen oder zumindest nicht widersprechen (dem Wohl des Volkes oder der Mitarbeiter oder Eigentümer) und nicht dem besonderen Interesse einer bestimmten Person oder Gruppe dienen.

Wenn dem so ist, kann I eine Korrektur einer Entscheidung nur dann erwirken, wenn er Fehler (vermeidbare Kosten) aufzeigen kann, die wahrscheinlich zu ei-

---

[67]Das Wohl der Staatsbürger bzw. die Vereinbarkeit mit den Gesetzen bei der Entscheidung eines Politikers, das Wohl der Eigentümer/Mitarbeiter bzw. Vereinbarkeit mit den Unternehmenszielen bei Entscheidungen in Unternehmen.

nem kollektiven Nutzengewinn führen.[68] Da individuelle Nutzenmaximierer nun die anstehenden Entscheidungen auf vermeidbare Fehler untersuchen werden, und die Fehler nur dann aufgezeigt und beseitigt werden, wenn sie voraussichtlich sowohl mit individuellem als auch mit kollektivem Nutzengewinn einhergehen, entsteht auch in diesem Fall eine insgesamt "bessere" Entscheidung.

Dieser Mechanismus führt also ebenso dazu, daß eigennützige Individuen, wie von einer "unsichtbaren Hand" geleitet, das Allgemeinwohl mehren. Ihre primär eigennützige Kritik führt entweder zu fehlerärmeren Entscheidungen oder zu Zielsystemen, die die Bedingungen für das Allgemeinwohl besser abbilden.

Die Funktionsbedingungen der "unsichtbaren Hand" lassen sich aus den Kriterien des rationalen Verhaltens ableiten. Je eher diese Kriterien erfüllt werden, desto größer ist die Chance, daß eigennütziges Verhalten zu steigendem Allgemeinwohl führt. Die Voraussetzungen sind optimal[69], daß ein eigennütziges Individuum seinen Nutzen nur dann nachhaltig steigern kann, wenn der kollektive Nutzen (das Gemeinwohl) darunter nicht leidet. Es wird aber nur dann handeln, wenn sein eigener Nutzen steigt. Daher steigt der Gesamtnutzen des Systems.

Einschränkung:[vgl. 4.4] Ein System, das auf die oben geschilderte Weise funktionierte, wäre in der Lage, sein allgemeines Zielsystem rasch an sich ändernde Bedingungen des Allgemeinwohls anzupassen. Die Bedingungen des Zielsystems wären mit den Bedingungen des Allgemeinwohls daher weitgehend ident, Sanktions- und Revisionsapparat funktionierten so gut wie möglich. Allerdings garantierte das nicht, daß die Entscheidungen oder Handlungen eines Individuums I tatsächlich immer dem Allgemeinwohl entsprechen. Eine Abweichung wird dann auftreten, wenn I die mögliche oder wahrscheinliche Sanktion für eine Handlung in Kauf nimmt. Dieses Modell zeigt daher nur auf, welche Bedingungen herrschen müssen, damit es **optimale Voraussetzungen** gibt, um zu einer Übereinstimmung zwischen Allgemeinwohl und dem allgemeinen Zielsystem einer Organisation kommen zu können. Es nimmt nicht an oder sagt nicht voraus, daß jedes Individuum sich dem allgemeinen Zielsystem entsprechend verhalten muß (kausal) oder soll (normativ).

---

[68]Wäre ein kollektiver Nutzenverlust wahrscheinlich, würde I keine Kritik üben, weil das wiederum vom Entscheidungsträger selbst und anderen nutzenmaximierenden Menschen, die in ihren Bereichen Nutzeneinbußen erleiden würden, kritisiert würde und daher wahrscheinlich zu keiner Entscheidungsänderung führen würde.
[69]Was aber keine Garantie darstellt, siehe weiter unten.

Jedes Unternehmen, das die Kriterien des rationalen Verhaltens erfüllt, hat die optimale Voraussetzung, möglichst fehlerfrei arbeiten zu können. Wie das Ergebnis im Einzelfall konkret aussieht, wie Individuen im konkreten Fall motiviert werden können, die Kriterien zu erfüllen, kann hier natürlich nicht vorausgesagt werden [vgl. Kapitel 7]. Im folgenden werden aber einige Gründe geschildert, warum Individuen einerseits motiviert sein könnten, mögliche Fehler aufzuzeigen und andererseits, warum berechtigte Kritik berücksichtigt werden könnte.

8.4 Beispiele für individuelle Motivationsfaktoren, die für rationales Verhalten sprechen[70]

Die geringsten Probleme bereiten idealistische Erwägungen, die ein Individuum (I) anspornen könnten, sein Wissen zur Verfügung zu stellen und Kritik zu üben, um zu besseren Entscheidungen im Unternehmen beizutragen.

I könnte Kritik üben, um die eigenen intellektuellen Fähigkeiten auszutesten: Wie weit reicht mein Wissen? Welche Entscheidungen kann ich nachvollziehen, welche wirkungsvoll kritisieren?

Darüber hinaus ist jedes Üben von Kritik, auch wenn die Kritik verworfen wird, mit einem Wissenszuwachs verbunden: Aufgrund von Kritik an seiner eigenen Kritik kann I eigene Fehler erkennen (mangelndes Wissen um Zusammenhänge, Hintergrundwissen etc.). Gleichzeitig ist damit ein Lernen verbunden, das künftige Fehler vermeiden helfen sollte und die Problemlösungsfähigkeit von I verbessert [vgl. H.U. Kunz, 1991, S. 17].

Weiters ist der Gedanke der Reziprozität von besonderer Bedeutung: I will von A (einem anderen) dasselbe, was A von I will. I und A sind sich einig, daß von der Erfüllung ihrer Forderungen beide profitieren werden. Also werden beide die Forderungen des jeweils anderen erfüllen (in diesem Fall ihre Entscheidungsprozesse offenlegen). Reziprozität ist eine gesellschaftlich akzeptierte Verhaltensnorm [vgl. W.L. Ury et al., 1991, S. 23; W. Kirsch, 1971c, S. 215]. Viele Menschen haben ein Interesse daran, die Entscheidungen, die von anderen getroffen werden und die ihr eigenes Nutzenniveau verändern könnten, zu beeinflussen und wenn nötig zu korrigieren. Da I nicht wissen kann, welche Entscheidungen von wem,

---

[70]Für Überlegungen bzw. Problemfelder, die dagegensprechen, vgl. Kapitel 4.4. und Kapitel 5 und 6.

wann, mit welchen Folgen etc. getroffen werden, kann er sich nur dann vor un-
erwarteten Nutzenveränderungen absichern, wenn er sich mit den anderen Entscheidungsträgern einigt, alle Entscheidungsprozesse prinzipiell offen zu gestalten. Die Einsichtnahme in offengelegte Entscheidungen kann dazu dienen, das
eigene Wissen, beispielsweise über innerbetriebliche Zusammenhänge, zu erhöhen. Außerdem stellt sie eine besonders gute Kontrollmöglichkeit dar, die Unsicherheiten und Fehlentwicklungen aus der Sicht von I (und auch aus Sicht des
Allgemeinwohls des Systems [vgl. Kapitel 8.3]) vermeiden kann.

Dieses Prinzip der Gegenseitigkeit spielt auch auf der Ebene Vorgesetzter-Mitar-
beiter eine Rolle. Es ist die Aufgabe des Vorgesetzten, die Ziele des Unternehmens möglichst gut zu erreichen. Um das zu bewerkstelligen, ist er auf seine
Mitarbeiter angewiesen, die Entscheidungen rasch umsetzen sollen. Wenn sich
der Vorgesetzte nicht entsprechend verhält (Offenlegung der Entscheidungsprozesse, Berücksichtigung der Kritik), können die Mitarbeiter die Umsetzungsgeschwindigkeit der Entscheidung negativ beeinflussen. Sie könnten sich daher
einigen: *"Ich* (Vorgesetzter) *lege die Entscheidungsprozesse offen und berücksichtige
die Kritik und Ihr* (Mitarbeiter) *setzt dafür die Entscheidung rascher um."* [vgl. A.P.
Kizilios, 1982, S. 52] Es gibt nach Kizilios [vgl. A.P. Kizilios, 1982, S. 53] zwei wichtige Gründe, warum ein Entscheidungsträger seine Entscheidungsmacht teilen
sollte. Einerseits kann er nie wissen, ob er nicht einen Fehler gemacht hat. Andererseits steigt durch das Teilen der Entscheidungsmacht die Qualität und die Geschwindigkeit der Umsetzung der Entscheidungen. Damit steigt auch die Macht
des Vorgesetzten, etwas zu besseren Entscheidungen beizutragen. Da genau das
auch seine Aufgabe ist, kommt es zu keinem **Machtverlust**, sondern zu einem
Machtaustausch und Machtgewinn, von dem beide Seiten profitieren. Wenn I
sich mit dem Unternehmen verbunden fühlt und sein Wissen mit anderen, die
die gleichen Grundwerte haben wie er, teilt, kann das nach Kizilios keinen
Machtverlust zur Folge haben. Kizilios nennt als Beispiel Einstein, der durch die
Veröffentlichung seiner speziellen und allgemeinen Relativitätstheorie natürlich
keinen Machtverlust erlitt.

Damit kann festgehalten werden: Durch rationales Verhalten vergrößert sich sowohl die Macht der Entscheidungsträger als auch die der Beteiligten. Das wird
primär durch Synergieeffekte (Fehlerelimination), die höhere Qualität und die
raschere Umsetzungsgeschwindigkeit der Entscheidungen erreicht [vgl. A.P. Kizilios, 1982, S. 54].

Der autorisierte **Entscheidungsträger bleibt** für seine Entscheidung **verantwortlich**. Es ist nicht notwendig, daß er alle Argumente in ihrer Kosten- und

Nutzenkomponente quantifiziert und daraus die optimale Entscheidung errechnet. Es reicht aus, wenn er die Entscheidungsmöglichkeit wählt, die seiner Einschätzung und seinen Informationen nach die optimale Entscheidung darstellt. Das kann sich zwar im nachhinein aufgrund zusätzlicher Informationen als falsche Einschätzung herausstellen, ist ihm aber nicht vorzuwerfen, wenn er zum Entscheidungszeitpunkt keine Veranlassung haben konnte, diese Informationen zu berücksichtigen.

Ein weiterer Anreiz, die Entscheidungsprozesse offenzulegen, könnte dadurch geschaffen werden, daß diejenigen, die ihre Entscheidungsprozesse mehrmals nicht offengelegt haben, obwohl sie dazu die Möglichkeit gehabt hätten, seltener als andere befördert werden.

Ein Teil der Entscheidungsprozesse könnte aufgrund einer zu installierenden Absicherungskomponente offengelegt werden. Sie würde darin bestehen, daß die Ergebnisse von Entscheidungsprozessen, die offengelegt wurden, nicht die Entlassung desjenigen bedingen können, der die Entscheidungsprozesse offengelegt hat [vgl. R. Semler, 1993, S. 104]. Nur wenn I seine Entscheidungsprozesse nicht offengelegt hat, kann das eine Voraussetzung zu seiner Entlassung sein. Hat seine Kompetenz nicht für die Entscheidung ausgereicht, ist er eventuell nachzuschulen oder zu versetzen. Die Absicherungskomponente sollte ein wesentlicher Anreiz sein, insbesondere heikle Entscheidungsprozesse mit größeren Auswirkungen offenzulegen. Weiters kommt dazu, daß man nie wissen kann, welche Entwicklung ein Entscheidungsprozeß nehmen wird, welche bisher verborgenen, unbekannten Fehler im Laufe einer Diskussion aufgedeckt werden könnten. Sicherheitshalber wird ein vernünftiger Entscheidungsträger daher vorsichtig agieren und viele Entscheidungen offenlegen, wenn er seinen Arbeitsplatz behalten will.

Aus der Absicherungskomponente ergeben sich weitere interessante Aspekte. Entdeckt I beispielsweise, daß A (ein anderer) eine offenzulegende Entscheidung nicht offengelegt hat, sind zwei bemerkenswerte Reaktionen denkbar:

Erstens könnte I den A informell warnen: "*Lege doch Entscheidung X offen, ehe Verbesserungsmöglichkeiten entdeckt werden und du zur Rechenschaft gezogen wirst, weil du es (noch) nicht getan hast.*" Bei größeren Verbesserungsmöglichkeiten kommt noch das Argument der Arbeitsplatzsicherung im Zusammenhang mit der Offenlegung hinzu. Hier spielt wieder das Argument der Reziprozität eine wichtige Rolle. I kritisiert A, damit dieser zu einer besseren Entscheidung kommen kann. Als Gegenleistung verlangt I, daß A ihn gegebenenfalls ebenso kritisiert, damit auch er bessere Entscheidungen treffen kann.

Zweitens könnte I direkt Rechenschaft von A verlangen, indem er A anonym kritisiert [vgl. Kapitel 9.2.2]. Das wird er vor allem dann tun, wenn er ihn nicht kennt (je nach Kulturkreis wahrscheinlich verschieden), wenn er wenig Zeit hat oder wenn er aus irgendeinem Grund nicht gut auf ihn zu sprechen ist.

Es wird daher in diesem System Druck von zwei Seiten ausgeübt, die Entscheidungen offenzulegen und zu kritisieren: einerseits von den Freunden, die nicht wollen, daß ihrem Freund etwas vorgeworfen werden kann und andererseits von den Feinden, die ihrem Feind und sich selbst beweisen wollen, welche Fehler er gemacht hat. Unter Freunden wird die Motivation sein, Fehler im Freundeskreis möglichst zu vermeiden (Achtung! Paß auf! + Argument). Wenn der Adressat unbekannt oder gar "feindlich" gesinnt ist, wird es andere Motivationen geben und die Kritik wird tendenziell wahrscheinlich anonymer ausfallen (negative Auswirkungen: Flaming [vgl. 9.2.2]). In beiden Fällen tragen die Kritiker zu besseren Entscheidungen bei, obwohl ihre Motive konträr sind. Es ergibt sich damit das vielleicht überraschende Ergebnis, daß die beste Strategie, einem "Feind" zu schaden, die ist, in seine Entscheidungsprozesse nicht kritisierend einzugreifen, weil der "Feind" dann seine Fehler nicht so gut erkennen und vermeiden kann.

Wahrscheinlich werden sich im Zuge der Gewöhnung der Organisationsmitglieder an die neuen Problemlösungsinstrumente "Wachhunde" unter den Mitgliedern etablieren, die die zur Debatte stehenden Probleme von Zeit zu Zeit überprüfen und dann ihre Kollegen aktivieren, wenn sie der Meinung sind, daß das Problem für sie von Interesse ist.[71] Tendenziell wird es sich damit ergeben, daß die Beteiligung bei einem großen Problem relativ hoch sein wird und bei einem kleinen relativ niedrig. Die Funktion dieser "Wachhunde" ist eine sehr wichtige. Jedes einzelne Organisationsmitglied kann nicht ständig seine Zeit damit verbringen, alle Diskussionen zu verfolgen. Es ist daher wahrscheinlich, daß die Organisationsmitglieder informelle Gruppen bilden, die abwechselnd, je nach zeitlicher Möglichkeit, die Diskussionen verfolgen könnten. Sie würden dann die Gruppenmitglieder, die sie vom Problemerkennungs- und Problemlösungspotential her gut einschätzen können, informieren, sobald ein entsprechendes Problem diskutiert wird, das sie interessieren könnte. Die Rolle des Mitarbeiters

---

[71]Kirsch entwickelt in diesem Zusammenhang die Idee vom selbstorganisierenden "Schneeballprozeß" [vgl. W. Kirsch, Kommunikatives Handeln, 1992, S. 273 f, zitiert nach A. Kieser, 1994, S. 207].

gleicht in diesem Zusammenhang der Rolle des Journalisten [vgl. P.M. Lingens, 1985, S. 123-130]. In beiden Fällen geht es um das Aufdecken von Problemen, das Entfachen einer Diskussion und die Entwicklung einer verbesserten Problemlösung. Man könnte in diesem Zusammenhang auch von selbstorganisierenden, virtuellen Teams sprechen [vgl. 5.1.1.2; vgl. auch die Ausführungen über elektronisches Makeln als Koordinationsprinzip bei O. Petrovic, 1993, S. 69 ff].

Zusätzlich bietet sich die Möglichkeit an, bestimmte Entscheidungsprozesse über die Organisation hinaus offenzulegen. Jeder Mensch könnte dann im Prinzip ausgewählte Entscheidungsprozesse einsehen und Probleme aufdecken bzw. Problemlösungen für bestimmte Probleme vorschlagen. Da systemfremde Impulse oft den Anstoß zu besonderen Fortschritten geben [vgl. K. Lorenz, 1977 S. 224 f; vgl. 8.2.2], ergeben sich beispielsweise für innovative Unternehmen neue Betätigungsfelder. Sie könnten andere Unternehmen auf bestimmte Problemfelder hin untersuchen und maßgeschneiderte Lösungen anbieten.

Weitere Gründe, warum I Kritik üben sollte, ergeben sich aus den Möglichkeiten der Semianonymität bzw. der Anonymität [vgl. Kapitel 9.2.2]: Im ersten Fall kann I unter seinem Pseudonym P, das beispielsweise jedes Jahr geändert wird, Kritik üben. Die Adressaten können daher die geübte Kritik Pseudonymen zuordnen. Das hat den Vorteil, daß sie sich ein Bild über den Kritiker P-(I) bilden können. Die anderen Mitarbeiter werden mit der Zeit eine konkrete Vorstellung erlangen, bei welchen Entscheidungen P-(I) wirkungsvoll kritisieren kann, wie seine Verbesserungsvorschläge zu beurteilen sind, in welchen Gebieten er Kompetenz hat und wo er Fehler macht. Diese Einschätzungen sind besonders dann von Bedeutung, wenn über den Aufstieg eines Mitarbeiters in der Hierarchie entschieden werden soll. Prinzipiell ist die Menge der geübten Kritik, das Verhältnis von brauchbaren zu unbrauchbaren Kommentaren und deren thematische Eingrenzung ein wertvolles Indiz für die Tauglichkeit eines Mitarbeiters in bestimmten Gebieten. Die Kritik kann ein Zeichen für die Intelligenz des Mitarbeiters und für dessen Vertrautheit mit verschiedenen Bereichen des Unternehmens sein. Je eher ein Mitarbeiter seine Entscheidungen offenlegt, je weitreichender und wirkungsvoller seine Kritik auch in anderen Entscheidungsbereichen ist, desto eher wird er für höhere Aufgaben geeignet sein [vgl. M. Imai, 1993, S. 148]. Hier wird nicht behauptet, daß diese Merkmale der entscheidende Faktor für die Entscheidung Aufstieg oder nicht sein sollen. Aber die Entscheidung, einen Mitarbeiter zu befördern, ist ebenfalls eine Entscheidung, die offengelegt und diskutiert werden sollte. Die Erfahrungen des Kandidaten im Umgang mit kritisch-rationalem Management, seine Kritikfähigkeit und seine Aufgeschlossenheit sollten in diese Entscheidung einfließen. Umso mehr, als die übrigen Mitarbeiter eher bereit sein werden, ihre Entscheidungen offenzulegen und Kritik zu üben, wenn sie die berechtigte Hoffnung hegen, daß das für ihren Aufstieg von Bedeutung sein könnte.

Andererseits ermöglicht die Rationalisierung der Entscheidungsprozesse auch die Aufdeckung von relativ inkompetenten Entscheidungsträgern [vgl. Kapitel 4]. Entscheidungsträger, die Entscheidungen treffen, die vor dem Hintergrund der eingegangenen Kritik häufig nicht gerechtfertigt werden können, werden zumindest mit einer Versetzung in einen anderen Aufgabenbereich rechnen müssen.

Weiters ergibt sich die Perspektive, Menschen einzustellen, deren Hauptaufgabe es sein könnte, in allen Unternehmensbereichen Entscheidungen zu hinterfragen, Verbesserungsvorschläge zu machen, kurz: Kritik zu üben [vgl. dazu Kapitel 5.1.2, die Aufgaben der "Kaizen-Männer"].

Ausgewählte Motivationsfaktoren
• Idealistische Erwägungen
• Selbst-Test
• Wissenszuwachs
• Prinzip der Reziprozität: "Feinden" schaden, "Freunden" nutzen
• Abtausch von Offenheit und Berücksichtigung der Kritik gegen schnelle Umsetzung und Eigeninitiative
• Machtausbau
• Beförderung
• Absicherungskomponente: Kündigungsschutz
• (Semi-) Anonymität

Tabelle 15: Ausgewählte Beispiele für individuelle Motivationsfaktoren

8.5   Zwei Fallbeispiele zur Illustration der Zusammenhänge

Theoretisch mögen diese Überlegungen berechtigt sein. Die Kriterien des rationalen Verhaltens werden aber in der Realität oft nicht erfüllt.[72] Vor allem ist die nötige Transparenz und Offenheit der Handlungen nicht immer gegeben, weil der Revisionsmechanismus häufig nicht optimal ist. Daher trifft man in der

---

[72] Bspw. werden Nationalratsabgeordnete in Österreich nicht nach ihrer ersten offensichtlichen Fehlentscheidung abgewählt. (Es gibt auch kaum Möglichkeiten für den Bürger, Fehlentscheidungen zu korrigieren.) Sie müssen sich nur alle vier Jahre indirekt den Wahlen stellen. Der Wähler sieht sich dann vor der unangenehmen Aufgabe, das geringste Übel auswählen zu müssen.

Realität oft auf eine andere Situation. Ein Szenario, das häufig mit repräsentativer Mehrheitsbildung verbunden ist, wenn die Entscheidungsträger über absolute Macht[73] verfügen, ist folgendes: Die am Entscheidungsprozeß Beteiligten vereinbaren Kompensationsgeschäfte zu Lasten dritter. Einmal wird I seinen Nutzen zu Lasten der Allgemeinheit maximieren dürfen, ohne mit Kritik von A rechnen zu müssen, ein andermal wird A diese Gunst von I gewährt. Diese "Kompromißentscheidungen" werden auf dem Rücken der nicht in diesen Entscheidungsprozessen involvierten Betroffenen ausgetragen. Der kollektive Nutzen ist zwar geringer, der Nutzen von I und A aber höher als beim eingangs geschilderten Szenario. Dieses Thema behandelt F.A. Hayek ausführlich in seinen Büchern [vgl. F.A. Hayek, 1986c]. Bei Erfüllung der Kriterien des rationalen Verhaltens sind aber die bestmöglichen Voraussetzungen gegeben, um dieses Szenario zu vermeiden.

Anhand der Schilderung eines idealtypischen Unternehmens (EIU), das als Negativ- Beispiel fungieren soll und des Unternehmens Semco können die Zusammenhänge besonders gut illustriert werden.

1. EIU[74]

Das Zielsystem von EIU war in den letzten Jahren einem enormen Wandel unterworfen. Der rasche technologische Wandel hat dazu geführt, daß traditionelle Märkte zusammengebrochen sind. Viele kleine und mittelgroße Konkurrenten liefern EIU einen kompromißlosen Kampf. EIU hat darauf mit vielfältigen Maßnahmen reagiert. Der Umstellungsprozeß vom (beinahe) Monopol zum schlanken, innovativen, reaktionsschnellen und kundenfreundlichen Unternehmen ist aber noch keineswegs abgeschlossen. Die Regeln, die die Bedingungen für das Allgemeinwohl formulieren sollen, wurden zwar modifiziert, das Zielsystem ist aber noch keinesfalls als optimal zu bezeichnen. Dazu kommt noch, daß viele Mitarbeiter bei EIU den Wandel dieser Regeln nicht nachvollziehen können und noch immer den "alten" Regeln stark verbunden sind.

Aufgrund dieser Situation wäre es notwendig, daß Offenheit und Transparenz gewährleistet wären, damit die Mitarbeiter in Diskussionen verstehen lernen, warum sich das Zielsystem oder die Regeln geändert haben. Aber auch Offenheit und Transparenz sind nur eingeschränkt vorhanden, wenn vielleicht auch in

---

[73]D.h. sie können jede beliebige Entscheidung treffen und ihr Gültigkeit verschaffen.
[74]Vgl. "The Economist", May 28th 1994, S. 65 f.

höherem Ausmaß als noch vor wenigen Jahren. Insbesondere scheint eine Informationsquelle zu fehlen, die glaubhaft "objektive" Informationen übermittelt.

Auch wenn das Zielsystem von EIU die Bedingungen für das Allgemeinwohl noch nicht besonders gut widerspiegelt und wenn die Transparenz in weiten Bereichen noch nicht gewährleistet ist, würde sich das Allgemeinwohl dennoch rasch erhöhen, wenn es einen funktionierenden Revisions- und Sanktionsapparat gäbe. Der Revisionsmechanismus ist am wichtigsten, denn wenn er funktioniert, können die übrigen Parameter den Bedürfnissen rasch angepaßt werden. Trotz bedeutender Teilerfolge in bestimmten Bereichen hat der einzelne EIU-Mitarbeiter - unternehmensweit gesehen - noch immer kaum Möglichkeiten, Änderungen im Zielsystem oder im Sanktionsapparat zu initiieren und der Sanktionsapparat, der die Einhaltung der berechtigterweise bestehenden Regelungen garantieren sollte, scheint auch (noch) nicht besonders gut zu funktionieren.

2. Semco[75]

Bei Semco gibt es im Gegensatz zu EIU ein etabliertes, akzeptiertes Zielsystem. Die Offenheit der Entscheidungen und Handlungen ist weitgehend sichergestellt. Informationen sind im allgemeinen rasch und universell zugänglich und können auf ihre Gültigkeit hin überprüft werden. *"Wir veröffentlichen praktisch alle Informationen über das Unternehmen - von den Gehältern bis zu den Strategien, von den Produktivitätsstatistiken bis zu den Gewinnspannen."* [vgl. R. Semler, 1993, S. 366] In diesem Unternehmen sind zahlreiche Initiativen im Gang die die Rationalitätskompetenz der Mitarbeiter steigern sollen. Kritiker haben die Möglichkeit, ihre Meinung öffentlich zu diskutieren. Auch der Sanktionsapparat kann seinen Aufgaben gut nachkommen.

Daß diese Prozesse bei Semco so gut zu funktionieren scheinen, kann damit erklärt werden, daß es bemerkenswert ausgebaute Veränderungsmöglichkeiten gibt. Das was in allen Unternehmen prinzipiell möglich ist, ist bei Semco besonders einfach. Den Kriterien der Rationalität entsprechend hat nämlich jeder Mitarbeiter die Gelegenheit, das etablierte Zielsystem und alle Entscheidungen und Handlungen, auch die, die vom Management getroffen werden, zu kritisieren, diese Kritik zu veröffentlichen und, wenn nach einer Diskussion eine entsprechende Unterstützung erreicht wird, jede Regelung des Zielsystems abzuändern. Außerdem kann jeder Mitarbeiter auf die gleiche Weise die Aufnahme neuer

---

[75]Vgl. Kapitel 5.2.

Ziele (Regelungen) in das Zielsystem erreichen.[76] Aufgrund der dabei aufgetretenen Kommunikations- und Koordinationsschwierigkeiten übernahmen gewählte Werkskomitees diese Aufgaben.[77] Sie sind das Sprachrohr der Kritik, die jeden Aspekt des Managements in Frage stellen können. Auf die Problematik der oben diskutierten Abtauschgeschäfte wird bei Semco mit Teilung reagiert. Sobald eine Unternehmenseinheit die Größe von 150 Mitarbeitern übertrifft, wird sie geteilt. Dadurch behalten die Mitarbeiter die Übersicht und Abtauschgeschäfte werden hintangehalten.

Als Schlußfolgerung bleibt festzuhalten, daß Eigennutz und Allgemeinwohl einander nicht widersprechen müssen. Wenn die geeigneten Bedingungen herrschen, das heißt, wenn die Kriterien des rationalen Verhaltens erfüllt werden, wenn es ein Zielsystem gibt, das versucht, die Bedingungen des Allgemeinwohls zu formulieren und das als Falsifikationsrahmen dient, und wenn es einen funktionierenden Sanktions- und Revisionsapparat gibt, kann die "unsichtbare Hand" ihre volle Wirkung entfalten: Individuen mehren, vom Eigennutz getrieben, das Allgemeinwohl.

Empirische Belege, die diese Thesen stützen, wurden im Kapitel 7.3 diskutiert.

---

[76]Für diese beiden Elemente einer kritisch-rationalen Regierungsform wurden in der Schweiz in der Form von Referendum und Initiative zwei eigene Verfahren entwickelt.

[77]Das ist aus den Forderungen nach rationalem Verhalten nicht direkt ableitbar [vgl. 5.2] und mit den heute verfügbaren Informations- und Kommunikationsmitteln auch nicht mehr unbedingt notwendig [vgl. Exkurs 2].

Teil 4. Welche Probleme sind zu erwarten, wenn man versucht, kritisch-rationales Management in einem Unternehmen einzuführen? Welche Lösungen bieten sich an?

Im ersten und zweiten Teil der Arbeit wurde untersucht, wie man theoretisch zu optimalen Entscheidungen kommen kann. Wir haben gesehen, daß ausschließlich die rationale Vorgehensweise die berechtigte Hoffnung erlaubt, dies zu erreichen. Es wurde auch gezeigt, daß man die Kriterien des rationalen Verhaltens erfolgreich erfüllen kann und welche Bedingungen herrschen müssen, damit sie ihre (fehlerreduzierende) Wirkung entfalten können. Insbesondere irrationale Vorgehensweisen sind der rationalen systematisch unterlegen. Der zweite Teil der Arbeit hat herausgestellt, daß die Problemfelder, die durch die vergleichende Analyse einiger Managementkonzepte, verschiedener Beispiele aus der Unternehmenspraxis und einer explorativen Befragung aufgezeigt wurden, am besten durch rationales Verhalten gelöst werden können. Im dritten Teil wurde gezeigt, daß individuelle Nutzenmaximierung mit rationalem Management vereinbar ist.

Diese Erkenntnisse bilden den Ausgangspunkt für diesen vierten Teil der Arbeit. Die Aussage "Berücksichtige die Kriterien des rationalen Verhaltens, wenn du gute Entscheidungen treffen willst" soll hier noch weiter präzisiert werden. In diesem Teil der Arbeit wird daher untersucht, wie die Kriterien in Unternehmen umgesetzt werden können. Spezielle Problemfelder, die dabei auftreten können werden aufgezeigt und es wird versucht, Lösungsmöglichkeiten zu entwickeln. Beispiele sollen die Argumentation veranschaulichen.

"Die Einsicht, daß soziale Systeme außerordentlich komplex sind und daß er bei seinem Handeln extrem vereinfacht, wird keinem reflektierenden Manager neu sein. Aber für ihn besteht das Dilemma darin, daß differenzierte Erklärungsansätze, abgesehen von der Wirkung einer generellen Sensibilisierung der Gestaltungsaufgabe, keine handlungsleitende Funktion haben. Sein Problem ist nicht primär zu verstehen, daß soziale Systeme komplex und in ihren Strukturen und Prozessen nur schwer zu erklären sind, sondern wie man trotz dieses begrenzten Informationsstandes zielorientiert handeln muß." [E. Frese, 1991, S. 74 f]

9	Kritisch-rationales Management in Unternehmen und der Umgang mit auftretenden Problemen

*In diesem Teil wird eine Heuristik entwickelt, die es ermöglichen soll, den Entschei-
dungsprozeß den vier Kriterien des rationalen Verhaltens entsprechend zu gestalten.
Heuristik ist hier in Anlehnung an Homann der Grundgedanke, organisatorischen
Fortschritt auf eine leistungsfähige Suchstrategie zurückzuführen, die einerseits Will-
kür und Beliebigkeit ausschaltet, die sich aber andererseits nicht durch ein fehlgeleite-
tes Streben nach Sicherheit der Erkenntnis oder durch Beachtung zu enger Regeln der
Logik oder Methodologie davon abbringen läßt, gute Entscheidungen zu treffen* [vgl.
K. Homann, 1988, S. 90].

*Es ist unrealistisch, davon auszugehen, daß im folgenden eine einhundertprozentig
funktionierende Heuristik, die die Kriterien optimal berücksichtigt, beschrieben werden kann. Nicht jeder Mitarbeiter kann motiviert werden. Informationsverluste und
Zeitdruck, Betriebsgeheimnisse und technische Unzulänglichkeiten beeinträchtigen
das Resultat.*

*Nicht alle Überlegungen, die in den folgenden Unterkapiteln gemacht werden, ergeben
sich mit zwingender Notwendigkeit in jedem Unternehmen. Die Anonymität der Beteiligten im Entscheidungsprozeß beispielsweise, stellt einen ersten Lösungsansatz für ein
Problem dar, das sich sicher nicht jedem Unternehmen in der gleichen Weise stellt.
Diese und ähnliche Überlegungen stellen nur Ansätze zu Problemlösungen dar, die
jedes Unternehmen immer wieder selbst für sich entwickeln muß, weil nur die jeweiligen Mitarbeiter über das nötige unternehmensspezifische Detailwissen verfügen, das
in die Lösung dieser Probleme einfließen muß* [vgl. Kapitel 7 und 8]. *Es ist aber auch
nicht möglich, fertige Problemlösungsrezepte für jede Art von Unternehmen, für jede
Problemsituation zu entwickeln. Vielmehr liegt das Hauptaugenmerk auf der Untersuchung der Frage, welche Rahmenbedingungen in jedem Unternehmen gegeben sein
müssen, damit die Mitarbeiter optimale Problemlösungen entwickeln können.*

Die Kriterien des rationalen Verhaltens lauten: [vgl. 2.1.5]

1. *Sei Dir bewußt, daß es keine Gewißheit um eine optimale Entscheidung geben
    kann.*
2. *Lege die Tatsachen und Werte, die die Basis für eine zu treffende Entscheidung
    sind offen, sodaß sie jedermann kritisieren kann.*
3. *Berücksichtige die Kritik.*
4. *Wähle die optimale Entscheidung.*

Welche Konsequenzen ergeben sich aus den Kriterien des rationalen Verhaltens für den betrieblichen Entscheidungsprozeß?

9.1   Alle Entscheidungsträger in der Organisation sind von den Kriterien betroffen. Die zur Verfügung stehende Zeit, die Art der Entscheidung und die Geheimhaltung stellen Einschränkungen dar, die die Erfüllung der Kriterien erschweren.

9.2   Bei jeder Entscheidung sind Tatsachen und Normen, die Entscheidungsgrundlagen, sowie die Gegenvorschläge und deren Kosten so weit wie möglich und unter Berücksichtigung von 9.1 offenzulegen. Die Anonymität der Diskussionspartner kann den problemspezifischen Diskurs erleichtern und qualitativ verbessern.

9.3   Das Üben von Kritik ist von besonderer Wichtigkeit. Zwei Voraussetzungen dafür sind Möglichkeiten, Kritik zu üben und relativ geringe Kommunikationskosten.

9.4   Bei rationalem Verhalten sind die Voraussetzungen optimal, zu möglichst fehlerarmen Entscheidungen kommen zu können: Der Entscheidungträger legt seine vorläufigen Entscheidungen offen, die berechtigte Kritik, die Kritiker aufzeigen können, wird berücksichtigt und die sich aus dem Entscheidungsprozeß ergebende, optimale Entscheidung kann getroffen werden.

Exkurs 1 Athen hatte 500 v. Chr. eine Regierungsform, die den Erfordernissen des kritisch-rationalen Managements relativ nahe kam. Daß sie dennoch scheiterte, ist auf mangelnde Informations- und Kommunikationsmittel und -möglichkeiten zurückzuführen.

Exkurs 2 Mit der heute vorhandenen IuK-Technologie - speziell mit computergestützter Teamarbeit - ist es möglich, die Vorteile des rationalen Verhaltens intensiv zu nutzen, während gleichzeitig die Schwierigkeiten, die mit rationalem Verhalten verbunden sind, entschärft werden.

Übersicht zu Kapitel 9		
Die Kriterien des rationalen Verhaltens:		
1. Sei dir bewußt, daß es absolute Wahrheitsansprüche nicht gibt.		
2. Lege die Gründe für etwaige Entscheidungspräferenzen offen.		
3. Höre gut zu und versuche, die Kritik der anderen zu nützen.		
4. Wähle die sich aus diesem Prozeß ergebende optimale Entscheidungsmöglichkeit.		
Der Umgang mit auftretenden Problemen:		
ad 1.	Ex post Diskussion der Entscheidung bei Zeitmangel. (9.1.1)	Eingeschränkte bzw. ex post Diskussion der Entscheidung bei Geheimhaltung. (9.1.2)	Schematische Darstellung der Entscheidungsgrundlagen bei repetitiven Entscheidungen. (9.1.3)
ad 2.	Strukturierung der Entscheidungsgrundlagen. (9.2.1)	Schaffung anonymer Kommunikationsmöglichkeiten (9.2.2)	
ad 3.	Schaffung der notwendigen Kommunikationsmittel und -wege. (9.3.1)	Analyse der Kontrollwirkung der Kritik. (9.3.2)	
ad 4.	Durch Bemühen um die Erfüllung der Kriterien Schaffung eines Klimas, in dem optimale Entscheidungen getroffen werden. (9.4)		

Tabelle 16: Die Umsetzung der Kriterien des rationalen Verhaltens in einem Unternehmen und der Umgang mit auftretenden Problemen.

9.1 Umsetzung des ersten Kriteriums

Der erste Grundsatz, der befolgt werden muß, lautet: Sei dir bewußt, daß du nicht wissen kannst, ob du die optimale Entscheidung gefunden hast. Dieser Grundsatz hat weitreichende Konsequenzen. Einige Überlegungen zu diesem

Satz wurden bereits in Kapitel 4 und 5 behandelt. Für den Ablauf der Entscheidungsprozesse in Unternehmen ergeben sich daraus bedeutsame Konsequenzen:

Niemand kann beanspruchen, etwas optimal geregelt zu haben oder einen Istzustand als "optimal" verteidigen. Jedem können Fehler unterlaufen, alles kann verbesserungsfähig sein. Die Überlegenheit einer Alternative über eine andere kann nur durch ständige rationale Vergleiche plausibel gemacht werden. Alle Funktionsbereiche eines Unternehmens, wie Leitung, Verwaltung, Beschaffung, Lagerung, Produktion, Transport, Finanzwirtschaft, Personalwesen, Marketing, Forschung und Entwicklung sind davon betroffen. Aus dem ersten Grundsatz folgt, daß prinzipiell jede Entscheidung den Kriterien des rationalen Verhaltens unterworfen werden muß.

Es gibt im wesentlichen drei Probleme, die dabei auftreten können: Probleme, die aufgrund des Zeitmangels entstehen, Probleme mit außerrationalen oder repetitiven Entscheidungen und Organisations- oder Betriebsgeheimnisse.

9.1.1 Bei Zeitmangel kann ex post über die Entscheidung diskutiert werden.

9.1.2 Über Entscheidungen, die für unbedeutend oder diskussionsunwürdig gehalten werden, kann auf einer Metaebene diskutiert werden. Programmierbare Entscheidungen können schematisch dargestellt und kritisiert werden.

9.1.3 *Ehemalige* Geheimnisse können ebenfalls diskutiert werden bzw. es kann auf einer Metaebene über die prinzipielle Berechtigung jedes *aktuellen* Geheimnisses diskutiert werden.

9.1.1 Ex post Diskussion bei Zeitmangel

Zeitmangel kann es unmöglich machen, sich ex ante rational zu verhalten. Die Offenlegung der Entscheidungsgrundlagen und das Üben von Kritik ist in diesem Fall nur sehr eingeschränkt bzw. gar nicht möglich.[78] Bei solchen Entscheidungen kann den Erfordernissen des kritisch-rationalen Managements erst ex post entsprochen werden. Das ist aber die einzige Einschränkung. Die vier möglichen Fehlerquellen im Entscheidungsprozeß [vgl. Kapitel 3] können auch im nachhinein aufgedeckt werden. In diesem Fall ist die Entscheidung zwar schon gefallen, aber rationales Vorgehen kann einerseits eine korrigierende Entschei-

---

[78]Vgl. aber H. U. Kuhn, 1991, S. 93, der die Möglichkeit von "Crash-Aktionen" aufzeigt, bei welchen sehr viel Teamkapazität auf ein Minimum von Zeit konzentriert wird.

dung ermöglichen, wenn Fehler entdeckt werden und andererseits als Anreiz für den Entscheidungsträger fungieren, sich trotz Zeitmangels bei der Entscheidung so rational wie möglich zu verhalten.

Beispiele für Entscheidungen unter Zeitmangel sind Entscheidungen über den Einkauf von Gütern oder Dienstleistungen, die nur in beschränktem Umfang oder eine beschränkte Zeit lang zum Kauf angeboten werden. Andere Kunden oder der Ablauf der Zeit (bspw. bei Gütern, die starken Modeschwankungen unterworfen sind oder bei verderblichen Gütern (Nahrungsmittel etc.)) können den eigenen Kauf vereiteln. Da das Gut oder die Dienstleistungen vor dem Kauf oft nicht zu den potentiellen Kritikern zur Begutachtung gebracht werden kann, weil es bspw. nur in Paris, Antwerpen oder Hamburg erworben werden kann, gibt es hier oft nur die Möglichkeit der ex post Rationalisierung.

Der Mangel an Zeit spielt auch bei außerrationalen und repetitiven Entscheidungen eine dominante Rolle.

9.1.2 Schematische Darstellung der Entscheidungsgrundlagen bei außerrationalen und repetitiven Entscheidungen[79]

Außerrationale Entscheidungen sind Entscheidungen, die aufgrund der Erfahrung oder Übung oder rationaler Entscheidungsprozesse (auf einer Metaebene) für nicht rationalisierbar gehalten werden. Es wird dabei davon ausgegangen, daß die Kosten der Rationalisierung jeden durch die Rationalisierung zu erwartenden Nutzengewinn übersteigen. Die jeweiligen Einschätzungen sind natürlich falsifizierbar, die Grenzen können sich verschieben, wenn sich die Umstände ändern und sie sind unternehmensspezifisch und subjektiv variabel. Ebenso wie bei den Geheimnissen sind hier die Mißbrauchsmöglichkeiten groß und es ist daher notwendig, Entscheidungen nur mit Zurückhaltung zu außerrationalen Entscheidungen zu erklären bzw. auf jeden Fall Diskussionen auf Metaebene darüber zu ermöglichen.

Der Mangel an Zeit legt es nahe, weitere Differenzierungen vorzunehmen: Tendenziell ist es nicht sinnvoll, jede Entscheidung, auch wenn es sich zum Beispiel um eine routinemäßige Entscheidung handelt, jedesmal allen vier Kriterien zu unterwerfen. Die hohe Anzahl der Entscheidungsprozesse würde einen nicht zu rechtfertigenden Aufwand bedingen.

---

[79]Vgl. Kapitel 2.3.

In der Managementliteratur gibt es eine große Anzahl unterschiedlicher Ansätze, wie Entscheidungen zu unterscheiden sind. Simon unterscheidet: [vgl. W. Staehle, 1991, S. 497]

- Programmierbare Entscheidungen: repetitive, routinemäßige Entscheidungen, zu deren Unterstützung spezielle Verfahren existieren.

- Nicht programmierbare Entscheidungen: seltene, komplizierte und/oder neuartige Entscheidungen, zu deren Unterstützung keine speziellen Verfahren existieren.

Selbstverständlich stellen diese zwei Punkte nur die zwei Extreme auf einem Kontinuum dar. Es ist aber offensichtlich, daß es nicht zweckmäßig sein kann, programmierbare Entscheidungen als Einzelentscheidungen zu behandeln und mit der gleichen Intensität wie bei neuartigen Entscheidungen ständig nach Verbesserungsmöglichkeiten zu suchen, Kritik zu üben und über sie zu diskutieren. Bei programmierbaren Entscheidungen genügt es aufgrund der Struktur dieser Entscheidungen, sie nur allgemein, abstrakt zu schildern. Diese Schilderung ist bei programmierbaren Entscheidungen natürlich besonders einfach, da definitionsgemäß viele Parameter bekannt sind. Auch auf Basis dieser abstrakten Schilderung kann konstruktiv Kritik geübt werden. Mit relativ geringem Aufwand kann die programmierbare Entscheidung nun als immer wiederkehrende Einzelentscheidung diskutiert und kritisiert werden.

Programmierbare oder repetitive Entscheidungen sind immer dann gegeben, wenn Prozesse in wenn - dann Abfolgen beschrieben werden können. Eine Verwaltungsbehörde könnte bspw. ihre Vergaberichtlinien für den Bau einer neuen Straße in programmierter Form darstellen. Sie müßte den Auftrag immer an das Unternehmen, das die Bedingungen am besten erfüllt, vergeben. Weitere Beispiele für programmierbare Entscheidungsabläufe sind die Maßnahmen, die bei Feueralarm getroffen werden sollen, aber auch Produktionsprogramme, die Marketing Strategie, die bei bestimmten Umsatzrückgängen spezifische Gegenmaßnahmen vorsieht etc.

Geheimnisse stellen die dritte Problemgruppe dar.

9.1.3 Eingeschränkte bzw. ex post Diskussion bei Geheimhaltung

Nicht alle Entscheidungen können allgemein offengelegt werden. Beschränkungen ergeben sich etwa aus Entscheidungen, die unter die Geheimhaltung fallen. Für diese Entscheidungen gelten aber die gleichen Prinzipien wie für alle anderen. Allerdings ist hier der involvierte Personenkreis kleiner. Nur die Organisationsmitglieder, die die entsprechenden Geheimhaltungsbedingungen erfüllen, können in den Entscheidungsprozeß eingreifen. Eine darüber hinaus gehende Erfüllung der Kriterien ist erst dann möglich, wenn das Geheimnis nicht mehr geheimzuhalten ist. Auf einer Metaebene kann jedoch auch in diesem Fall allgemein darüber diskutiert werden, welche Kategorie von Entscheidungen unter die Geheimhaltung fallen können oder sollen. Die Möglichkeit, auf einer Metaebene darüber zu diskutieren, ist von besonderer Bedeutung, wenn man sich vor Augen hält, daß es vielfältige Möglichkeiten gibt, mittels vorgeschützten Geheimnissen Unliebsames zu verbergen [vgl. 3.1.2.2].

Ein Beispiel für Entscheidungen, die in der Regel der Geheimhaltung unterliegen, ist das weiter oben genannte Beispiel der Ausschreibung eines Bauabschnittes für eine neue Straße. Wenn es dabei eine Bestimmung gibt, daß das Unternehmen, das das günstigste Angebot macht (oder das Angebot, das dem Durchschnitt aller Angebote am nächsten kommt) den Auftrag bekommt, wäre es offensichtlich nicht sinnvoll, das eigene Angebot den Konkurrenten mitzuteilen, wenn man den Auftrag bekommen will. Auch in der Forschung und Entwicklung wird man bestimmte Ergebnisse nur zögernd oder eingeschränkt veröffentlichen, ehe man sich ihre Verwertung patentrechtlich gesichert hat. Inwieweit illegale Handlungen zum Wohle des Unternehmens (bspw. Bestechungen, die notwendig sein könnten, um etwa in Indonesien einen Auftrag zu erhalten) geheimzuhalten sind, ist eine komplexe Frage, auf die hier nur hingewiesen werden soll. Sie läßt sich aber prinzipiell mit den Instrumentarien, die in Kapitel 8 entwickelt wurden, beantworten.

Bei allen anderen Entscheidungen aber, die von diesen drei Einschränkungen (Zeitmangel, außerrationale oder repetitive Entscheidungen und Geheimhaltung) nicht betroffen sind und speziell bei komplexen, neuartigen oder seltenen Entscheidungen, ist kritisch-rationales Management angebracht. Denn bei diesen Entscheidungen sind auch die Möglichkeiten, Fehler zu begehen, besonders groß.

9.2 Umsetzung des zweiten Kriteriums

Das zweite Kriterium besteht aus dem Gebot, die Entscheidungsgrundlagen offenzulegen und die Wahl einer Entscheidung zu begründen.

Vorerst muß geklärt werden, was offenzulegen ist. Es gibt zwei Komponenten, die eine Entscheidung ausmachen [vgl. 2.1.2.3 Dualismus von Tatsachen und Normen]. Es sind dies Tatsachen und Normen oder Werte. Um Fehler aufdecken zu können, müssen die Entscheidungsgrundlagen daher in Tatsachen und Normen (Werte) getrennt und offengelegt werden.

Beispielsweise sind dabei folgende Komponenten zu berücksichtigen:

1. Angabe der Begründung, warum entschieden werden muß.
2. Vorlegen der Hypothese, die in der Entscheidung enthalten ist. Bsp.: Die Entscheidung wird getroffen, um ... zu erreichen (Bezug zum Zielsystem).
3. Die (absehbaren) Auswirkungen der Entscheidung sind anzuführen.
4. Gegenvorschläge und deren Kosten sind darzustellen.

Diese Punkte zielen auf eine Darstellung der Kosten-Nutzen Überlegungen ab, die mit der zu treffenden Entscheidung verbunden werden. Die Sinnhaftigkeit der Maßnahmen und ihre Zusammenhänge sollen dabei klar zum Ausdruck kommen. Den relevanten Diskussionsrahmen bildet das Zielsystem des Unternehmens [vgl. 3.1.2.3]. Ziel dieser Vorgehensweise ist es, das Üben von Kritik zu erleichtern und den Wissenstand der Kritiker zu erhöhen. Eine Präzisierung dieser Punkte wird in Abschnitt 9.2.1 vorgenommen.

Die zweite Frage in diesem Zusammenhang ist, wie die Entscheidungen aufzubereiten sind, damit Kritik möglich wird, die in einem vernünftigen Verhältnis zum getätigten Aufwand steht. Eine Bedingung dafür ist, daß die Such- und die Kommunikationskosten niedrig gehalten werden können [vgl. Kapitel 4.4 und Exkurs 2].

9.2.1   Die Aufgliederung und Strukturierung der Entscheidungen hat das Ziel, das Üben von gehaltvoller Kritik zu erleichtern.

9.2.2   Neben der Strukturierung der Entscheidungsgrundlagen kann die Frage der Anonymität von besonderer Bedeutung für die Offenlegung sein.

9.2.1 Strukturierung der Entscheidungsgrundlagen

Damit ein Mitarbeiter, der möglicherweise über wertvolle Informationen verfügt, diese auch einem spezifischen Entscheidungsträger, den er unter Umständen gar nicht kennt, rechtzeitig übermitteln kann, ist es hilfreich, die Entscheidungsgrundlagen zu strukturieren. Durch die Strukturierung werden spezifische Fragen angeregt, und ein rascher Überblick über die Materie wird erleichtert.

Es bieten sich vielfältige Gliederungsmöglichkeiten an. Einige ergeben sich aus 9.1: Die Entscheidungen können beispielsweise nach Sparte, Funktionsbereich, Aufgabenart und Entscheidungszeitraum aufgegliedert werden. Neben dem Entscheidungszeitpunkt sollte auch die Bedeutung der Entscheidung angegeben werden.

Werden die Entscheidungen entsprechend aufbereitet, kann der potentielle Kritiker seine Aufmerksamkeit leichter jenen Entscheidungen widmen, zu denen er, seiner Erfahrung nach, etwas Positives beitragen kann. Diese Art der Entscheidungsaufbereitung stellt einen wichtigen Punkt dar.

Damit ergeben sich folgende Erfordernisse für die Strukturierung der Entscheidungen:

1. Entscheidungen sind aufzugliedern, ob sie programmierbare Entscheidungen oder nicht programmierbare Entscheidungen sind. Nicht programmierbare Entscheidungen können darüber hinaus in Bezug auf ihre Neuartigkeit oder Ähnlichkeit mit anderen Entscheidungen untergliedert werden.
2. Angabe der Begründung, warum die Entscheidung getroffen werden soll (Bezug zum Zielsystem). Die Bedeutung der Entscheidung (Kosten-Nutzen Überlegungen) ist festzuhalten.
3. Der Zeitpunkt, zu dem die Entscheidung umgesetzt wird, ist anzuführen.
4. Der Bereich der Organisation, dem die Entscheidung zuzurechnen ist, ist ebenfalls anzugeben.
5. Die voraussichtliche Dauer der Wirksamkeit (Relevanz) der Entscheidung ist ein weiterer Gliederungspunkt.
6. Es ist zu unterscheiden, ob die Entscheidung unter die Geheimhaltung fällt oder gefallen ist.

Darüber hinaus sollte die bisher an der Entscheidung geübte Kritik und die darauf erfolgten Antworten festgehalten werden. Die Wiederholung inhaltlich gleichlautender Kritik wird damit hintangehalten: die gegebenen Antworten auf Kritik können kritisiert werden. Daraus ergibt sich:

7. Veröffentlichung der bereits erfolgten Kritik und deren Beantwortung.

Es könnte auch nach der Unbekanntheit oder Neuheit einer Entscheidungsaufgabe, der Zweideutigkeit von Zielen, der Komplexität und der Labilität der Aufgabenstruktur, der Unwiderruflichkeit der Antwort (Entscheidung), der Bedeutung der Folgen und nach Geld- und Zeitzwängen strukturiert werden [vgl. J.W. Payne, 1982].

Die Strukturierung hat jedenfalls so zu erfolgen, daß jeder vernünftige "Durchschnittsmensch" die Beziehungen zwischen Tatsachen, Werten (Zielsystem oder Allgemeinwohl) und der daraus gefolgerten Entscheidung verstehen kann. Die Immunisierung von Entscheidungen mittels einschlägigem Fachvokabular ist eine Gefahr, die durch die Offenlegung und den daraus entstehenden Kritikmöglichkeiten weitgehend hintangehalten werden kann. Eine Verletzung dieses Erfordernisses kann ja kritisiert werden.

Als (stark vereinfachtes) Beispiel könnte angenommen werden, daß ein mittelständisches Unternehmen seine Produktion auf CAM (Computer aided Manufacturing) umstellen möchte.

Dabei wäre dann anzugeben:

1. Es handelt sich um eine nicht programmierbare Entscheidung mit hohem Neuigkeitswert.
2. Die Entscheidung wird weitreichende Konsequenzen für das Unternehmen haben. Aufgrund der relativ großen Anzahl von ähnlichen Unternehmen müssen wir die Qualität unserer Produkte erhöhen, um auf dem Markt bestehen zu können. Insbesondere gibt es durch die zunehmenden Liberalisierungstendenzen in der Weltwirtschaft (GATT, Stichwort: Ostöffnung) Veränderungsdruck.
Kosten:
Die Kosten der Anlage werden 15 Millionen Schilling betragen (Kauf bei Unternehmen X). Dazu kommen noch Umschulungs- und Stillstandskosten in der Zeit des Umbaus, der 10 Tage dauern wird.
Nutzen:
Die Produktivität wird um etwa 100% steigen. Wir werden unsere Lieferzeit halbieren können und einen sehr hohen Qualitätsstandard erreichen. Der Um-

gang mit der neuen Anlage stellt eine Herausforderung für uns dar, der wir uns gerne stellen.

Gegenvorschläge sind noch keine eingelangt.

3. Der Kaufvertrag soll in 2 Wochen, am 22.11., unterschrieben werden. Die Anlage würde Anfang nächsten Jahres geliefert werden.

4. Die Entscheidung betrifft alle Mitarbeiter.

5. Die Entscheidung stellt eine Weichenstellung für die Zukunft dar und wird uns, soweit wir vorausplanen können, beeinflussen.

6. Die Entscheidung fällt nicht unter die Geheimhaltung.

7. Folgende Fragen bzw. Kritik wurden bisher geäußert:

"Was kosten die Anlagen anderer Anbieter?" - Reaktion: Der Anfrager bekommt unsere Bewertungskriterien und die Kopien aller Angebote, die wir bekommen haben.

"Das Geld könnten wir besser nutzen" - Reaktion: Der Kritiker wurde gebeten, konkrete Vorschläge zu unterbreiten.

9.2.2 Schaffung anonymer Kommunikationsmöglichkeiten

Auf der Suche nach einem Verfahren, das fehlerarme Entscheidung ermöglichen soll, können sich erhebliche Hindernisse ergeben. Es wurde zwar festgestellt, daß eigennützige, vernünftige Individuen sich unter bestimmten Umständen rational verhalten werden [vgl. Kapitel 8], es kann aber nicht ausgeschlossen werden, daß der Mensch sich unvernünftig verhält [vgl. Kapitel 2.2, 2.3 und 4.4].

Lorenz schildert die Problematik folgendermaßen: In der Gruppendiskussion oder auch in der öffentlichen Meinung ist das Suchen nach dem Für und Wider oft von erheblichen Motivationen aktiviert. Solange die Diskussion vom Willen getragen wird, die optimale Entscheidung zu finden (Lorenz spricht von der Sehnsucht nach Wahrheit, was aber nicht notwendig ist, wie wir in Kapitel 8 gesehen haben: eigennützige Nutzenmaximierer mit Rationalitätskompetenz und einem Verständnis für das Allgemeinwohl sind hinreichend), die richtige Lösung auch gefunden werden wird. Führen die verschiedenen Argumente aber zur Entstehung von opponierenden Gruppen und ist jede von der Richtigkeit ihrer Meinung überzeugt, übernehmen instinktive Antriebe die Kontrolle, was einerseits zu Eskalationen führen kann und andererseits eine problemspezifische Lösung unmöglich machen kann [vgl. K. Lorenz, 1973, S. 301].

Es gilt daher für Diskussionen, bei welchen schlechte Entscheidungen vermieden werden sollen, eine Kommunikationsart zur Verfügung zu stellen, die das Entstehen von emotionalisierten Gruppen weitgehend verhindert. Das gilt für

Gruppenentscheidungen ebenso wie für offenzulegende Einzelentscheidungen, die ja auch zu Diskussionen führen können und sollen.

P. Watzlawick unterscheidet bei der Kommunikation zwischen zwei Ebenen [vgl. P. Watzlawick, 1974, S. 70 f]:

1. die Beziehungsebene und
2. die Objektebene.

Die besten Ergebnisse in einer Diskussion werden nach Watzlawick dann erreicht, wenn die Diskussionspartner auf der Beziehungsebene harmonieren und nur auf der Objektebene differieren.

In einer Organisation gibt es keine Möglichkeit sicherzustellen, daß die Diskussionspartner sich emotional verstehen. Die verschiedenen Parameter, die in diesem Bezug eine Rolle spielen und die ständigen Veränderungen ausgesetzt sind, können nicht kontrolliert werden. Außerdem kann nicht vorhergesehen werden, wer mit wem diskutieren wird. Es kann daher vorkommen, daß aus herkömmlichen Diskussionen, aufgrund von Differenzen auf der Beziehungsebene, schlechte Entscheidungen resultieren. Die bewußten und unbewußten Vorgänge, wie Machtkämpfe etc., trüben oft die Diskussion und verhindern den problemspezifischen Diskurs. Die sich ergebenden Probleme können hier nicht für jeden Fall vorweggenommen und gelöst werden. Neben dem Verweis auf die Notwendigkeit der Einhaltung der Kriterien des rationalen Verhaltens bei der Lösung dieser Probleme [vgl. Kapitel 7.2], sollen hier aber noch einige allgemeine Überlegungen festgehalten werden.

Es gilt, folgende Frage zu klären: Was ist notwendig, damit sich eventuell vorhandene negative Beziehungen zwischen Organisationsmitgliedern nicht auf die Qualität der Problemlösung auswirken?

Da die Probleme oft auf der Beziehungsebene liegen, muß ein Medium verwendet werden können, das es erlaubt, die Beziehungsebene während der Diskussion eines relevanten Problems oder einer Problemlösung weitgehend auszuschließen. Dies ist nur dann möglich, wenn die Diskussionen anonym geführt werden können. Informationen über die kommunizierenden Organisationsmitglieder, wie der Rang in der Hierarchie, das Geschlecht, die Rasse, soziale Herkunft etc. dürfen in der Diskussion den Diskussionsteilnehmern nicht bekannt sein. Das erleichtert die Konzentration auf die zur Diskussion stehenden Entscheidungsgrundlagen und bedeutet, daß sowohl der Entscheidungsträger bei der

Offenlegung als auch jeder Kritiker der Entscheidung anonym agieren kann. Die Anonymität stellt sicher, daß von den Kommunizierenden nicht festgestellt werden kann, wer mit wem diskutiert. Es ist möglich, daß der Entscheidungsträger selbst mit einem Kritiker diskutiert, aber auch, daß Kritiker miteinander diskutieren oder daß Stellvertreter des Entscheidungsträgers dessen Aufgabe partiell übernehmen. Die Rollenverteilung ist nicht ausschlaggebend, die Richtigkeit der Entscheidung steht im Vordergrund. **Das Argument ist wichtiger als die Argumentierenden.** Das ist eine wesentliche Folgerung aus dem kritischen Rationalismus [vgl. K. Popper, 1992, S. 264].

Die Anonymität kann ein wichtiges Element sein. Sie garantiert, daß Entscheidungen, die aufgrund der Kritik zum Wohle der Gesamtorganisation verändert wurden, aber auf Kosten des Vorgesetzten oder der Gruppe des Kritikers gehen, nicht auch negative Konsequenzen für den Kritiker selbst mit sich bringen. Durch die Wahrung der Anonymität steigt in der Regel die Bereitschaft, in der Diskussion Fehler zuzugeben bzw. die richtige Meinung rascher anzunehmen. Die Gefahr sinkt, daß die Diskussion unnötig in die Länge gezogen wird, weil einige Angst haben, ihr Gesicht zu verlieren, wenn sie, nach anfänglicher strikter Ablehnung, einem Vorschlag doch zustimmen.

Weitere Vorteile der Anonymität:

Meinungsführer, die aufgrund ihrer Persönlichkeit den Ausgang der Diskussion verändern können, haben dazu bei der anonymen, schriftlichen Kommunikation kaum die Gelegenheit. Sie können die Diskussion höchstens durch gute Argumente beeinflussen, was auch der Qualität der Problemlösung zugute kommt. Die Gefahr einer "Volksverhetzung" sollte durch den Einsatz eines anonymen Mediums, wo von jedermann Pro- und Kontrastandpunkte vertreten werden können, beträchtlich sinken. Die Angst einzelner Personen, ihre Argumente vor der Gruppe zu vertreten, wird durch die Anonymität weitgehend gemildert. Viele andere Probleme der "Face to Face" Kommunikation werden durch die Zwischenschaltung eines unpersönlichen Mediums gelöst [vgl. Exkurs 2].

Nunamaker et al. unterscheiden drei Auswirkungen von Anonymität: [vgl. J.F. Nunamaker et al., 1991, S. 55]

1.   Beurteilungsdruck: Anonymität eliminiert oder verringert die Angst von Diskutanten, daß ihre Ideen von den Diskussionspartnern negativ bewertet werden könnten und führt so zu einer größeren Anzahl von Ideen, die zur Diskussion gestellt werden.

2. Konformitätsdruck: Anonymität verringert den Druck, der auf Diskutanten lasten kann, die Diskussionspartner aus Höflichkeit oder aus Angst vor Sanktionen nur zögernd zu kritisieren. Dieser Effekt ist besonders wichtig, da die Kritik der wesentliche Bestandteil der Rationalität ist.

3. Gesellschaftliche Normen: Anonymität läßt darüber hinaus alle Persönlichkeitsmerkmale der Diskutanten verschwinden. Das kann auch negative Effekte haben, weil sich die Diskutanten teilweise nicht mehr an gesellschaftliche Normen gebunden fühlen - es gibt ja keinen Sanktionsmechanismus mehr. "Flaming" ist die extremste Form, in der Diskutanten nicht mehr mit Argumenten sondern mit "Kraftausdrücken" versuchen, das Ergebnis einer Diskussion zu beeinflussen.

"Flaming" ist ein Problem, daß sich aus der Anonymität ergeben kann. Es ist davon auszugehen, daß man "Flaming" durch Appelle an die Vernunft oder ähnliche erzieherische Maßnahmen nicht (gänzlich) eliminieren kann. "Flaming" kann durchaus die positive Wirkung der Abreaktion für den "Flamer" haben. Für den, der die Botschaft bekommt, ist genau das Gegenteil zu erwarten. Es ist durch Schulung wahrscheinlich möglich, die negative Wirkung von "Kraftausdrücken" zu reduzieren, dennoch wird sie in der Regel den Empfänger negativ beeinflussen. Deshalb muß überlegt werden, ob und wie man "Flaming" reduzieren kann.

Man kann z.B. versuchen, ob man, bei Aufrechterhaltung der Anonymität, die "Kraftausdrücke" ausfiltern kann. Hier gibt es prinzipiell zwei Möglichkeiten:

1. Mechanische Filterung: Eine Maschine könnte die Aufgabe übertragen bekommen, die gesamte anonyme Kommunikation zu überprüfen und alle "Kraftausdrücke" auszufiltern. Diese müßten zuerst natürlich festgelegt werden. Genau darin liegt der schwache Punkt dieser Überlegungen. Für einen Menschen ist es im allgemeinen sehr leicht, eine Maschine zu "überlisten". Fremdsprachige Ausdrücke, alternierender Abstand zwischen den Buchstaben, "Flaming" nicht auf Schrift- sondern auf Grafikbasis etc. bieten sich an. Daher ist dieser Ansatz ungeeignet.

2. Filterung durch Menschen: Das scheint auf den ersten Blick eine vernünftigere Methode zu sein. Neben dem Problem der Zensur ist es hierbei aber ab einer größeren Datenmenge sehr aufwendig, die Kontrolle aufrechtzuerhalten. Besonders wenn Diskussionen mit mehreren Diskutanten zeitgleich stattfinden, ist diese Möglichkeit unbrauchbar. (So waren auch in der ehemaligen

DDR die Versuche der "Stasi", alle Telefongespräche zu überwachen, zum Scheitern verurteilt.)

Solange die Anonymität aufrechterhalten bleibt, scheint es unrealistisch, "Flaming" verhindern zu können. Eine Alternative könnte sein, die Anonymität im nachhinein aufheben zu können, wenn bestimmte Mindeststandards der Kommunikation verletzt werden. Eine Kommission, die mit Vertretern der Entscheidungsträger, den Eigentümern und den Organisationsmitgliedern bestückt ist, könnte dafür, ähnlich einem Presserat, eingerichtet werden. Eine Variante wäre, die Mitarbeiter oder Organisationsmitglieder selbst jeweils über die Aufhebung der Anonymität (etwa einfache Mehrheit) abstimmen zu lassen, wenn von irgendeinem Diskutanten Mindeststandards verletzt wurden [vgl. Artikel 57 B-VG, die Möglichkeiten, die Immunität von Parlamentsabgeordneten aufzuheben]. Wichtig dabei ist, daß die Standards jedermann bekannt sind und daß die Instanz, die die Anonymität im nachhinein aufheben kann, das Vertrauen der Mitarbeiter hat. Sonst könnten die positiven Effekte der Anonymität verlorengehen. Problematisch ist auch die Tatsache, daß es eine Aufzeichnung der "anonymen" Diskussion geben muß, weil sonst Verstöße nicht geahndet werden könnten. Das Problem könnte gelöst werden, indem sichergestellt wird, daß ausschließlich die durch Mehrheitsentscheid autorisierte Kommission Zugang zu den Aufzeichnungen hat und daß Aufzeichnungen nach spätestens 24 Stunden wieder gelöscht werden.

Die Gewährleistung der Anonymität mit dem Ziel, Entscheidungen besser kritisierbar zu machen, bedeutet natürlich nicht, daß nie persönlich kommuniziert werden darf. Die positiven Effekte der funktionierenden "Face to Face" Kommunikation werden hier nicht in Frage gestellt. Es soll nur auch die Möglichkeit geben, eine andere Kommunikationsart zu wählen, wenn die Distanz, die Zeit, oder sonstige Differenzen zwischen den Kommunikationspartnern die persönliche Kommunikation erschweren.

9.3   Umsetzung des dritten Kriteriums

Rational verhält sich drittens, wer die berechtigte Kritik nützt, um seine Entscheidung zu verbessern.

Kritik kann dazu genutzt werden, die subjektiven Entscheidungsgrundlagen den objektiv am besten geeigneten Grundlagen anzunähern. Nur durch die Kritik der Komponenten, auf die sich die subjektive Bewertung stützt und einer anschließenden, der Kritik entsprechenden Revision der individuellen Bewertung, kann der Entscheidungsträger zu einer besseren Bewertung kommen. Die Gewißheit darüber kann er allerdings nie erlangen [vgl. 2.1.2.1].

Es kann gezeigt werden, daß Kritik geübt werden kann, die vom Entscheidungsträger auch akzeptiert wird [vgl. Kapitel 8]. Hayek formuliert:

"Wäre es nicht der Fall, daß wir oft entdecken können, daß wir hinsichtlich allgemeiner Prinzipien übereinstimmen, die anwendbar sind, obgleich wir zunächst in der Beurteilung des besonderen Falles uneins sind, verlöre die Vorstellung von Gerechtigkeit ihren ganzen Sinn." [F.A. Hayek, 1986a, S. 32]

Mit der Annahme, daß jedes Organisationsmitglied eine angeborene Problementdeckerfähigkeit hat und mit der Idee, daß jeder Mensch ein prinzipiell "vernünftiges" Wesen ist [vgl. 3.1.1.3 Rationalitätskompetenz und Kapitel 7.2.2], ist auch die Fähigkeit jedes Menschen, Kritik zu üben impliziert. Nimmt man weiters an, daß jedes Organisationsmitglied seinen Arbeitsablauf so gestalten kann, daß es zeitliche Reserven hat, folgt daraus, daß Kritik grundsätzlich geübt werden kann.

Hier werden die Fragen diskutiert, welche Ansatzpunkte der Kritik es geben kann und welche Kommunikationsbedingungen herrschen müssen, damit die Kommunikationskosten niedrig bleiben.

9.3.1   Die Kommunikationskosten können durch anonyme, dezentrale und asynchrone Kommunikation niedrig gehalten werden.

9.3.2   Kritik kann in der Form von transzendenter, immanenter und allgemeiner Kritik geübt werden. Eine wesentliche Aufgabe der Kritik ist ihre Funktion als effektives, internes Kontroll- und Bildungssystem.

9.3.1 Schaffung der notwendigen Kommunikationsmittel und Kommunikationswege

Damit die Kommunikationskosten niedrig bleiben, müssen bestimmte Voraussetzungen erfüllt werden. Der weitgehend ortsunabhängige und zeitlich flexible Zugang zur Entscheidungswelt ist dabei eine wichtige Komponente. Jeder Mitarbeiter oder jedes Organisationsmitglied soll jederzeit, von jedem Ort aus, an der Diskussion teilnehmen können. Die Kommunikationswege sollen daher neben

der direkten Kommunikation, wobei alle beteiligten Kommunikationspartner
zeitgleich kommunizieren, auch die dezentrale und asynchrone Kommunikation
ermöglichen. Das bedeutet, daß sich nicht alle Beteiligten zur gleichen Zeit mit
dem gleichen Problem beschäftigen müssen, sondern selbst entscheiden können
- innerhalb eines bestimmten Rahmens - wann und wo sie sich damit befassen.

Die Mitarbeiter, die sich aufgrund der Offenlegung der Entscheidungsgrundla-
gen mit den Entscheidungskomponenten auseinandergesetzt haben, müssen die
Möglichkeit haben, darauf mit Kritik zu reagieren. Die Reaktion kann zwei
Auswirkungen haben [vgl. 8.4]:

1. Die Veränderung der Entscheidungsgrundlagen
   oder
2. Die Wissensänderung beim Kritiker infolge der Aufklärung eines Irrtums seinerseits.

Nimmt man darüber hinaus an, daß die Kritik mit geringem Aufwand an den
Adressaten weitergeleitet werden kann, ist davon auszugehen, daß die Kommunikationskosten zumindest kein großes Hindernis darstellen müssen [vgl. Exkurs
2: Tandem-Beispiel].

9.3.2 Analyse der Kontrollwirkung der Kritik

Es ergeben sich folgende Kritikformen, die besonders geeignet sind, das Aufdecken von Fehlern zu erleichtern: [vgl. 2.1.2.4]

1. Immanente Kritik: Immanente Kritik wird im organisatorischen Entscheidungsprozeß eher selten anwendbar sein, da die anfallenden Entscheidungen
   vom Umfang und von der Komplexität her gesehen, relativ zu den meisten
   wissenschaftlichen Theorien, eher "kleine" Entscheidungen sind.
2. Transzendente Kritik: Transzendente Kritik spielt eine größere Rolle. Dabei
   handelt es sich um das Anregen zur Entwicklung von Gegenvorschlägen
   und um Überprüfungskriterien zur Entscheidung, welche Alternative zu be-
   vorzugen ist. Transzendente Kritik ist eine häufige Kritikform, die gut geeignet ist, Fehler aufzudecken.
3. Kritik anhand allgemein akzeptierter Grundsätze. Besonders in diesem
   Punkt ergeben sich Unterschiede zwischen wissenschaftstheoretischen und
   unternehmerischen Erwägungen. In einem Unternehmen kann das Zielsystem der Eigentümer als zusätzlicher allgemein anerkannter Grundsatzkata-
   log aufgefaßt werden [vgl. 3.1.2.3]. Kritik kann besonders leicht geübt wer-

den, wenn es gelingt darzulegen, daß eine Entscheidung mit dem Zielsystem des Unternehmens nicht harmoniert. Das wird in der Regel zu einer Entscheidungsänderung führen, kann aber in Ausnahmefällen auch zu einer Revision des Zielsystems führen [vgl. Kapitel 3.1.2.3, Kapitel 7 und 8].

Aufgrund der Überlegungen, die in Kapitel 7 und 8 angestellt wurden oder auch im Sinne der Austauschtheorie[80], kann man davon ausgehen, daß der Entscheidungsträger seine Entscheidung den Zielvorstellungen der Eigentümer anpaßt. In der Offenlegung kann er das damit belegen, daß er behauptet, die Entscheidung (E1) entspräche den Zielkomponenten Z1, Z2 und Z3. Es ist nun leicht möglich, Fehler aufzuzeigen, wenn man darlegen kann, daß E1 die Zielkomponente Z1 nicht erfüllt oder Z4 erfüllen müßte, es aber nicht tut, oder daß E2 (eine andere Entscheidung) E1 in Bezug auf Z1 oder Z2 überlegen ist etc. Der Falsifikationsprozeß wird dadurch erleichtert und beschleunigt [vgl. 3.1.2.3].

Konkret ergeben sich in Fortführung des Beispiels aus 9.2.1 folgende Kritikmöglichkeiten:

1. Immanente Kritik: Es ist nicht möglich, die notwendigen Änderungen im Unternehmen mit dem Kauf der CAM-Anlage herbeizuführen. Die Qualitätssteigerung ist aufgrund des niedrigen technischen Standards der Analge nicht realisierbar. Technische Defekte, die bei Analgen dieser Art gewöhnlich auftreten und die mangelnde spezifische Vorbildung unserer Mitarbeiter machen auch eine Halbierung der Lieferzeiten unwahrscheinlich. Es fehlt die benötigte Nachfrage, um die Anlage auszulasten etc.

2. Transzendente Kritik: Das Geld könnte statt dessen in eine Werbekampagne investiert werden, die das Ziel hat, die künstlerischen Qualitäten unseres Unternehmens wieder allgemein bekannt zu machen. Mit künstlerisch wertvollen Produkten lassen sich höhere Preise erzielen. Die Konkurrenz aus dem Osten ist auf diesem Gebiet noch lange nicht so weit wie wir. Absatzprobleme sind aufgrund steigender Einkommen und steigendem Bedarf nach hoch- und höchstwertigen individuell gestalteten Produkten auch nicht zu erwarten. Weiters würden die bewährten Fähigkeiten unserer Mitarbeiter voll genutzt werden können.

---

[80]Die Eigentümer erwarten, daß die Organisationsmitglieder ihre Aufgaben vor dem Hintergrund des Eigentümerinteresses oder den Zielen der Organisation so gut wie möglich lösen. Im Austausch dafür erhalten die Organisationsmitglieder von den Eigentümern oder deren Vertretern Anreize wie Lohn oder Anerkennung, die in Beziehung zu den individuellen Zielvorstellungen stehen [vgl. W. Staehle, 1991, S. 530 f].

3. Allgemeine Kritik: In unserer Unternehmensphilosophie ist das Prinzip verankert, daß wir künstlerisch wertvolle Produkte herstellen sollen. Die CAM-Anlage und der von ihr ausgehende Druck zur Produktionsausweitung machen dieses Prinzip obsolet.

Die Frage der Kritikansatzpunkte betrifft letztendlich auch die Frage der Kontrollmöglichkeiten. Die Kontrollmöglichkeiten, die sich aus dem rationalen Entscheidungsprozeß ergeben, entsprechen dem Konzept der strategischen Kontrolle von Schreyögg/Steinmann (1985), das auf der Luhmannschen Systemtheorie basiert [vgl. W. Staehle, 1991, S. 512]. Planung, Entscheidung und Kontrolle sind dabei parallel ablaufende, komplementäre Prozesse. Planung reduziert die Unsicherheit, schafft Ordnung und kann als Absichtserklärung für zukünftig zu treffende Entscheidungen aufgefaßt werden. Kontrolle hat die Funktion des permanenten Infragestellens der Richtigkeit und Gültigkeit der organisatorischen Ordnung.

Schreyögg/Steinmann unterscheiden drei Kontrollaktivitäten: [vgl. W. Staehle, 1991, S. 512]

1. **Prämissenkontrolle**: Kontrolle der Gültigkeit der gemachten Prämissen
2. **Durchführungskontrolle**: Überwachung der Nebenwirkungen der realisierten Planungsfortschritte
3. **Strategische Überwachung**: Andauernde Suche nach Gefährdungen bzw. Bestandsbedrohungen

Erfolgreiches kritisch-rationales Management führt dazu, daß diese drei Kontrollaktivitäten von jedem Mitarbeiter jederzeit durchgeführt werden können. Die oben im Beispiel angeführten Kritikmöglichkeiten verdeutlichen den Sachverhalt.

Neben der Kontrolle dient die Kritik und die Gegenkritik auch der Förderung des Wissens um Zusammenhänge. Im modernen, komplexen Unternehmen ist es alltäglich, daß die Mitarbeiter aufgrund der komplexen Umwelt die Übersicht verlieren und Zusammenhänge nicht mehr erkennen können. In der Betriebswirtschaftslehre ist das ein bekanntes Phänomen, das häufig unter dem Begriff des Schnittstellenmanagements diskutiert wird. Dabei wird davon ausgegangen, daß die

"Mitglieder verschiedener Abteilungen - etwa Produktion und Marketing - Schwierigkeiten haben, sich zu verständigen, weil sie die ihre Abteilungen tangierenden Aufga-

ben und Probleme aus unterschiedlichen Interessen und Perspektiven heraus angehen." [vgl. A. Kieser, 1994, S. 5]

Der Verlust der Übersicht hat insbesondere zwei Auswirkungen:

1. Mitarbeiter, die Probleme finden, die sie aufgrund ihrer Sachkenntnis erkennen, sind sich nicht sicher, ob es sich wirklich um relevante Probleme handelt. Sie wissen ja, daß sie viele Zusammenhänge in der Organisation nicht kennen. Sie zweifeln daher an ihrer Sachkenntnis und bringen das Problem nicht zur Sprache.

2. Mitarbeiter erkennen dort, wo sie die Zusammenhänge nicht kennen, die vorhandenen Probleme überhaupt nicht.

Um das Kritisieren zu erleichtern, ist es daher notwendig, das entsprechende Hintergrundwissen zur Verfügung zu stellen (Politik der Offenheit, entsprechende Strukturierung der Entscheidungsgrundlagen [vgl. 9.2]). Diese Maßnahmen können die Quantität und die Qualität der geäußerten Kritik heben.

9.4 Umsetzung des vierten Kriteriums

Zusammenfassend ergibt sich bei erfolgreichem kritisch-rationalem Management folgende Situation für einen Kritiker: Es gibt eine strukturierte, verständlich erfaßte Entscheidungswelt im Unternehmen, in die er jederzeit und mit geringem Aufwand eingreifen kann, weil er die für ihn interessanten Entscheidungen rasch findet und seine Informationen (Kritik) problemlos übermitteln kann.

Die Kritik wird deshalb berücksichtigt werden, weil der Entscheidungsträger ein Interesse an besseren, fehlerärmeren Entscheidungen hat. Wenn er die berechtigte Kritik nützt, findet ein Abtausch zwischen Berücksichtigung der Kritik auf der Seite des Vorgesetzten und rascher, fehlerarmer Umsetzung der Entscheidung auf der Seite des Mitarbeiters statt [vgl. 8.4].

Der zweite Grund, warum der autorisierte Entscheidungsträger die berechtigte Kritik berücksichtigen wird, ist das Interesse des Eigentümers. Dieser hat ein Interesse daran, daß fehlerarme Entscheidungen getroffen werden. Er wird daher nur die Vorgesetzten in seinem Unternehmen dulden, die Kritik ermöglichen und berechtigte Kritik berücksichtigen [vgl. 8.3.2].

Der autorisierte Entscheidungsträger muß daher, wenn er die Kriterien des rationalen Verhaltens erfüllen will, vor jeder Entscheidung, ausgenommen die unter
9.1 diskutierten Einschränkungen, die Entscheidungsgrundlagen offenlegen. Er
hat die Tatsachen und Werte, die Gegenvorschläge und die Kosten-Nutzen
Überlegungen, so weit wie möglich offenzulegen. Je besser die Möglichkeiten
der Mitarbeiter sind, diese Ausführungen zu kritisieren und zu widerlegen, desto
eher werden bestimmte Kriterien des rationalen Verhaltens erfüllt. Aus der
Menge an Kritik und Gegenkritik ergibt sich am Ende dieses Prozesses die
(relativ) optimale Entscheidung [vgl. Kapitel 4, 7, 8].

Rationale Gestaltungserfordernisse im Entscheidungsprozeß	
Zugangserfordernisse:	Jeder -mann, -zeit und -ort
Aufbereitung der Entscheidung:	Begründung, Ziel
	Folgewirkungen
	Gegenvorschläge
	getätigte Kritik und Gegenkritik
Einschränkungen:	Zeit
	Geheimnisse
	Wiederholungen

Tabelle 17: Entscheidungsprozessuale Gestaltungserfordernisse und Einschränkungen
im kritisch-rationalen Management

Ehe im abschließenden Kapitel 10 ein Blick in die Zukunft geworfen wird, soll
kurz - in Exkurs 1 - ein wichtiges Ereignis der Vergangenheit diskutiert werden.
Es soll klären helfen, warum sich kritisch-rationales Management in der Vergangenheit nicht in dem Ausmaß durchgesetzt hat, der vielleicht zu erwarten
gewesen wäre. In Exkurs 2 wird untersucht, ob sich an den Voraussetzungen
etwas geändert hat. Es werden einige Entwicklungen im Bereich der IuK[81]-
Technologie diskutiert und es wird argumentiert, daß heute, aufgrund der technischen Entwicklung in diesem Bereich, eine weitgehende Erfüllung der Kriterien
des rationalen Verhaltens möglich ist.

---

[81] Informations- und Kommunikations-

Exkurs 1: Warum war kritisch-rationales Management 500 v. Chr. nicht erfolgreicher?

Die Einsicht, daß wir niemals sicher wissen können, ist keine Entdeckung des 20. Jahrhunderts. Wie Popper betont, geht diese Erkenntnis zumindest bis auf die "alten" Griechen zurück. Popper übersetzt Xenophanes, einen Dichter und Sänger, der 500 v. Christi Geburt schrieb:

"Sichere Wahrheit erkannte kein Mensch und wird keiner erkennen
Über die Götter und alle die Dinge, von denen ich spreche.
Sollte einer auch einst die vollkommenste Wahrheit verkünden,
Wissen könnt'er das nicht: Es ist alles durchwebt von Vermutung."

Xenophanes lehrte aber schon damals, daß es Fortschritt geben kann in unserer Wahrheitssuche; denn er schreibt:

"Nicht vom Beginn an enthüllen die Götter den Sterblichen alles.
Aber im Laufe der Zeit finden wir, suchend, das Bess're." [K. Popper, 1987, S. 50]

Diese oder ähnliche Überlegungen mögen dazu geführt haben, daß es in Athen 500 v. Chr. zu einer bemerkenswerten Entwicklung gekommen war. Die Kriterien des rationalen Verhaltens [vgl. 2.1.5] hatten in Athen einen besonders großen Stellenwert: Inmitten von Staaten, die von autoritären Führungseliten regiert wurden, experimentierten die Athener mit direkter Demokratie. Athen hatte zwar keine Regierungsform, die den Kriterien des rationalen Verhaltens uneinge-schränkt entsprochen hätte, aber Athens Verfassung kam den Erfordernissen die-ser Kriterien bei weitem am nächsten und hätte deshalb am relativ besten funk-tionieren müssen. In der athenischen Demokratie gab es schon folgende Ele-mente:

1. Eine institutionalisierte Bürgerversammlung (mit Referendumscharakter).
2. Einen Rat (Parlament)
3. Beamte, die allein an die Gesetze gebunden und vom Herrscher unabhängig waren.
4. Ein Volksgericht (Geschworenengericht)

All diese Institutionen dienten einer rationalen, d.h. offenen und kritischen Mei-nungsbildung, bei der die entscheidende relevante Information von jedem Bür-ger, unabhängig von seiner Position in der Hierarchie, stammen konnte. Dennoch ist die athenische Demokratie nach Anfangserfolgen schließlich wieder zerfallen. Warum?

In Athen gab es nur einfachste Informations- und Kommunikationsmittel: Es gab noch keine Zeitungen, natürlich keinen Rundfunk, kein Fernsehen. Das von Mund zu Mund weitergegebene Wort war der wichtigste Informationsträger. Als schließlich mehr als 200 000 Bürger in Athen stimmberechtigt waren, brach das System zusammen. Es fehlten die kommunikationstechnischen Hilfsmittel, die einen problemspezifischen, rationalen Diskurs ermöglicht hätten. Für den einzelnen Bürger war es fast unmöglich geworden, sich Gehör zu verschaffen. Die Offenheit und Transparenz in den Entscheidungsprozessen war nicht gewährleistet und so diktierten gut organisierte Lobbies die Entscheidungen zum Nachteil der Allgemeinheit [vgl. 8.5].

Die Ursache für das Scheitern der athenischen Demokratie ist daher primär in der mangelnden Transparenz und den ungenügenden Beeinflussungsmöglichkeiten der Entscheidungsprozesse zu suchen, die durch die fehlenden Kommunikationsmittel verursacht wurde. Dieser Schluß läßt sich auch mit der Transaktionskostentheorie und der Koordinationskostentheorie belegen:[82] Die Koordinationskosten beim Austausch der Informationen waren so hoch, daß nur wenige Informationen ausgetauscht wurden.

Hanker weist u.a. auf folgende Ursachen für die relativ hohen Koordinationskosten einer Adhocracie (Organisationsform, in der Argumente wichtiger sind als Argumentierende) hin: [vgl. J. Hanker, Die strategische Bedeutung der Information für die Organisation, 1990, S. 378]

- Wenn jeder mit jedem kommunizieren soll, wächst der Bedarf an damit verbundenen (Kommunikations-)Verbindungen exponentiell, solange die Organisation nur linear wächst.
- Aufgrund der unterschiedlichen Wissensbasis von heterogenen Teilnehmern am Verständigungsprozeß steigt der interne Verständigungsaufwand zusätzlich.
- Sich ständig ändernde Umweltbedingungen erhöhen die Unsicherheit und bedingen einen gesteigerten Informationsbedarf.

---

[82]Vgl. dazu O. E. Williamson, The Economic Institutions of Capitalism, 1985; Th. W. Malone and K. Crowston: "What is Coordination Theory and How can it Help Design Cooperative Work Systems?", Proceedings of the Conference on Computer-Supported Cooperative Work, Los Angelels S. 357-370; zitiert nach O. Petrovic, 1993, S. 258.

In Athen erhielten immer weitere Bevölkerungsschichten das Stimmrecht bis die Anzahl der stimmberechtigten Bürger schließlich auf über 200 000 anwuchs - bei gleichbleibenden, rudimentären Kommunikationstechniken. Außerdem waren die Umweltbedingungen schon damals von ständigen Veränderungen und steigernder Komplexität und Dynamik geprägt.

Kommunikations- und Koordinationsprobleme, wie sie in Athen entstanden, sind auch in Unternehmen weit verbreitet:

"In der großen Aktiengesellschaft oder in anderen großen Unternehmen scheinen die demokratischen Elemente, die durch die Gesellschafterversammlung repräsentiert werden, ziemlich verkümmert zu sein. Und zwar aus denselben Gründen, aus denen sie in der Politik verkümmern: weil die Organisation zu groß ist und weil ihre Probleme zu kompliziert sind." [C.N. Parkinson, 1975, S. 158]

Um die Kommunikations- und Koordinationsprobleme zu lösen, können die Einheiten entweder sehr klein gehalten werden [vgl. 7.3.2 Semco] oder die Kommunikationsmittel müssen verbessert und die Koordinationsprobleme gelöst werden. Das Beispiel der Schweiz zeigt, daß die heute verfügbaren Kommunikationsmittel eine weitgehende Erfüllung der Kriterien des rationalen Verhaltens auch bei einer sehr großen Anzahl von Kommunikationspartnern ermöglichen. Die Effizienz dieser Regierungsform sollte durch die Nutzung moderner Technologien [vgl. Exkurs 2] noch weiter gesteigert werden können.

Das Beispiel Athen legt die Schlußfolgerung nahe, daß die den Kriterien des rationalen Verhaltens entsprechende Gestaltung der Entscheidungsprozesse ab einer bestimmten Anzahl von Beteiligten umfangreiche Hilfsmittel erfordert, die sich vor allem auf die IuK-Technologie beziehen. Daß die nötige Technologie heute bereits vorhanden ist, erfolgreich eingesetzt wird, und daß sie rationales Verhalten unterstützen kann, soll im abschließenden Exkurs 2 kurz dargestellt werden.

Exkurs 2: Informationstechnologische Unterstützung des kritisch-rationalen Managements

1 IuK-Unterstützung bei der Erfüllung der Kriterien des rationalen Verhaltens

1.1 Ex post Diskussion und schematische Darstellung sowie Strukturierung der Entscheidungsgrundlagen[83]

Durch die datenbankmäßige Erfassung der Daten (Entscheidungsgrundlagen) und ihrer permanenten Speicherung auf Datenträgern (Festplatten etc.) können einige der Erfordernisse [vgl. Kapitel 9] sehr gut erfüllt werden. Es kann über die Entscheidungsgrundlagen und die Schlußfolgerungen diskutiert werden. Auf die selbe Art und Weise wird auch die Diskussion über aktuelle Entscheidungen und Vorgänge unterstützt. Beiträge können von allen Interessierten abgerufen werden, ohne aufwendig vervielfältigt werden zu müssen. Die schematische Darstellung der Entscheidungsgrundlagen bei programmierbaren Entscheidungen kann durch entsprechende Eingabemasken unterstützt werden, die auch die Suche nach interessanten Entscheidungen oder Beiträgen erleichtern können.

Petrovic schreibt in diesem Zusammenhang:

"Auf ständig wechselnde Umweltbedingungen und steigende Unsicherheit kann mit der Schaffung von Collective Dynabases reagiert werden. Diese enthalten Notizen, Briefe oder Berichte zu bestimmten Themenbereichen, auf die je nach Interessenslage der Transaktionspartner zugegriffen werden kann. Bereits heute werden solche Systeme beispielsweise im besonders komplexen und dynamischen Bereich der Informationstechnologie kommerziell genutzt." [O. Petrovic, 1993, S. 67 mit Beispielen und seine Ausführungen ab Seite 161(Grazer Electronic Meeting Management)].

1.2 Schaffung anonymer Kommunikationsmöglichkeiten[84]

Die IuK-Technologie bietet die Möglichkeit, daß zwei oder mehrere Menschen miteinander kommunizieren können, ohne daß sie im Zuge der Kommunikation notwendigerweise Informationen erhalten, die ihnen darüber Aufschluß geben,

---

[83]Vgl. 9.1.1, 9.1.2, 9.1.3 und 9.2.1.
[84]Vgl. 9.2.2.

mit wem sie kommunizieren. Es gibt verschiedene Varianten, mit Unterstützung der IuK-Technologie, die Anonymität zu gewährleisten:

- Die unwiderrufliche Anonymität: Sie zeichnet sich dadurch aus, daß niemand bis auf den Beitragenden weiß, von wem der Beitrag stammt. Daraus ergibt sich der Nachteil, daß es keine Möglichkeit gibt gute oder schlechte Beiträge einem Individuum zuzurechnen und daß "Flaming" nicht zu verhindern ist.

- Die widerrufliche Anonymität: Die Identität des Beitragenden ist zwar nur ihm selbst bekannt, wird aber vom Computer zusammen mit dem Beitrag festgehalten. Sie kann daher, wenn bestimmte Bedingungen ("Flaming") erfüllt sind, von einer Kommission aufgehoben werden [vgl. 9.2.2]. Dadurch ist ein individuelles Anreizsystem realisierbar, "Flaming" kann geahndet werden, die Anonymität wird aber relativiert.

1.3   Schaffung der notwendigen Kommunikationsmittel und -wege[85]

Im Idealfall sollte immer jeder jeden erreichen können (All-to-All Kommunikation [vgl. O. Petrovic, 1993, S. 67]). Dezentrale, asynchrone Kommunikation ist mit Hilfe der IuK-Technik realisierbar. Die Informationen können in Datenbanken erfaßt und gespeichert werden. So sind sie für Zugriffsberechtigte jederzeit, beliebig oft und von jedem Ort mit einem Datenanschluß verfügbar.

Die dezentrale Kommunikation wird durch Kommunikationsnetzwerke ermöglicht. Das Netzwerkangebot reicht von althergebrachtem Telefon und Telexnetzen bis zu Satellitenfunk und Glasfaserleitungen (WAN oder LAN[86]), die einen weit höheren Datendurchsatz erlauben. Die Bestrebungen, vorhandene Telefonleitungen auf ISDN Standard auszubauen und weitergehende Anstrengungen hinsichtlich eines Breitbandnetzes, das die Übertragung von Video, Audio und Text gleichzeitig zuläßt, verbessern zunehmend die Grundlagen der dezentralen, asynchronen Kommunikation.

Da die Infrastruktur teilweise bereits vorhanden ist (Telefonsysteme, geschultes Personal, Computer ...), können sie kostengünstig anderen Verwendungszwekken (etwa Electronic Mail) zugeführt werden. Andererseits ergeben sich durch technische Innovationen laufend Verbesserungen im Preis/Leistungsverhältnis.

---

[85]Vgl. 9.3.1.
[86]Wide area oder local area network

Ein weiterer Aspekt, der die Entwicklung vorantreibt, ist die Idee, daß es oft wirtschaftlicher ist, anstelle von Menschen deren Ideen und Informationen zu (ver)schicken.

Die angeführten Unterstützungsleistungen der IuK-Technologie können insbesondere auch von computergestützter Teamarbeit genutzt werden. Diese Form der Teamarbeit wird hier kurz vorgestellt, weil sie den Erfordernissen, die in Kapitel 9 erarbeitet wurden, weitgehend entspricht.

2 Computergestützte Teamarbeit (Workgroup Computing)

"Ein weitreichender Effekt (der IuK-Entwicklung) *wird die Demokratisierung der Entscheidungsprozesse in den Organisationen sein. Partizipatives Management mit einigen japanischen Konzepten wie Qualitätszirkel verknüpft, wurde in amerikanischen Organisationen populär. Die Verwendung von LANs wird diesen Managementstil unterstützen..."* [H.M. Kibirige, 1989, S. 136]

Rationales Verhalten führt dazu, daß kritische Diskussionen über Entscheidungen stattfinden. Es ist wünschenswert, daß sich möglichst viele Menschen an diesen Diskussionen beteiligen. Die Chancen, daß Fehler unentdeckt bleiben, werden dadurch geringer.

Wenn sich viele Menschen an einer Diskussion beteiligen, handelt es sich um eine Gruppendiskussion. Bei Gruppendiskussionen wiederum handelt es sich um eine Form von Gruppenarbeit - rationales Verhalten führt somit zu vermehrter Gruppenarbeit [vgl. 5.1.1.2].

Petrovic definiert in seiner Arbeit *Workgroup Computing - Computergestützte Teamarbeit: Informationstechnologische Unterstützung für teambasierte Organisationsformen,* Workgroup Computing folgendermaßen:

"Workgroup Computing ist die Anwendung einer gemeinschaftlich nutzbaren computerbasierten Umgebung, die Teams bei der Erfüllung einer gemeinsamen Aufgabe unterstützt. Hierbei werden vorrangig die Koordination, das Treffen von Gruppenentscheidungen, die Kommunikation sowie das gemeinsame Bearbeiten eines Objektes unterstützt" [vgl. O. Petrovic, 1993, S. 6].

Die Verfügbarkeit der Informationen der Mitarbeiter war in der Vergangenheit stark von der physischen Nähe und den sozialen Beziehungen abhängig. Elektronische Gruppen hingegen können diese Informationen unabhängig von räumlichen und sozialen Barrieren austauschen. Workgroup Computing erlaubt weitgehend die Verwirklichung der oben [vgl. Kapitel 9] entwickelten Gestaltungserfordernisse eines rationalen Entscheidungsprozesses [vgl. dazu die Arbeit von Petrovic; insbesondere die Kapitel 4 und 5 und die im Kapitel 7 angeführten Erfahrungsberichte mit dem Grazer Electronic Meeting Management in O. Petrovic, 1993].

Electronic Meeting (Management) Systems (EMS) (ein wesentlicher Bereich computergestützter Teamarbeit) scheinen besonders gut geeignet, Gruppenarbeit zu unterstützen. Nunamaker et al. [vgl. J.F. Nunamaker et al., 1991, S. 45] stellen fest, daß EMS danach streben, Gruppentreffen oder Gruppendiskussionen durch den Einsatz von Informationstechnologie produktiver zu machen. Die Nachteile der Gruppenarbeit, die in Kapitel 5.1.1.2 aufgezeigt wurden, sollen damit entschärft werden.

Es gibt vielfältige Erscheinungsformen von Gruppenarbeit: Alle Aktivitäten, bei denen Menschen zusammenkommen, werden von diesem Begriff erfaßt. Sie können sich zur selben Zeit am selben Platz oder zu verschiedenen Zeiten an verschiedenen Plätzen treffen.

Nunamaker et al. schildern ein System, das den Kriterien des rationalen Verhaltens entspricht [vgl. J.F. Nunamaker et al., 1991, S. 54]:

Das interaktive EMS: Alle Gruppenmitglieder können Informationen eingeben. Die elektronische Kommunikation dominiert. Alle Informationen sind allen Gruppenmitgliedern mittels Workstation oder PC zugänglich.

Diese Variante beinhaltet parallele Kommunikation, ein Gruppengedächtnis und Anonymität. Dadurch werden Nachteile, die in herkömmlichen Gruppendiskussionen herrschen können, reduziert [vgl. J.F. Nunamaker et al., 1991, S. 57, vgl. auch 5.1.1.2].

Diese Nachteile herkömmlicher Gruppendiskussion (und somit auch potentielle Schwierigkeiten, die mit rationalem Verhalten verbunden sein können) sind: [vgl. J.F. Nunamaker et al., 1991, S. 46]

1. "Wortführer" können Beiträge anderer Teilnehmer durch das Ansichreißen der Diskussion verhindern (Gründe dafür können sein, daß sie so die Diskussion in ihre Richtung lenken wollen, um ihre Ziele zu verwirklichen oder

auch, um sich zu profilieren, um später, z.b. bei Wahlen, besser abzu-
schneiden. - Zusatzproblem der "Dampfplauderer")

2. Bei öffentlichen Diskussionen kann es vorkommen, daß ein Teilnehmer
   zwar einen Beitrag bringen könnte, sich aber nicht traut.

3. Durch Wortmeldungen wird die Diskussion in eine unerwünschte Richtung
   gebracht und allzu oft verlieren die Teilnehmer die Übersicht oder kommen
   überhaupt vom Thema ab.

4. Beiträge werden vergessen oder nicht gebracht, weil es zu lange dauert, um
   das Wort ergreifen zu können und sie später in der Diskussion als nicht
   mehr passend oder als irrelevant eingestuft werden.

5. Das Redezeitproblem: Bei vielen Teilnehmern müssen die Redezeiten sehr
   kurz angesetzt werden, um alle Wortmeldungen überhaupt berücksichtigen
   zu können.

6. Die Teilnehmer müssen sich allzu oft so stark auf die gebrachten Argumente konzentrieren, daß sie nicht in der Lage sind, eigene Ideen zu entwickeln.

7. Das Kritisieren von Beiträgen kann auch dadurch verhindert werden, daß
   man aus Höflichkeit oder aus Angst vor Repressalien seine Kritik zurück-
   hält.

8. Diskussionen können immer weiter in eine bestimmte Richtung laufen, weil
   die Teilnehmer von Beiträgen zurückschrecken, die nicht unmittelbar mit
   dem gerade Diskutierten übereinstimmen.

9. Diskussionen werden oft beträchtlich, durch Begrüßungen und andere nicht
   unmittelbar zum Thema gehörende Höflichkeit, verzögert.

10. Informationen werden oft zu schnell vorgetragen.

11. Beiträge werden oft bei der Entscheidung, aufgrund von Koordinationsfeh-
    lern, nicht mehr berücksichtigt.

12. Das Nicht- oder Falschverstehen der Ziele der Diskussion kann die Diskus-
    sion ausufern lassen.

Die meisten dieser **Nachteile** können bei computergestützter Teamarbeit aufgrund der Möglichkeit der anonymen und sofortigen Beitragsleistung und der
Einrichtung von Datenbanken, die mit allen nötigen Informationen, Beiträgen
und Übersichten ausgestattet sind, verhindert oder stark reduziert werden [vgl.
J.F. Nunamaker et al., 1991, S. 48].

Der Stand der Forschung ist, daß die **Vorteile** der Gruppenarbeit [vgl. 5.1.1.2]
auch durch computergestützte Teamarbeit genutzt werden können. Die Anforderungen und Funktionsbedingungen des kritisch-rationalen Managements können
durch computergestützte Teamarbeit prinzipiell erfüllt werden.

Ein Beispiel für die erfolgreiche Nutzung von Workgroup Computing ist die Unternehmensberatungsfirma Price Waterhouse. Sie hat ein Gruppenarbeitssystem (Lotus Notes) mit dem Ziel installiert, Doppelgleisigkeiten zu reduzieren, die Bildung von virtuellen Teams zu ermöglichen und die Kommunikation zu verbessern. Diese Vorgangsweise war erfolgreich und hat dazu geführt, daß das Unternehmen einen meßbaren Wettbewerbsvorsprung hat [vgl. J. Orr, 1992, S. 54].

Dazu ein weiteres **Beispiel**:

Lee Sproull und Sara Kiesler[87] haben das veränderte Informationsaustauschverhalten in mit Informations- und Kommunikationsnetzen ausgestatteten Organisationen, in denen die Angestellten miteinander mittels Electronic Mail kommunizieren, untersucht. Sie haben Anfragen der Mitarbeiter untersucht, die mittels Electronic Mail bei Tandem Computers Inc., einer weltweit operierenden Firma mit 10 500 Mitarbeitern gestellt werden:

Im Schnitt fanden sie sechs allgemeine Fragen wie *"Weiß irgend jemand ..."*, die pro Tag firmenweit gestellt werden. Jeder, der die Frage sieht, kann auf sie antworten. Ungefähr acht Mitarbeiter schicken Antworten auf eine durchschnittliche Frage. Weniger als 15% der Beantworter kennen persönlich den Fragesteller oder leben in der gleichen Stadt. Die Mitarbeiter, die am weitesten vom Hauptsitz der Firma entfernt sind und über das geringste Expertenwissen verfügen, nützen diese Möglichkeiten am häufigsten.

Zusätzlich hat die Vernetzung für Tandem zwei Vorteile:

1. Das Problemlösungspotential einer 10 000 köpfigen elektronischen Gruppe, die frei miteinander kommunizieren kann, ist gewaltig.
2. Die Problemlösungen und die Fragen werden gespeichert und sind - in Form einer Datenbank aufbereitet - allen Mitarbeitern fortan zugänglich. Auch wenn ein Mitarbeiter eine Firma verläßt, kann somit ein Teil seines Wissens für die Mitarbeiter erhalten bleiben.

Die vielleicht überraschende Antwortbereitschaft der Mitarbeiter wird damit erklärt, daß die Antwortkosten sehr gering sind.

---

[87]Vgl. L. Sproull, S. Kiesler, *"Computers, Networks and Work"* in Scientific American September 1991 S. 89 f.

Die Frage "*Weiß irgend jemand ...?*" ist nichts anderes als die Aufforderung zur
Kritik und Problemlösung. Der Fragesteller möchte eine Entscheidung treffen,
ist sich aber bewußt, daß er aufgrund seiner Informationsmängel auf die Hilfe
der Organisationsmitglieder angewiesen ist. In diesem Fall funktioniert das System auch ohne spezielles Anreizsystem.

Eine Weiterentwicklung in diese Richtung beschreibt J. Chiat. Die Informationstechnologie wird seiner Meinung nach zu einer starken Aufwertung der einzelnen Mitarbeiter führen. Das virtuelle Büro, das auf Computernetzwerken basiert,
wird es den Menschen erlauben, ohne tatsächlich in das Büro fahren zu müssen,
im Team zusammenzuarbeiten und die Probleme besser als bisher zu lösen [vgl.
J. Chiat, 1993, S. 38]. K. Tolly und D. Newman beschreiben Innovationen auf dem
Softwaresektor, die virtuelle Gruppenarbeit unterstützen[88] [vgl. K. Tolly und D.
Newman; 1993, S. 52 ff].

> Computergestützte Teamarbeit ist prinzipiell sehr gut geeignet, kritisch-rationa-
> les Management zu unterstützen. Die IuK-Technik erlaubt bei Verminderung der
> Nachteile die intensive Nutzung der Vorteile des rationalen Verhaltens.

Die Unterstützung, die computergestützte Teamarbeit kritisch-rationalem Management bieten kann, wird in folgender Tabelle abschließend zusammengefaßt:

Unterstützungsfunktionen computergestützter Teamarbeit
• Ex post Diskussion der Entscheidung bei Zeitmangel
• Eingeschränkte bzw. ex post Diskussion der Entscheidung bei Geheimhaltung
• Schematische Darstellung der Entscheidungsgrundlage bei repetitiven Ent-scheidungen
• Strukturierung der Entscheidungsgrundlagen
• Schaffung anonymer Kommunikationsmöglichkeiten
• Schaffung der notwendigen Kommunikationsmittel und Kommunikationswege
• Analyse der Kontrollwirkung der Kritik

Tabelle 18: Die Unterstützungsfunktion von computergestützter Teamarbeit für kritisch-rationales Management.

---

[88] In diesem Zusammenhang und aus der Sicht des Kaizens könnte vielleicht gesagt werden,
daß diese Arbeit empfiehlt, Organisationen als virtuelle Verbesserungszirkel zu gestalten.
Diese umfassen trotz ihrer enormen Flexibilität die gesamte Organisation.

Durch die Implementierung einer Heuristik, wie sie in Kapitel 9 beschrieben wird, in Verbindung mit den Möglichkeiten, die z.b. computergestützte Teamarbeit bietet, sollte u.a. folgendes bewirkt werden:

- bessere Entscheidungen aufgrund rational ablaufender Entscheidungsprozesse, höhere Motivation und steigende Rationalitätskompetenz der Mitarbeiter.

- Verdrängung der Irrationalität überall dort, wo rational vorgegangen werden kann.

- Verschiebung der Grenze der Außerrationalität: Zeitliche Restriktionen sollten an Bedeutung verlieren, und repetitive Entscheidungen [vgl. 9.1] können durch "schematische Rationalisierung" den Kriterien unterworfen werden.

10 Resümee, weitere Forschungsaufgaben und Schlußbemerkungen

"How does the brain establish and store memories? Neuroscientists have traditionally addressed this question by focusing on neurons and the synapses that link them - just as engineers might try to understand how homes in a town communicate simply by tracing the telephone lines linking them. Now investigators must consider the possibility that each home's windows are wide open and that everyone is eavesdropping on his or her neighbors." [vgl. Scientific American, May 1994, S. 9]

10.1 Resümee

Ausgangspunkt dieser Arbeit war die These, daß fehlerärmere Entscheidungen der Schlüssel zur Beantwortung der Frage ist, wie die Überlebensfähigkeit von Unternehmen unter realistischen Bedingungen sichergestellt werden kann. Zwei diametral entgegengesetzte Konzepte, der Rationalismus und der Irrationalismus, wurden auf ihre Tauglichkeit untersucht, zu fehlerärmeren Entscheidungen zu führen. Da das traditionelle Rationalitätskonzept (homo oeconomicus) wirklichkeitsfremd ist, hat sich die Arbeit an einem neuen Rationalitätskonzept orientiert. Dieses wurde zweckmäßigerweise leicht modifiziert. Die Kriterien des rationalen Verhaltens lauten somit:

(1) Sei dir bewußt, daß es absolute Wahrheitsansprüche nicht gibt.
(2) Lege die Gründe für etwaige Entscheidungspräferenzen offen.
(3) Höre gut zu und versuche, die Kritik der anderen zu nützen.
(4) Wähle die sich aus diesem Prozeß ergebende optimale Entscheidungsmöglichkeit.

In der Folge hat sich herausgestellt, daß diese Kriterien sehr leistungsstark sind und daß ihre Anwendung in vielen Bereichen zu interessanten Ergebnissen und Erkenntnisfortschritten führen kann. Die wichtigsten werden hier angeführt:

• Aus einer den Kriterien zugrundeliegenden Idee, dem Dualismus von Tatsachen und Normen, konnten die Fehlerquellen, die das Resultat eines Entscheidungsprozesses beeinträchtigen können, entwickelt werden. Es sind dies: scheinbares oder reales Nichtwollen (Willkür), Nichtwissen (Informationsdefizit) oder Nichtkönnen (Inkompetenz).

- Der Vergleich der Kriterien des rationalen Verhaltens mit dem Irrationalismus hat gezeigt, daß das Bemühen um die Erfüllung der Kriterien des rationalen Verhaltens notwendig und hinreichend ist, um systematisch zu fehlerarmen Entscheidungen kommen zu können. Irrationales Verhalten ist im - vernünftigen - Vergleich (die Instanz Vernunft wird auch von Irrationalisten nicht kategorisch abgelehnt) unterlegen. Es wurde aber festgehalten, *"daß ein umfassender Rationalismus unhaltbar ist."* [K. Popper]. Auch der Glaube an die Vernunft ist im Außerrationalen angesiedelt.

- Unter diesen Voraussetzungen ist das Ausmaß der Berücksichtigung der Kriterien des rationalen Verhaltens ein sehr gutes Indiz dafür, ob ein Managementkonzept erfolgreich ist (sein wird) oder nicht.

- Die Parallelen, die zwischen dem japanischen Konzept des Kaizen und den in westlicher Tradition entwickelten Kriterien des rationalen Verhaltens, legt den Schluß nahe, daß die Kriterien kulturunabhängig gültig sind. Weiters kann daraus geschlossen werden, daß der Erfolg der Japaner nichts oder nur sehr wenig mit unnachahmbaren, kulturellen Faktoren zu tun hat, sondern vielmehr auf der weitgehenden Berücksichtigung der Kriterien des rationalen Verhaltens beruht.

- Parallelen mit Kaizen, Selbstorganisation, Partizipation und Teamarbeit legen die Vermutung nahe, daß kritisch-rationales Management mit umfangreichen Schwierigkeiten und Hindernissen verbunden sein kann. Das belegen auch Interviews mit ausgewählten Führungskräften. Es wurde aber gezeigt, daß das Bemühen um die Erfüllung der Kriterien des rationalen Verhaltens die beste Voraussetzung darstellt, um die Probleme, die dabei auftreten können, zu lösen.

- Ein wesentliches Ergebnis der Arbeit ist, daß je eher die Kriterien erfüllt werden, desto größer die Chance ist, daß eigennütziges Verhalten zu steigendem Allgemeinwohl führt. Die Voraussetzungen sind dann optimal, daß ein eigennütziges Individuum seinen Nutzen nur dann nachhaltig steigern kann, wenn der kollektive Nutzen (das Allgemeinwohl) darunter nicht leidet.

- Die Umsetzung der Kriterien des rationalen Verhaltens in Unternehmen ist im allgemeinen von folgenden Problemfeldern betroffen: Zeitdruck, außerrationalen, programmierbaren Entscheidungen und Geheimhaltung. Durch ex post und schematische Rationalisierung bzw. durch Diskussionen auf Metaebene läßt sich diesen Problemfeldern begegnen. Die weiteren Erfordernisse, die

sich aus dem Bemühen um die Umsetzung der Kriterien in Unternehmen ergeben, sind prinzipiell erfüllbar.

- Die Frage, warum sich die Kriterien des rationalen Verhaltens in der Vergangenheit nicht stärker durchgesetzt haben, führt zum Exkurs 1. Am Beispiel der
  Athener Demokratie um etwa 500 v. Chr. wird gezeigt, daß die Effektivität
  der Kriterien insbesondere von den vorhandenen IuK-Mitteln abhängt. Das
  Beispiel des Unternehmens Semco und die Schweizer Demokratie belegen,
  daß mit den heute verfügbaren IuK-Mitteln eine effektive Verwirklichung der
  Kriterien möglich ist. Im 2. Exkurs wird gezeigt, daß die Unterstützung durch
  die IuK-Technologie, speziell im Konzept der computergestützten Teamarbeit, sehr gut geeignet ist, den Problemfeldern, die bei der Umsetzung des
  kritisch-rationalen Managements auftreten können, zu begegnen.

- Als zusammenfassende These ergibt sich: Das kritisch-rationale Managementkonzept ist - prozessual gesehen - zumindest ein sehr gutes Managementkonzept.

10.2 Weitere Forschungsaufgaben

Aufgrund der Ergebnisse und Erkenntnisse stellt sich eine große Anzahl weiterer
Fragen und Aufgaben.

- Von besonderer Bedeutung wären empirische Arbeiten, die die Aussagen, die
  in dieser Arbeit gemacht wurden, bestätigen oder widerlegen. Wie wirkt sich
  die Einführung von kritisch-rationalem Management in Unternehmen aus?
  Treffen die Voraussagen zu?

- Die Hypothese, daß Managementkonzepte aufgrund ihrer Affinität zu den
  Kriterien des rationalen Verhaltens erfolgreich sind, könnte aufgrund weiterer
  Vergleiche mit anderen Managementkonzepten überprüft werden.

- Inwieweit entsprechen die ISO 9000 ff Normen den Anforderungen des kritisch-rationalen Managements?

- Es bietet sich an, die IuK-Technologie und die computergestützte Teamarbeit,
  die nur am Rande berührt werden konnten [vgl. Exkurs 2], bezüglich ihrer Un-
  terstützungsfunktionen für kritisch-rationales Management, noch eingehender
  zu untersuchen.

- Das Konzept des kritisch-rationalen Managements könnte über den Rahmen hinaus, den diese Arbeit zugelassen hat, weiter verfeinert und konkretisiert werden.

Die Überlegungen könnten aber auch auf andere Gebiete der Wissenschaft übertragen werden:

- Aufgrund der Bedeutung der Frage, bietet sich vor allem eine umfassende demokratiepolitische Analyse [vgl. 8.5 und Exkurs 1] über die optimale Regierungsform an. Welche Konsequenzen sind für die Gestaltung der Entscheidungsprozesse in einem Staat zu ziehen?

- Damit könnte man die Überlegungen auch auf die Rechtswissenschaften ausdehnen. Gesetze wären dann Hypothesen, die keine absolute Gültigkeit haben, sondern - über die heute vorhandenen Möglichkeiten hinaus - falsifizierbar wären [vgl. F.A. Hayek, 1986c]. Wie das konkret vonstatten gehen und wie das Problem der Rechtssicherheit gelöst werden kann, sind nur zwei Fragen, die dabei auftreten.

- Sind Staaten, in denen die Kriterien eher erfüllt werden, erfolgreicher? Warum haben einige Staaten wie Südkorea, Taiwan oder Singapur trotz scheinbar geringer Berücksichtigung der Kriterien Erfolg? Wie lange noch?

10.3 Schlußbemerkungen

Diese Arbeit kann auch als ein Versuch verstanden werden, die alte Frage zu lösen: "*Wer soll herrschen oder regieren?*"

Popper hat diese Frage abgelehnt. Er wollte sie mit der Frage ersetzt sehen: "*Wie können wir politische Institutionen so organisieren, daß es schlechten oder inkompetenten Herrschern unmöglich ist, allzugroßen Schaden anzurichten?*" [vgl. K. Popper, 1992a, S. 170 ff]

Bei aller Berechtigung der zweiten Frage wird in dieser Arbeit dennoch versucht, die erste Frage zu beantworten. Dabei ist wieder ein Gedanke im Vordergrund, den auch Popper verfochten hat: **Das Argument soll wichtiger als die argumentierende Person sein** [vgl. K. Popper, 1992b, S. 264]. Die Auslotung der Berechtigung und der Konsequenzen dieses Gedankens ist ein zentrales Anliegen dieser Arbeit.

Das 20. Jahrhundert hat völlig neue Möglichkeiten für rationale Entscheidungsprozesse eröffnet. Jedermann, jederzeit, überall erreichen zu können, ist keine Utopie mehr. Die Ausbildung der Menschen und die Verfügbarkeit von Wissen haben sich unvorstellbar (aus der Sicht unserer Vorfahren) verbessert und erhöht. Damit sind aber auch die Möglichkeiten zu falsifizieren oder Kritik zu üben, stark gestiegen. Diese Entwicklung könnte weiters durch einen zunehmenden Konkurrenzdruck forciert werden (rationale Strategien verdrängen irrationale Strategien). Gegenläufige Tendenzen (vor allem in der "Gesellschaft") könnten besonders bis zur Jahrtausendwende eine Rolle spielen, da solche symbolbehafteten Ereignisse in der Vergangenheit oft mit irrationalen Exzessen verbunden waren.

Die Einführung des in dieser Arbeit vorgestellten Konzeptes eines kritisch-rationalen Managements bringt sicherlich nicht die Antwort auf jedes Problem. Aber die Risiken, es mit rationalem Management zu versuchen, sind minimal, während bei Erfolg große Vorteile winken. Deshalb könnte es sich auszahlen, es einmal zu versuchen. Hier sei auf die positiven Effekte der Einführung des Kaizens verwiesen, das, wie in Kapitel 5.2 gezeigt wurde, große Ähnlichkeiten mit dem Konzept des kritisch-rationalen Managements hat:

"Die Ai (Problemlösungs-) Bewegung hat zu einer deutlichen Verbesserung der Arbeitsmoral geführt. Früher waren die Fabriksarbeiter apathisch, nicht selten sogar feindselig und haben kaum jemals versucht, etwas zu verbessern. In den regulären Besprechungen mit ihren Abteilungsleitern brachten sie oft Beschwerden vor, erstellten lange Listen von Vorschlägen, was das Management alles tun solle und drängten damit den Abteilungsleiter in die Defensive. Der mußte ihnen erklären, daß eben einige Dinge aus Budgetgründen nicht möglich seien. Seit es jedoch die Bewegung von Gruppenaktivitäten gibt, fühlen sich alle Mitarbeiter dem Unternehmen verpflichtet. Vor Beginn der Gruppenarbeit verbrachten die Arbeiter ihre Pausen bei gemütlicher Plauderei. Heute nützen sie den Großteil dieser Zeit zum ernsthaften Gespräch über Möglichkeiten zur Verbesserung. ... Die Zahl der passiven Herumsteher und Nörgler (konnte) drastisch verringert werden." [M. Imai, 1993, S. 139]

Die Chancen stehen gut, daß sich in den nächsten 50 Jahren kritisch-rationales Management in den wettbewerbsintensiven Branchen der industrialisierten Staaten der Welt durchsetzen wird. Damit verbunden ist aller Voraussicht nach auch ein vermehrter Druck, die politischen Organe und Vertreter des Staates den Kriterien zu unterwerfen [vgl. J. Naisbitt, 1984, S. 225 ff]. Wenn diese Arbeit einen Beitrag dazu leistet, daß dieser Prozeß rascher abläuft, dann betrachte ich sie als gelungen.

Bibliographie

Zeitschriften:

Acham, K. (1993): "Beyond Maximization. Myocardial Optimization and Efficiency, Evolutionary Aspects and Philosophy of Science Considerations". In: Basic Res. Cardiol. 88, Suppl. 2 (1993), Reprint by Steinkopff Verlag, Darmstadt, 1993

Akel, A. and **Siegel**, J. (1988): "Participative Management". In: Leadership & Organization Development Journal, Vol. 9, S. iv-v

Cerf, V. (1991): "Networks". In: Scientific American, Sept. 1991

Chiat, J. (1993): "Welcome to the club house in the virtual office". In: Adweek [Eastern Edition], Vol. 34, Iss. 47, 22.11.1993, S. 38

Coase, R. (1960): "The Problem of Social Cost". In: The Journal of Law & Economics III, 1960, S. 1-44

Dertouzos, M. (1991): "Communications, Computers and Networks". In: Scientific American, Sept. 1991

Gore, A. (1991): "Infrastructure for the Global Village". In: Scientific American, Sept. 1991

Herman, S. M. (1989): "Participative Management is a double edged Sword". In: Training, Vol. 26, 1/1989, S. 52-57

Juechter, W.M. (1982): "The Pros and Cons of Participative Management". In: Management Review, Vol. 71, 9/1982, S. 44-48

Kieser, A. (1994): "Fremdorganisation, Selbstorganisation und evolutionäres Management". In: ZfbF, 3/1994, S. 199-228

Kirstein, H. (1988): "Ständige Verbesserung als Schlüssel für Produktivität durch Qualität". In: QZ 33, Heft 12, 1988, S. 677-683

Kizilos, A.P. (1982): "Defining participative Management". In: Management Review, Vol. 71, 9/1982, S. 49-55

Lindner, C. (1986): "Max Weber als Handlungstheoretiker". In: Zeitschrift für Soziologie, Jg. 15, Heft 3, Juli 1986, S. 151-166

Malone, T. and **Rockart**, J.F. (1991): "Computers, Networks and the Corporation". In: Scientific American, Sept. 1991

Negroponte, N.P. (1991): "Products and Services for Computer Networks". In: Scientific American, Sept. 1991

Nunamaker, J.F. Jr. et al. (1991): "Electronic Meeting Systems to Support Group Work". In: Communications of the ACM, Vol. 34, No. 7, July 1991, S. 40-61

O'Lone, R.G. (1992): "Final Assembly of 777 Nears". In: Aviation Week & Space Technology, Vol. 137, Iss. 15, 12.10.1992, S. 48-50

Orr, J.N. (1992): "Groupware in Engeneering". In: CAE, Vol. 11, Iss. 9, Sept. 1992, S. 54

Payne, J.W. (1982): "Contingent Decision Behavior". In: Psychological Bulletin, Vol. 92, 1982, S. 382-402

Peters, T. (1989): "Tomorrow's Companies". In: The Economist, March 4th 1989, S. 27-32

Raia, E. (1993): "The Extended Enterprise". In: Purchasing, Vol. 114, Iss. 3, 04.03.1993, S. 48-51

Sproull, L. and Kiesler, S. (1991): "Computers, Networks and Work". In: Scientific American, Sept. 1991

Tolly, K. und **Newman**, D. (1993): "Evaluating port-switching hubs". In: Data Communications, Vol. 22, Iss. 9, Juni 1993, S. 52-62

Volk, H. (1986): "Betriebliche Information - Wenn der Motivationsmotor stottert". In: Zeitschrift für Führung und Organisation, Heft 3, 1986.

Wilson, E. O. (1993): "Death Wish". In: The New York Times Magazine, 17/1993

Betriebliches Vorschlagswesen, Jahrgang 1981-1993

The Economist, Jahrgang 1988-1994

Scientific American, Jahrgang 1988-1994

Financial Times Survey: "Networking and Open Systems", Tuesday October 22, 1991- Section III

Standard, 22.10.1993, S. 13

Trend, 3/1993, S.133-137

Bücher:

Acham, Karl (1989): Vernunftanspruch und Erwartungsdruck. Studien zu einer philosophischen Soziologie. Fromann-Holzboog

Albach, Horst (1990): Japanischer Geist und Internationaler Wettbewerb. Hitzeroth

Albert, Hans (1982): Die Wissenschaft und die Fehlbarkeit der Vernunft. Tübingen

Albert, H. und **Topitsch**, E. (Hrsg.) (1971): Werturteilsstreit Darmstadt

Andersson, Gunnar (1988): Kritik und Wissenschaftsgeschichte: Kuhns, Lakatos und Feyerabends Kritik des kritischen Rationalismus. Habilitation, Tübingen

Argyris, Chris (1957): Personality and Organization. New York

Arnim, Hans Herbert von (1977): Gemeinwohl und Gruppeninteresse. Frankfurt am Main

Bahro, R., **Neidhart**, L. und **Leser**, N. (1988): Die Zukunft der Demokratie. Orac, Wien

Bamberg, G. (1984): Betriebswirtschaftliche Entscheidungslehre. Dissertation. Zürich

Barrow, J. (1980): Die Variablen der Führung: Überblick und konzeptionelles Bezugssystem. In: Grunwald, W. und Lilge, H. (1980)

Bleicher, K. (1989): Chancen für Europas Zukunft - Führung als internationaler Wettbewerbsfaktor. Frankfurt am Main

Borzeix, A. (1991): Sprachpraxis und Partizipation im Betrieb. In: Kißler, L. (1991)

Bransford, John D. and **Stein**, Barry S. (1984): The Ideal Problem Solver. A guide for improving thinking, learning and creativity. New York, Freeman

Brophy, P. (1986): Management Information and decision support Systems. Cambridge

Buchanan, James M. (1969): Cost and Choice. An inquiry into economic theory. Chicago

Bui, T.X. (1987): Co-op A Group Decision Support System for Cooperative Multiple Criteria Group Decision Making. Berlin

Chlynow, W.N. et. al. (1985): Japan - Politik und Ökonomie. Herausgeber: Institut für Internationale Politik und Wirschaft der DDR, Dietz Verlag, Berlin

Cortazzi, Hugh (1990): The Japanese Achievement. London

Dachler, H. und **Wilpert**, B. (1980): Dimensionen der Partizipation. In: Grunwald, W. und Lilge, H. (1980)

Dachler, P. (1984): Some Explanatory Boundaries of Organismic Analogies for the Understanding of Social Systems. In: Ulrich, H. und Probst, G. (1984)

Dietzel, H. und **Seitschek**, V. (Hrsg.) (1993): Schlüsselfaktor Qualität. Total Quality Management erfolgreich einführen und praktizieren. Manz, Wien

Döring, E. (1992): K.R. Popper - Einführung in Leben und Werk. 2. Erweiterte Auflage, Parerga

Dress, Andreas (Hrsg.) et al. (1986): Selbstorganisation. München

Dubislav, Walter (1971): Zur Unbegründbarkeit von Forderungssätzen. In: Albert, H. und Topitsch, E. (1971)

Ehrenberg, Victor (1965): Der Staat der Griechen. Zürich

Eibl-Eibesfeldt, I. (1988): Der Mensch - das riskierte Wesen. Zur Naturgeschichte menschlicher Unvernunft. Piper

Ernst, Angelika (1989): Das japanische Beschäftigungssystem und seine Auswirkungen auf die internationale Wettbewerbsfähigkeit. In: Schmiegelow, M. (1989)

Fischer, L. (1990): Kooperative Führung: Mythos, Fiktion oder Perspektive. In: Wiendick, G. et al. (1990)

Foerster, Heinz von (1984): Principles of Self-Organization in a socio-managerial context. In: Ulrich, H. und Probst, G. (1984)

Frank, Eric H. (1990): Managing in Different Cultures. In: Kraus, H. et al. (1990)

Frese, Erich (1988): Grundlagen der Organisation: Die Organisationsstruktur der Unternehmung. Wiesbaden

Frese, Erich (1991): Organisationstheorie: Stand und Aussagen aus betriebswirtschaftlicher Sicht. Wiesbaden

Frew, D. (1980): Führungsstil aus der Sicht von Vorgesetzten und Mitarbeitern. In: Grunwald, W. und Lilge, H. (1980)

Goto, Takanori (1991): Japan's dark side to Progress. Chiba: Manbousha

Grafenstein, R., **Jansen**, P., **Kißler**, L. (1991): Partizipationskompetenz und technisch-organisatorische Innovationsergebnisse dreier Fallstudien. In: Kißler, L. (1991)

Gruber, Elmar (1988): Was ist New Age? Bewußtseinstransformation und neue Spiritualität. 2. Auflage, Herder Freiburg

Grunwald W. und **Lilge** H. (Herausgeber) (1980): Partizipative Führung, Betriebswirtschaftliche und sozialpsychologische Aspekte. Bern, Stuttgart

Grunwald, W. (1980): Das "Eherne Gesetz der Oligarchie". In: Grunwald, W. und Lilge, H. (1980)

Habermas, J. (1968): Technik und Wissenschaft als "Ideologie". Frankfurt

Haferkamp, Hans (Hrsg.) (1990): Sozialstruktur und Kultur. Suhrkamp

Hanker, J. (1990): Die strategische Bedeutung der Informatik für Organisationen. Stuttgart

Hayek, Friedrich A. von (1982): Law, Legislation and Liberty. A new statement of the liberal principles of justice and political economy. London

Hayek, Friedrich A. von (1986a,b,c): Recht, Gesetzgebung und Freiheit. Band I,II,III. moderne industrie

Hernekamp, Karl (1979): Formen und Verfahren direkter Demokratie. Dargestellt anhand ihrer Rechtsgrundlagen in der Schweiz und in Deutschland. Dissertation. Frankfurt am Main

Hill, W. (1994): Organisationslehre 1. Ziele, Instrumente und Bedingungen der Organisation sozialer Systeme. 5. überarbeitete Auflage. UTB

Hirst, Paul (1990): Representative Democracy and its limits. Oxford

Höffe, Otfried (1985): Strategien der Humanität. Frankfurt am Main

Hofstede, Geert (1980): Culture's consequences: international differences in work-related values. London

Holm, Kurt (Hrsg.) (1975): Die Befragung I. München

Homann, Karl (1988): Rationalität und Demokratie. Habilitation. Tübingen. J.C.B. Mohr

Imai, Masaaki (1992): Kaizen. Der Schlüssel zum Erfolg der Japaner im Wettbewerb. (Orig. Kaizen - The Key to Japan´s Competitive Success. Random House Business Division, 1986) Langen Müller/Herbig

Kibirige, Harry M. (1989): LANs in Information Management. New York

Kirsch, W. (1971a,b,c): Entscheidungsprozesse. Teil I,II,III. Wiesbaden

Kissler, Leo et al. (1991): Partizipation und Kompetenz - Beiträge aus der empirischen Forschung. Opladen

Koenig, Reinhard (1987): Geheime Gehirnwäsche. Wie man uns heute für morgen programmiert. 3. Auflage. Hänssler

Kraft, Viktor (1971): Wertbegriffe und Werturteil. In: Albert, H. und Topitsch, E. (1971)

Kraus, H. et al. (Hrsg.) (1990): Management Development im Wandel. Wien

Kreibich, Rolf (1990): Die Zukunft der Telearbeit; Empirische Untersuchungen zur Dezentralisierung und Flexibilisierung von Angestelltentätigkeiten mit Hilfe von neuer Informations- und Kommunikationstechno-logie. Kreibich, Rolf (Projektleiter), Helmut Drücke (Fallstudien, 1.Welle), Henning Dunckelmann, Günter Feuerstein (Fallstudien, 2.Welle), Berlin (1990)

Krohn, W. und **Küppers**, G. (Hrsg.) (1990): Selbstorganisation - Aspekte einer wissenschaftlichen Revolution. Frankfurt am Main

Kunz, Hans U. (1991): Spitzenleistungen im Team - Menschen erfolgreich führen. Köln

Lawhead, Stephen/**Tibusek**, Jürgen (1988): Reiseführer in eine neue Zeit. 2. Auflage, Brunnen Verlag Gießen

Lilge, H. (1980): Wertgrundlagen partizipativer Führung. In: Grunwald, W. und Lilge, H. (1980)

Lingens, P.M. (1985): Ein Popperianer als Journalist. In: Popper, K. und Lorenz, K. (1985), S. 123-130

Lorenz, Konrad (1974): Das sogenannte Böse. Zur Naturgeschichte der Aggression. 2. Auflage, dtv

Lorenz, Konrad (1973): Die Rückseite des Spiegels. Versuch einer Naturgeschichte menschlichen Erkennens. 1. Auflage, dtv

Lorenz, Konrad (1968): Er redete mit dem Vieh, den Vögeln und den Fischen. 12. Auflage, dtv

Lorenz, Konrad (1989): Die Acht Todsünden Der Zivilisierten Menschheit. 21. Auflage, Piper

Lück, H. und Miller, R. (1990): Führung und Wertewandel. In: Wiendick, G. et al. (1990)

Malik, F. und Probst, G.J.B. (1984): Evolutionary Management. In: Ulrich, H. und Probst, G. (1984)

Manz, T. (1991): Akteurspezifische Voraussetzungen für Beteiligung in betrieblichen Innovationsprozessen. In: Kißler, L. (1991)

Maurer, H. (1989): Sklaverei in Österreich? oder Obst in die Parks! Die Dokumentation einer elektronischen Diskussion. Wien

Maurer, H. (1992): Gras auf dem Mond? oder Frauen in alle Gremien. Wien

Mayer, F. (1979): Enzyklopädisches Lexikon. Bertelsmann

McLuhan, Marshall (1978): Wohin steuert die Welt? Massenmedien und Gesellschaftsstruktur. Europaverlag, Wien, München, Zürich

Mintzberg, H. (1989): Mintzberg über Management. Wiesbaden

Moore, Charles A. (Hrsg.) (1967): The Japanese Mind. East West Center Press

Morishima, Michio (1982): Why has Japan succeeded? Cambridge University Press

Morita, Akio (1986): Made in Japan. Bayreuth

Morris, Desmond (1968): Der nackte Affe. Wien. (Orig. The Naked Ape. (1967) Erschienen bei Jonathan Cape, London)

Mosse, Claude (1979): Der Zerfall der athenischen Demokratie. Zürich

Müller, W. und Hill, W. (1980): Die situative Führung. In: Grunwald, W. und Lilge, H (1980)

Musgrave, Alan (1993): Alltagswissen, Wissenschaft und Skeptizismus. Eine historische Einführung in die Erkenntnistheorie. J.C.B. Mohr, Tübingen

Naisbitt, J. (1984): Megatrends. 2.Auflage (Orig. Megatrends, New York, 1982)

Naisbitt, J. und Aburdene, P. (1990): Megatrends 2000. Düsseldorf

Neuberger, O. (1990): Führung (ist) symbolisiert. In: Wiendieck, G. und Wiswede, G. (1990)

Newell, A. und Simon, H. (1972): Human Problem Solving. Englewood Cliffs

Organ, D. and **Bateman**, Th. (1986): Organizational Behaviour. 3. Auflage

Orlowski, Karl Heinz: Möglichkeiten der Partizipation im ökonomischen Bereich. Dissertation. Münster

Parkinson, C. N. (1975): Big Business. Düsseldorf, Wien

Paslack, Rainer (1990): Selbstorganisation und neue soziale Bewegungen. In: Krohn, W. (1990)

Peters, Tom (1987): Thriving on Chaos. New York

Petrovic, Otto (1993): Workgroup Computing - Computergestützte Teamarbeit. Informationstechnologische Unterstützung für teambasierte Organisationsformen. Habilitation. Physica-Verlag, Wien

Platon (1993): Gesammtausgabe der Dialoge. In der Übersetzung von Riefener, R. Artemis

Pochlatko, H. et al. (1984): Literatur 1. Universitätsverlagsbuchhandlung GmbH

Poertner, Peter (Hrsg.) (1986): Japan - Ein Lesebuch. Konkursbuch 16/17. Tübingen

Popper, Karl R. (1984): Logik der Forschung. 8. Auflage, J.C.B. Mohr, Tübingen

Popper, Karl R. (1987): Auf der Suche nach einer besseren Welt. Neuauflage, München

Popper, Karl R. (1994): Ausgangspunkte. Meine intellektuelle Entwicklung. Hoffmann u. Campe

Popper, Karl R. (1993): Objektive Erkenntnis. Ein evolutionärer Entwurf. Hoffmann u. Campe

Popper, Karl R. (1992a): Die offene Gesellschaft und ihre Feinde. Teil I, Tübingen, J.C.B. Mohr

Popper, Karl R. (1992b): Die offene Gesellschaft und ihre Feinde. Teil II, 7. Auflage, Tübingen, J.C.B. Mohr

Popper, Karl R. und **Kreuzer**, F. (1986): Offene Gesellschaft - Offenes Universum. Zürich

Popper, Karl R. und **Lorenz**, K. (1985): Die Zukunft ist Offen. Zürich

Probst, G.J.B. (1984): Cybernetic Principles for the Design, Control, and Development of Social Systems and Some Afterthougts. In: Ulrich, H. und Probst, G. (1984)

Probst, G.J.B. (1987): Selbstorganisation - Ordnungsprozesse aus ganzheitlicher Sicht. Berlin

Raffée, H. und **Abel**, B. (Hrsg.) (1979): Wissenschaftstheoretische Grundfragen der Wirtschaftswissenschaften. München, Vahlen

Reich, Hermann (1990): Eigennutz und Kapitalismus. Dissertation. Frankfurt am Main

Rescher, Nicholas (1985): Die Grenzen der Wissenschaft. Reclam

Ricardo, D. (1923): On the Principles of Political Economy and Taxation. London 1817. Deutsch: Grundsätze der Volkswirtschaft und Besteuerung. 3. Auflage, Jena

Riedl, R. (1984): Self-Organization; Some theoretical cross-connections. In: Ulrich, H. und Probst, G. (1984)

Roszak, T. (1988): Der Verlust des Denkens - über die Mythen des Computer-Zeitalters. Knaur, München

Institut für Japanologie der Universität Wien (1987): Das Japanische Unternehmen. Sachlexikon. Wien

Schlicht, Ekkehart J. (1986): Ökonomische Theorie, speziell auch Verteilungstheorie und Synergetik. In: Dress, A. (1986)

Schlicksupp, H. (1989): Innovation, Kreativität und Ideenfindung. 3. Auflage, Würzburg

Schmiegelow, Michèle (1989): Japans Antwort auf Krise und Wandel in der Weltwirtschaft. Hamburg

Schneidewind, Dieter (1991): Das japanische Unternehmen, uchi no kaisha. Springer

Schumpeter, Joseph A. (1980): Kapitalismus, Sozialismus und Demokratie. 5.Auflage, München (Orig. Capitalism, Socialism and Democracy, 1942)

Seidel, E. (1980): Die betriebliche Effizienz direktiver und kooperativer betrieblicher Führungsformen. In: Grunwald, W. und Lilge, H. (1980)

Semler, Ricardo (1993): Das Semco System. Heyne Verlag, München

Sievers, Burkard (1990): Motivation als Sinnsurrogat. In: Kraus, H. et al. (1990)

Simon, Herbert A. (1982): Models of Bounded Rationality: Behavioral Economics and Business Organization. Cambridge

Smith, Adam (1923): An Inquiry into the Nature and Causes of the Wealth of Nations. 2 Bde., New York (Orig. London, 1776)

Solschenizyn, A. (1974): Der Archipel Gulag. 3 Bde, Rowohlt

Spinner, H. (1982): Ist der kritische Rationalismus am Ende? Auf der Suche nach den verlorenen Maßstäben des kritischen Rationalismus für eine offene Sozialphilosophie und kritische Sozialwissenschaft. Weinheim, Basel

Stachowiak, H. u. Ellwein, Th. (1982): Werte, Normen und Bedürfnisse im Wandel. München, Paderborn, Wien, Zürich

Staehle, Wolfgang (1991): Management - eine verhaltenswissenschaftliche Perspektive. Vahlen

Steinle, Claus (1980): Zur Implementation partizipativer Führungsmodelle. In: Grunwald, W. und Lilge, H. (1980)

Teichert, V., und Nutzinger, H.G. (1991): Können die neuen Technologien eine Renaissance der Mitbestimmung am Arbeitsplatz bewirken? In: Kißler, L. (1991)

Titscher, S. und Königswieser, R. (1985): Entscheidungen im Unternehmen. Wien

Ulrich, H. (1984): Management - A Misunderstood Societal Function. In: Ulrich, H. und Probst, G. (1984)

Ulrich, H. und Probst, G.J.B. (1984): Insights, Promises, Doubts, and Questions Emerging from a Colloqium - A Summary. In Ulrich, H. und Probst, G. (1984)

Ulrich, H. und Probst, G.J.B. (Hrsg.) (1984): Organization and Management of Social Systems. Heidelberg

Ulrich, H. (Hrsg.) (1981): Management-Philosophie für die Zukunft. Gesellschaftlicher Wertewandel als Herausforderung an das Management. Bern, Stuttgart

Ulrich, Peter (1981): Wirtschaftsethik und Unternehmensverfassung: Das Prinzip des unternehmungspolitischen Dialogs. In: Ulrich, H. (1981)

Ungerer, Herbert (1989): Telekommunikation in Europa. Amt für amtliche Veröffentlichung der Europäischen Gemeinschaften.

Ury, William L. et al. (1991): Konfliktmanagement. Frankfurt am Main

Wagner, Hans (1978): Kommunikation und Gesellschaft. München

Wall, T. und **Lischeron**, J. (1980): Zum Begriff der Partizipation. In: Grunwald, W. und Lilge, H. (1980)

Watzlawick, Paul/ **Krieg**, Peter (Hrsg.) (1991): Das Auge des Betrachters. München

Watzlawick, Paul (1974): Menschliche Kommunikation. 4. Auflage, Bern, Stuttgart

Weiß, Johannes (Hrsg.) (1989): Max Weber heute. Suhrkamp

Weizenbaum, J. (1980): Die Macht der Computer und die Ohnmacht der Vernunft. 2. Auflage, Suhrkamp

Wickler, W. und **Seibt** U. (1991): Das Prinzip Eigennutz. Zur Evolution sozialen Verhaltens. Piper

Wiendieck, G. (1990): Führung 2000 - Perspektiven und Konsequenzen. In: Wiendieck, G. u. Wiswede, G. (1990)

Wiendieck, G. und **Wiswede**, G. (1990): Führung im Wandel. Stuttgart

Williamson, O. E. (1990): Die ökonomischen Institutionen des Kapitalismus. Unternehmen, Märkte, Kooperationen. J.C.B. Mohr

Wiswede, G. (1990): Führung und Macht. In Wiswede, G. und Wiendick, G. (1990)

Wolf, M.F. (1991): Probleme lösen, Entscheidungen treffen. Dissertation. Frankfurt am Main

Woodcock, Mike (1989): Team Development Manual. 2. Auflage, Aldershot, Gower

Wunderer, R. und **Grunwald**, W. (1980): Führungslehre: Grundlagen der Führung. de Gruyter

Zwicky, Fritz (1989): Entdecken, Erfinden, Forschen im morphologischen Weltbild. Glarus

DUV Deutscher Universitäts Verlag

GABLER · VIEWEG · WESTDEUTSCHER VERLAG

Aus unserem Programm

Silvia Föhr
Ökonomische Analyse der internen Organisation
1991. XII, 263 Seiten, 22 Abb., Broschur DM 98,-/ ÖS 765,-/ SFr 98,-
ISBN 3-8244-0083-9
In diesem Buch wird gezeigt, wie die Ergebnisse der jüngeren unternehmenstheoretischen Diskussion für die Formulierung und Lösung von Problemen der internen Organisation eingesetzt werden können.

Thomas S. Gerstner
Die Bewältigung organisatorischer Übergänge
Vom Management zum Mastering
1995. 266 Seiten, Broschur DM 98,-/ ÖS 765,-/ SFr 98,-
GABLER EDITION WISSENSCHAFT
ISBN 3-8244-6122-6
Neben einem breiten Überblick über zahlreiche Ansätze der dynamischen Organisationsforschung nimmt der Autor auch eine Evaluierung einzelner Ansätze in Bezug auf ihren praktischen Nutzen vor.

Eric Haase
Organisationskonzepte im 19. und 20. Jahrhundert
Entwicklungen und Tendenzen
1995. XXI, 307 Seiten, Broschur DM 98,-/ ÖS 765,-/ SFr 98,-
GABLER EDITION WISSENSCHAFT
ISBN 3-8244-6120-X
Das Buch stellt die Entwicklungen im Bereich Management und Organisation dar und entwickelt aus der historischen Übersicht Ansätze zur Interpretation des aktuellen Geschehens.

Michael Meyer
Ziele in Organisationen
Funktionen und Äquivalente von Zielentscheidungen
1994. XII, 265 Seiten, Broschur DM 98,-/ ÖS 765,-/ SFr 98,-
GABLER EDITION WISSENSCHAFT
ISBN 3-8244-6058-0
Michael Meyer gibt der Zielforschung mit der System- und Organisationstheorie Niklas Luhmanns eine neue theoretische Basis. Er zeigt, daß Zielentscheidungen helfen, Komplexität zu reduzieren. Mit zahlreichen Beispielen aus dem Kulturmanagement.

DUV Deutscher Universitäts Verlag
GABLER · VIEWEG · WESTDEUTSCHER VERLAG

Philipp Pott
Verlusteskalation und Entscheidungsbindung
Faktoren rationaler und intuitiver Entscheidungen
1992. XXV, 291 Seiten, 26 Abb., 2 Tab., Broschur DM 98,-/ ÖS 765,-/ SFr 98,-
ISBN 3-8244-0110-X
Die Arbeit befaßt sich mit drei bisher kaum beachteten Formen der Verlustes-
kalation: mit der Verzichtseskalation (z. B. Investitionsverzichtseskalation), mit
der Bedrohungseskalation (z. B. Lügen-, Verbrechenseskalation) und der
Schadenseskalation (z. B. Demütigungseskalation).

Kurt Sabathil
Evolutionäre Strategien der Unternehmensführung
1993. XV, 245 Seiten, 19 Abb. 12 Tab., Broschur DM 98,-/ ÖS 765,-/ SFr 98,-
ISBN 3-8244-0137-1
Die Evolutionsstrategie liefert einen neuen Ansatz zur Lösung komplexer, betriebswirtschaftlicher Optimierungsprobleme und für Strategien zur Produk-
tinnovation, Produkteinführung und Produktetablierung im Markt.

Stefan Strohmeier
Die Integration von Unternehmungs- und Personalplanung
1995. XIII, 309 Seiten, Broschur DM 98,-/ ÖS 765,-/ SFr 98,-
GABLER EDITION WISSENSCHAFT
ISBN 3-8244-6142-0
Das antizipative, auf strategische Ziele der Unternehmung ausgerichtete Management des Personalbereichs ist eine moderne Fragestellung. Das Buch
zeigt die Probleme auf der Basis theoretischer, konzeptioneller und empiri-
scher Grundlagen.

Die Bücher erhalten Sie in Ihrer Buchhandlung!
Unser Verlagsverzeichnis können Sie anfordern bei:

Deutscher Universitäts-Verlag
Postfach 30 09 44
51338 Leverkusen